סדר

ברכת המזון

הוצאה חדשה מתוך

״סדור אוצר התפלות״

על סדר ברכת המזון

עם כל המפרשים

עם תיקונים הוספות וביאורים

כמבואר בפתיחה

הוצאה מיוחדת

לכב׳ שמחת הנישואין של

מרדכי והדסה לאה לנדא

כ״א אייר תשפ״ד

הוצאה שניה - אייר תשפ״ד

משה פלאהר

M. FLOHR

732.363.4901

יו״ל ע״י מכון אוצר התפלות

MachonOtzar@gmail.com

תוכן ענינים

לחול: עַל נַהֲרוֹת בָּבֶל שָׁם יָשַׁבְנוּ גַּם בָּכִינוּ בְּזָכְרֵנוּ אֶת צִיּוֹן: עַל עֲרָבִים בְּתוֹכָהּ תָּלִינוּ כִּנֹּרוֹתֵינוּ: כִּי שָׁם שְׁאֵלוּנוּ שׁוֹבֵינוּ דִּבְרֵי שִׁיר וְתוֹלָלֵינוּ שִׂמְחָה שִׁירוּ לָנוּ מִשִּׁיר צִיּוֹן: אֵיךְ נָשִׁיר אֶת שִׁיר יְיָ עַל אַדְמַת נֵכָר: אִם אֶשְׁכָּחֵךְ יְרוּשָׁלָםִ תִּשְׁכַּח יְמִינִי: תִּדְבַּק לְשׁוֹנִי לְחִכִּי אִם לֹא אֶזְכְּרֵכִי אִם לֹא אַעֲלֶה אֶת יְרוּשָׁלַםִ עַל רֹאשׁ שִׂמְחָתִי: זְכֹר יְיָ לִבְנֵי אֱדוֹם אֵת יוֹם יְרוּשָׁלָםִ הָאֹמְרִים עָרוּ עָרוּ עַד הַיְסוֹד בָּהּ: בַּת בָּבֶל הַשְּׁדוּדָה אַשְׁרֵי שֶׁיְשַׁלֶּם לָךְ אֶת גְּמוּלֵךְ שֶׁגָּמַלְתְּ לָנוּ: אַשְׁרֵי שֶׁיֹּאחֵז וְנִפֵּץ אֶת עֹלָלַיִךְ אֶל הַסָּלַע:

שבת ויו"ט (ובימים שא"א תחנון): שִׁיר הַמַּעֲלוֹת בְּשׁוּב יְיָ אֶת שִׁיבַת צִיּוֹן הָיִינוּ כְּחֹלְמִים: אָז יִמָּלֵא שְׂחוֹק פִּינוּ וּלְשׁוֹנֵנוּ רִנָּה אָז יֹאמְרוּ בַגּוֹיִם הִגְדִּיל יְיָ לַעֲשׂוֹת עִם אֵלֶּה: הִגְדִּיל יְיָ לַעֲשׂוֹת עִמָּנוּ הָיִינוּ שְׂמֵחִים: שׁוּבָה יְיָ אֶת {שְׁבִיתֵנוּ} כַּאֲפִיקִים בַּנֶּגֶב: הַזֹּרְעִים בְּדִמְעָה בְּרִנָּה יִקְצֹרוּ: הָלוֹךְ יֵלֵךְ וּבָכֹה נֹשֵׂא מֶשֶׁךְ הַזָּרַע בֹּא יָבֹא בְרִנָּה נֹשֵׂא אֲלֻמֹּתָיו:

המברך אומר רַבּוֹתַי. מִיר וֶועלִין בֶּענְטְשִׁין (או רַבּוֹתַי נְבָרֵךְ):

ועונין המסובין יְהִי שֵׁם יְיָ מְבֹרָךְ מֵעַתָּה וְעַד עוֹלָם:

והמזמן חוזר יְהִי שֵׁם יְיָ מְבֹרָךְ מֵעַתָּה וְעַד עוֹלָם:

והמברך אומר בִּרְשׁוּת מָרָנָן וְרַבָּנָן וְרַבּוֹתַי נְבָרֵךְ (בעשרה אֱלֹהֵינוּ) שֶׁאָכַלְנוּ מִשֶּׁלּוֹ:

ועונין המסובין בָּרוּךְ (בעשרה אֱלֹהֵינוּ) שֶׁאָכַלְנוּ מִשֶּׁלּוֹ וּבְטוּבוֹ חָיִינוּ:

והמזמן חוזר בָּרוּךְ (בעשרה אֱלֹהֵינוּ) שֶׁאָכַלְנוּ מִשֶּׁלּוֹ וּבְטוּבוֹ חָיִינוּ:

ומי שלא אכל עמהם עונה בָּרוּךְ (בעשרה אֱלֹהֵינוּ) וּמְבֹרָךְ שְׁמוֹ תָּמִיד לְעוֹלָם וָעֶד:

(זימון לברית מילה תמצא לקמן)

ברכת הזמון לנשואין:

דְּוַי הָסֵר וְגַם חָרוֹן. וְאָז אִלֵּם בְּשִׁיר יָרוֹן. נְחֵנוּ בְּמַעְגְּלֵי צֶדֶק. שְׁעֵה בִּרְכַּת [בְּנֵי יְשׁוּרוּן]. [בְּנֵי אַהֲרֹן]:

בִּרְשׁוּת מָרָנָן וְרַבָּנָן וְרַבּוֹתַי. נְבָרֵךְ אֱלֹהֵינוּ שֶׁהַשִּׂמְחָה בִּמְעוֹנוֹ. וְשֶׁאָכַלְנוּ מִשֶּׁלּוֹ:

ועונין המסובין:

בָּרוּךְ אֱלֹהֵינוּ שֶׁהַשִּׂמְחָה בִּמְעוֹנוֹ. וְשֶׁאָכַלְנוּ מִשֶּׁלּוֹ. וּבְטוּבוֹ חָיִינוּ:

והמזמן חוזר:

בָּרוּךְ אֱלֹהֵינוּ שֶׁהַשִּׂמְחָה בִּמְעוֹנוֹ. וְשֶׁאָכַלְנוּ מִשֶּׁלּוֹ. וּבְטוּבוֹ חָיִינוּ:

בִּרְכַּת הַמָּזוֹן

בָּרוּךְ אַתָּה יְיָ אֱלֹהֵינוּ מֶלֶךְ הָעוֹלָם. הַזָּן אֶת הָעוֹלָם כֻּלּוֹ. בְּטוּבוֹ בְּחֵן בְּחֶסֶד וּבְרַחֲמִים. הוּא נוֹתֵן לֶחֶם לְכָל בָּשָׂר. כִּי לְעוֹלָם חַסְדּוֹ: וּבְטוּבוֹ הַגָּדוֹל תָּמִיד לֹא חָסַר לָנוּ וְאַל יֶחְסַר לָנוּ מָזוֹן לְעוֹלָם וָעֶד. בַּעֲבוּר שְׁמוֹ הַגָּדוֹל. כִּי הוּא (אֵל) זָן וּמְפַרְנֵס לַכֹּל וּמֵטִיב לַכֹּל וּמֵכִין מָזוֹן לְכָל בְּרִיּוֹתָיו אֲשֶׁר בָּרָא: (כָּאָמוּר, פּוֹתֵחַ אֶת יָדֶךָ וּמַשְׂבִּיעַ לְכָל חַי רָצוֹן). בָּרוּךְ אַתָּה יְיָ. הַזָּן אֶת הַכֹּל:

נוֹדֶה לְּךָ יְיָ אֱלֹהֵינוּ. עַל שֶׁהִנְחַלְתָּ לַאֲבוֹתֵינוּ אֶרֶץ חֶמְדָּה טוֹבָה וּרְחָבָה. וְעַל שֶׁהוֹצֵאתָנוּ יְיָ אֱלֹהֵינוּ מֵאֶרֶץ מִצְרַיִם. וּפְדִיתָנוּ מִבֵּית עֲבָדִים. וְעַל בְּרִיתְךָ שֶׁחָתַמְתָּ בִּבְשָׂרֵנוּ. וְעַל תּוֹרָתְךָ שֶׁלִּמַּדְתָּנוּ. וְעַל חֻקֶּיךָ שֶׁהוֹדַעְתָּנוּ. וְעַל חַיִּים חֵן וָחֶסֶד שֶׁחוֹנַנְתָּנוּ. וְעַל אֲכִילַת מָזוֹן שָׁאַתָּה זָן וּמְפַרְנֵס אוֹתָנוּ תָּמִיד. בְּכָל יוֹם וּבְכָל עֵת וּבְכָל שָׁעָה:

בחנוכה ובפורים אומרים זה:[א]

עַל הַנִּסִּים וְעַל הַפֻּרְקָן וְעַל הַגְּבוּרוֹת וְעַל הַתְּשׁוּעוֹת וְעַל הַמִּלְחָמוֹת. שֶׁעָשִׂיתָ לַאֲבוֹתֵינוּ בַּיָּמִים הָהֵם בַּזְּמַן הַזֶּה:

לחנוכה: בִּימֵי מַתִּתְיָהוּ בֶּן יוֹחָנָן כֹּהֵן גָּדוֹל חַשְׁמוֹנָאִי וּבָנָיו. כְּשֶׁעָמְדָה מַלְכוּת יָוָן הָרְשָׁעָה עַל עַמְּךָ יִשְׂרָאֵל. לְהַשְׁכִּיחָם תּוֹרָתֶךָ וּלְהַעֲבִירָם מֵחֻקֵּי רְצוֹנֶךָ. וְאַתָּה בְּרַחֲמֶיךָ הָרַבִּים. עָמַדְתָּ לָהֶם בְּעֵת צָרָתָם. רַבְתָּ אֶת רִיבָם. דַּנְתָּ אֶת דִּינָם. נָקַמְתָּ אֶת נִקְמָתָם. מָסַרְתָּ גִבּוֹרִים בְּיַד חַלָּשִׁים. וְרַבִּים בְּיַד מְעַטִּים. וּטְמֵאִים בְּיַד טְהוֹרִים. וּרְשָׁעִים בְּיַד צַדִּיקִים. וְזֵדִים בְּיַד עוֹסְקֵי תוֹרָתֶךָ. וּלְךָ עָשִׂיתָ שֵׁם גָּדוֹל וְקָדוֹשׁ בְּעוֹלָמֶךָ. וּלְעַמְּךָ יִשְׂרָאֵל עָשִׂיתָ תְּשׁוּעָה גְדוֹלָה וּפֻרְקָן כְּהַיּוֹם הַזֶּה. וְאַחַר כֵּן בָּאוּ בָנֶיךָ לִדְבִיר בֵּיתֶךָ. וּפִנּוּ אֶת הֵיכָלֶךָ. וְטִהֲרוּ אֶת מִקְדָּשֶׁךָ. וְהִדְלִיקוּ נֵרוֹת בְּחַצְרוֹת קָדְשֶׁךָ. וְקָבְעוּ שְׁמוֹנַת יְמֵי חֲנֻכָּה אֵלּוּ. לְהוֹדוֹת וּלְהַלֵּל לְשִׁמְךָ הַגָּדוֹל:

א. ואם שכח לומר "על הנסים" יש לאומרו ב"הרחמן" ולומר שם "הרחמן הוא יעשה לנו נסים כמו שעשה נסים לאבותינו בימים ההם בזמן הזה" ואח"כ ימשיך "בימי מתתיהו וכו'" או "בימי מרדכי ואסתר וכו'".

לפורים: בִּימֵי מָרְדְּכַי וְאֶסְתֵּר בְּשׁוּשַׁן הַבִּירָה. כְּשֶׁעָמַד עֲלֵיהֶם הָמָן הָרָשָׁע. בִּקֵּשׁ לְהַשְׁמִיד לַהֲרֹג וּלְאַבֵּד אֶת כָּל הַיְּהוּדִים. מִנַּעַר וְעַד זָקֵן. טַף וְנָשִׁים. בְּיוֹם אֶחָד. בִּשְׁלֹשָׁה עָשָׂר לְחֹדֶשׁ שְׁנֵים עָשָׂר הוּא חֹדֶשׁ אֲדָר וּשְׁלָלָם לָבוֹז. וְאַתָּה בְּרַחֲמֶיךָ הָרַבִּים הֵפַרְתָּ אֶת עֲצָתוֹ. וְקִלְקַלְתָּ אֶת מַחֲשַׁבְתּוֹ. וַהֲשֵׁבוֹתָ לוֹ גְּמוּלוֹ בְּרֹאשׁוֹ. וְתָלוּ אוֹתוֹ וְאֶת בָּנָיו עַל הָעֵץ:

וְעַל הַכֹּל יְיָ אֱלֹהֵינוּ אֲנַחְנוּ מוֹדִים לָךְ וּמְבָרְכִים אוֹתָךְ. יִתְבָּרַךְ שִׁמְךָ בְּפִי כָּל חַי תָּמִיד לְעוֹלָם וָעֶד: כַּכָּתוּב. וְאָכַלְתָּ וְשָׂבָעְתָּ וּבֵרַכְתָּ אֶת יְיָ אֱלֹהֶיךָ עַל הָאָרֶץ הַטֹּבָה אֲשֶׁר נָתַן לָךְ: בָּרוּךְ אַתָּה יְיָ. עַל הָאָרֶץ וְעַל הַמָּזוֹן:

רַחֵם (נָא) יְיָ אֱלֹהֵינוּ עַל יִשְׂרָאֵל עַמֶּךָ. וְעַל יְרוּשָׁלַיִם עִירֶךָ. וְעַל צִיּוֹן מִשְׁכַּן כְּבוֹדֶךָ. וְעַל מַלְכוּת בֵּית דָּוִד מְשִׁיחֶךָ. וְעַל הַבַּיִת הַגָּדוֹל וְהַקָּדוֹשׁ שֶׁנִּקְרָא שִׁמְךָ עָלָיו: אֱלֹהֵינוּ. אָבִינוּ. רְעֵנוּ זוּנֵנוּ פַּרְנְסֵנוּ וְכַלְכְּלֵנוּ וְהַרְוִיחֵנוּ. וְהַרְוַח לָנוּ יְיָ אֱלֹהֵינוּ מְהֵרָה מִכָּל צָרוֹתֵינוּ. וְנָא אַל תַּצְרִיכֵנוּ יְיָ אֱלֹהֵינוּ לֹא לִידֵי מַתְּנַת בָּשָׂר וָדָם וְלֹא לִידֵי הַלְוָאָתָם. כִּי אִם לְיָדְךָ הַמְּלֵאָה. הַפְּתוּחָה. הַקְּדוֹשָׁה וְהָרְחָבָה. שֶׁלֹּא נֵבוֹשׁ וְלֹא נִכָּלֵם לְעוֹלָם וָעֶד:

בשבת אומרים: רְצֵה וְהַחֲלִיצֵנוּ יְיָ אֱלֹהֵינוּ בְּמִצְוֹתֶיךָ וּבְמִצְוַת יוֹם הַשְּׁבִיעִי הַשַּׁבָּת הַגָּדוֹל וְהַקָּדוֹשׁ הַזֶּה כִּי יוֹם זֶה גָּדוֹל וְקָדוֹשׁ הוּא לְפָנֶיךָ לִשְׁבָּת בּוֹ וְלָנוּחַ בּוֹ בְּאַהֲבָה כְּמִצְוַת רְצוֹנֶךָ וּבִרְצוֹנְךָ הָנִיחַ לָנוּ יְיָ אֱלֹהֵינוּ שֶׁלֹּא תְהֵא צָרָה וְיָגוֹן וַאֲנָחָה בְּיוֹם מְנוּחָתֵנוּ וְהַרְאֵנוּ יְיָ אֱלֹהֵינוּ בְּנֶחָמַת צִיּוֹן עִירֶךָ וּבְבִנְיַן יְרוּשָׁלַיִם עִיר קָדְשֶׁךָ כִּי אַתָּה הוּא בַּעַל הַיְשׁוּעוֹת וּבַעַל הַנֶּחָמוֹת:

בראש חדש וביום טוב ובחול המועד אומרים:

אֱלֹהֵינוּ וֵאלֹהֵי אֲבוֹתֵינוּ יַעֲלֶה וְיָבוֹא וְיַגִּיעַ וְיֵרָאֶה וְיֵרָצֶה וְיִשָּׁמַע וְיִפָּקֵד וְיִזָּכֵר זִכְרוֹנֵנוּ וּפִקְדוֹנֵנוּ וְזִכְרוֹן אֲבוֹתֵינוּ וְזִכְרוֹן מָשִׁיחַ בֶּן דָּוִד עַבְדֶּךָ

וְזִכְרוֹן יְרוּשָׁלַיִם עִיר קָדְשֶׁךָ וְזִכְרוֹן כָּל עַמְּךָ בֵּית יִשְׂרָאֵל לְפָנֶיךָ לִפְלֵיטָה לְטוֹבָה לְחֵן וּלְחֶסֶד וּלְרַחֲמִים לְחַיִּים וּלְשָׁלוֹם בְּיוֹם:

לר״ח - רֹאשׁ הַחֹדֶשׁ הַזֶּה: לפסח - חַג הַמַּצּוֹת הַזֶּה: לשבועות - חַג הַשָּׁבוּעוֹת הַזֶּה: לסוכות - חַג הַסֻּכּוֹת הַזֶּה: לשמ״ע ולש״ת - שְׁמִינִי חַג הָעֲצֶרֶת הַחַג הַזֶּה: לר״ה - בְּיוֹם הַזִּכָּרוֹן הַזֶּה: ילדים או חולים האוכלים ביו״כ - הַכִּפּוּרִים הַזֶּה:

זָכְרֵנוּ יְיָ אֱלֹהֵינוּ בּוֹ לְטוֹבָה וּפָקְדֵנוּ בוֹ לִבְרָכָה וְהוֹשִׁיעֵנוּ בוֹ לְחַיִּים (טוֹבִים). וּבִדְבַר יְשׁוּעָה וְרַחֲמִים חוּס וְחָנֵּנוּ וְרַחֵם עָלֵינוּ וְהוֹשִׁיעֵנוּ כִּי אֵלֶיךָ עֵינֵינוּ כִּי אֵל (מֶלֶךְ) חַנּוּן וְרַחוּם אָתָּה:

וּבְנֵה יְרוּשָׁלַיִם עִיר הַקֹּדֶשׁ בִּמְהֵרָה בְיָמֵינוּ. בָּרוּךְ אַתָּה יְיָ, בּוֹנֵה בְרַחֲמָיו יְרוּשָׁלָיִם: אָמֵן:

בָּרוּךְ אַתָּה יְיָ אֱלֹהֵינוּ מֶלֶךְ הָעוֹלָם. הָאֵל. אָבִינוּ. מַלְכֵּנוּ. אַדִּירֵנוּ. בּוֹרְאֵנוּ. גּוֹאֲלֵנוּ. יוֹצְרֵנוּ. קְדוֹשֵׁנוּ קְדוֹשׁ יַעֲקֹב. רוֹעֵנוּ רוֹעֵה יִשְׂרָאֵל. הַמֶּלֶךְ הַטּוֹב וְהַמֵּטִיב לַכֹּל. שֶׁבְּכָל יוֹם וָיוֹם הוּא הֵטִיב הוּא מֵטִיב הוּא יֵיטִיב לָנוּ. הוּא גְמָלָנוּ הוּא גוֹמְלֵנוּ הוּא יִגְמְלֵנוּ לָעַד לְחֵן וּלְחֶסֶד וּלְרַחֲמִים וּלְרֶוַח. הַצָּלָה וְהַצְלָחָה. בְּרָכָה וִישׁוּעָה. נֶחָמָה. פַּרְנָסָה וְכַלְכָּלָה. וְרַחֲמִים וְחַיִּים וְשָׁלוֹם וְכָל טוֹב. וּמִכָּל טוּב לְעוֹלָם אַל יְחַסְּרֵנוּ. אמן:

הָרַחֲמָן הוּא יִמְלֹךְ עָלֵינוּ לְעוֹלָם וָעֶד: הָרַחֲמָן הוּא יִתְבָּרַךְ בַּשָּׁמַיִם וּבָאָרֶץ: הָרַחֲמָן הוּא יִשְׁתַּבַּח לְדוֹר דּוֹרִים. וְיִתְפָּאַר בָּנוּ לָעַד וּלְנֵצַח נְצָחִים. וְיִתְהַדַּר בָּנוּ לָעַד וּלְעוֹלְמֵי עוֹלָמִים: הָרַחֲמָן הוּא יְפַרְנְסֵנוּ בְּכָבוֹד: הָרַחֲמָן הוּא יִשְׁבֹּר עֻלֵּנוּ מֵעַל צַוָּארֵנוּ וְהוּא יוֹלִיכֵנוּ קוֹמְמִיּוּת לְאַרְצֵנוּ: הָרַחֲמָן הוּא יִשְׁלַח לָנוּ בְּרָכָה מְרֻבָּה בַּבַּיִת הַזֶּה וְעַל שֻׁלְחָן זֶה שֶׁאָכַלְנוּ עָלָיו: הָרַחֲמָן הוּא יִשְׁלַח לָנוּ

אֶת אֵלִיָּהוּ הַנָּבִיא זָכוּר לַטּוֹב וִיבַשֶּׂר לָנוּ בְּשׂוֹרוֹת טוֹבוֹת יְשׁוּעוֹת וְנֶחָמוֹת:

הָרַחֲמָן הוּא יְבָרֵךְ אֶת (אָבִי מוֹרִי) בַּעַל הַבַּיִת הַזֶּה וְאֶת (אִמִּי מוֹרָתִי) בַּעֲלַת הַבַּיִת הַזֶּה. אוֹתָם וְאֶת בֵּיתָם וְאֶת זַרְעָם וְאֶת כָּל אֲשֶׁר לָהֶם. (ואם סומך על שלחן עצמו יאמר: הָרַחֲמָן הוּא יְבָרֵךְ אוֹתִי וְאֶת אִשְׁתִּי וְאֶת זַרְעִי וְאֶת כָּל אֲשֶׁר לִי), אוֹתָנוּ וְאֶת כָּל אֲשֶׁר לָנוּ. כְּמוֹ שֶׁנִּתְבָּרְכוּ אֲבוֹתֵינוּ אַבְרָהָם יִצְחָק וְיַעֲקֹב, בַּכֹּל. מִכֹּל. כֹּל. כֵּן יְבָרֵךְ אוֹתָנוּ כֻּלָּנוּ יַחַד בִּבְרָכָה שְׁלֵמָה. וְנֹאמַר אָמֵן: (ברכת האורח לקמן בפי' אוצה"ת)

בַּמָּרוֹם יְלַמְּדוּ עֲלֵיהֶם וְעָלֵינוּ זְכוּת שֶׁתְּהֵא לְמִשְׁמֶרֶת שָׁלוֹם. וְנִשָּׂא בְרָכָה מֵאֵת יְיָ. וּצְדָקָה מֵאֱלֹהֵי יִשְׁעֵנוּ. וְנִמְצָא חֵן וְשֵׂכֶל טוֹב בְּעֵינֵי אֱלֹהִים וְאָדָם:

לשבת: הָרַחֲמָן הוּא יַנְחִילֵנוּ יוֹם שֶׁכֻּלּוֹ שַׁבָּת וּמְנוּחָה לְחַיֵּי הָעוֹלָמִים:

לראש חדש: הָרַחֲמָן הוּא יְחַדֵּשׁ עָלֵינוּ אֶת הַחֹדֶשׁ הַזֶּה לְטוֹבָה וְלִבְרָכָה:

ליום טוב: הָרַחֲמָן הוּא יַנְחִילֵנוּ יוֹם שֶׁכֻּלּוֹ טוֹב:

לראש השנה: הָרַחֲמָן הוּא יְחַדֵּשׁ עָלֵינוּ אֶת הַשָּׁנָה הַזֹּאת לְטוֹבָה וְלִבְרָכָה:

לסוכות ושמיני עצרת (ש"ת): הָרַחֲמָן הוּא יָקִים לָנוּ אֶת סֻכַּת דָּוִד הַנּוֹפֶלֶת:

הָרַחֲמָן הוּא יְזַכֵּנוּ לִימוֹת הַמָּשִׁיחַ וּלְחַיֵּי הָעוֹלָם הַבָּא:

בחול - מַגְדִּיל (ביום שיש בו מוסף אומר מִגְדּוֹל) יְשׁוּעוֹת מַלְכּוֹ וְעֹשֶׂה חֶסֶד לִמְשִׁיחוֹ לְדָוִד וּלְזַרְעוֹ עַד עוֹלָם: עֹשֶׂה שָׁלוֹם בִּמְרוֹמָיו הוּא יַעֲשֶׂה שָׁלוֹם עָלֵינוּ וְעַל כָּל יִשְׂרָאֵל וְאִמְרוּ אָמֵן:

יְראוּ אֶת יְיָ קְדשָׁיו כִּי אֵין מַחְסוֹר לִירֵאָיו: כְּפִירִים רָשׁוּ וְרָעֵבוּ וְדוֹרְשֵׁי יְיָ לֹא יַחְסְרוּ כָל טוֹב: הוֹדוּ לַייָ כִּי טוֹב כִּי לְעוֹלָם חַסְדּוֹ: פּוֹתֵחַ אֶת יָדֶךָ וּמַשְׂבִּיעַ לְכָל חַי רָצוֹן: בָּרוּךְ הַגֶּבֶר אֲשֶׁר יִבְטַח

בַּיְיָ וְהָיָה יְיָ מִבְטַחוֹ: נַעַר הָיִיתִי גַּם זָקַנְתִּי וְלֹא רָאִיתִי צַדִּיק נֶעֱזָב וְזַרְעוֹ מְבַקֶּשׁ לָחֶם: יְיָ עֹז לְעַמּוֹ יִתֵּן יְיָ יְבָרֵךְ אֶת עַמּוֹ בַשָּׁלוֹם:

ברכה מעין שלש

בָּרוּךְ אַתָּה יְיָ אֱלֹהֵינוּ מֶלֶךְ הָעוֹלָם:

על היין - עַל הַגֶּפֶן וְעַל פְּרִי הַגֶּפֶן: על מזונות - עַל הַמִּחְיָה וְעַל הַכַּלְכָּלָה: על פירות משבעת המינים - עַל הָעֵץ וְעַל פְּרִי הָעֵץ:[א] על מזונות ויין ביחד - עַל הַמִּחְיָה וְעַל הַכַּלְכָּלָה וְעַל הַגֶּפֶן וְעַל פְּרִי הַגֶּפֶן:

וְעַל תְּנוּבַת הַשָּׂדֶה וְעַל אֶרֶץ חֶמְדָּה טוֹבָה וּרְחָבָה שֶׁרָצִיתָ וְהִנְחַלְתָּ לַאֲבוֹתֵינוּ לֶאֱכֹל מִפִּרְיָהּ וְלִשְׂבֹּעַ מִטּוּבָהּ, רַחֵם (נָא) יְיָ אֱלֹהֵינוּ עַל יִשְׂרָאֵל עַמֶּךָ וְעַל יְרוּשָׁלַיִם עִירֶךָ וְעַל צִיּוֹן מִשְׁכַּן כְּבוֹדֶךָ וְעַל מִזְבְּחֶךָ וְעַל הֵיכָלֶךָ, וּבְנֵה יְרוּשָׁלַיִם עִיר הַקֹּדֶשׁ בִּמְהֵרָה בְיָמֵינוּ וְהַעֲלֵנוּ לְתוֹכָהּ וְשַׂמְּחֵנוּ בְּבִנְיָנָהּ וְנֹאכַל מִפִּרְיָהּ וְנִשְׂבַּע מִטּוּבָהּ וּנְבָרֶכְךָ עָלֶיהָ בִּקְדֻשָּׁה וּבְטָהֳרָה:

בשבת: וּרְצֵה וְהַחֲלִיצֵנוּ בְּיוֹם הַשַּׁבָּת הַזֶּה: בר"ח: וְזָכְרֵנוּ לְטוֹבָה בְּיוֹם רֹאשׁ הַחֹדֶשׁ הַזֶּה: בר"ה: וְזָכְרֵנוּ לְטוֹבָה בְּיוֹם הַזִּכָּרוֹן הַזֶּה: ביו"ט: וְשַׂמְּחֵנוּ בְּיוֹם חַג (פלוני) הַזֶּה:

כִּי אַתָּה יְיָ טוֹב וּמֵטִיב לַכֹּל וְנוֹדֶה לְּךָ עַל הָאָרֶץ וְעַל:

על היין - פְּרִי הַגָּפֶן: בָּרוּךְ אַתָּה יְיָ עַל הָאָרֶץ וְעַל פְּרִי הַגָּפֶן:

על מזונות - הַמִּחְיָה: בָּרוּךְ אַתָּה יְיָ עַל הָאָרֶץ וְעַל הַמִּחְיָה (וְעַל הַכַּלְכָּלָה):

על הפירות - הַפֵּרוֹת: בָּרוּךְ אַתָּה יְיָ עַל הָאָרֶץ וְעַל הַפֵּרוֹת:[א]

על מזונות ויין ביחד - הַמִּחְיָה וְעַל פְּרִי הַגָּפֶן: בָּרוּךְ אַתָּה יְיָ עַל הָאָרֶץ וְעַל הַמִּחְיָה (וְעַל הַכַּלְכָּלָה) וְעַל פְּרִי הַגָּפֶן:

א. נכון לדעת, באופן שאכל שיעור מפירות מז' מינים ואכל גם פירות שאינן מז' מינים אז ברכת מעין שלש (שאומר אחר אכילת ז' מינים) פוטרת גם את הפירות שאינן מז' מינים, ואינו צריך לומר 'בורא נפשות' עליהם.

ברכה אחרונה

בָּרוּךְ אַתָּה יְיָ אֱלֹהֵינוּ מֶלֶךְ הָעוֹלָם בּוֹרֵא נְפָשׁוֹת רַבּוֹת וְחֶסְרוֹנָן
עַל כָּל מַה שֶּׁבָּרָא(תָ) לְהַחֲיוֹת בָּהֶם נֶפֶשׁ כָּל חָי.
בָּרוּךְ חֵי הָעוֹלָמִים:

שבע ברכות

בָּרוּךְ אַתָּה יְיָ אֱלֹהֵינוּ מֶלֶךְ הָעוֹלָם. שֶׁהַכֹּל בָּרָא לִכְבוֹדוֹ:

בָּרוּךְ אַתָּה יְיָ אֱלֹהֵינוּ מֶלֶךְ הָעוֹלָם. יוֹצֵר הָאָדָם:

בָּרוּךְ אַתָּה יְיָ אֱלֹהֵינוּ מֶלֶךְ הָעוֹלָם. אֲשֶׁר יָצַר אֶת הָאָדָם בְּצַלְמוֹ. בְּצֶלֶם דְּמוּת תַּבְנִיתוֹ. וְהִתְקִין לוֹ מִמֶּנּוּ בִּנְיַן עֲדֵי עַד. בָּרוּךְ אַתָּה יְיָ יוֹצֵר הָאָדָם:

שׂוֹשׂ תָּשִׂישׂ וְתָגֵל הָעֲקָרָה. בְּקִבּוּץ בָּנֶיהָ לְתוֹכָהּ בְּשִׂמְחָה. בָּרוּךְ אַתָּה יְיָ מְשַׂמֵּחַ צִיּוֹן בְּבָנֶיהָ:

שַׂמֵּחַ תְּשַׂמַּח רֵעִים הָאֲהוּבִים. כְּשַׂמֵּחֲךָ יְצִירְךָ בְּגַן עֵדֶן מִקֶּדֶם. בָּרוּךְ אַתָּה יְיָ מְשַׂמֵּחַ חָתָן וְכַלָּה:

בָּרוּךְ אַתָּה יְיָ אֱלֹהֵינוּ מֶלֶךְ הָעוֹלָם. אֲשֶׁר בָּרָא שָׂשׂוֹן וְשִׂמְחָה. חָתָן וְכַלָּה. גִּילָה רִנָּה. דִּיצָה וְחֶדְוָה. אַהֲבָה וְאַחֲוָה. וְשָׁלוֹם וְרֵעוּת. מְהֵרָה יְיָ אֱלֹהֵינוּ יִשָּׁמַע בְּעָרֵי יְהוּדָה וּבְחוּצוֹת יְרוּשָׁלָיִם. קוֹל שָׂשׂוֹן וְקוֹל שִׂמְחָה. קוֹל חָתָן וְקוֹל כַּלָּה. קוֹל מִצְהֲלוֹת חֲתָנִים מֵחֻפָּתָם וּנְעָרִים מִמִּשְׁתֵּה נְגִינָתָם. בָּרוּךְ אַתָּה יְיָ מְשַׂמֵּחַ חָתָן עִם הַכַּלָּה:

והמזמן אומר:

בָּרוּךְ אַתָּה יְיָ אֱלֹהֵינוּ מֶלֶךְ הָעוֹלָם. בּוֹרֵא פְּרִי הַגָּפֶן:

שער הסדור, וילנא תרע"ה

ראשי תיבות

אוצה"ת	אוצר התפלות
א"ז	אור זרוע, אליה זוטא
א"ר	אליה רבה
בהו"ב	בהוספות וביאורים
בהמ"ז	ברכת המזון
הו"ב	הוספות וביאורים
יוש"ה	יסוד ושורש העבודה
כנ"י	כנסת ישראל
מ"מ	מטה משה
מט"י	מטה יהודה
ע"ש	על שם, עיין שם
רד"א	רבינו דוד אבודרהם

פתיחה

כלפני ארבע שנים, בעת שנפרצה מחלת ה"קורונה" ונתפשט במהירות על פני כל הארץ, ונסגרו כל מקומות הצבור, ולדאבוננו אף הישיבות ובתי מדרשות ובתי כנסיות, ונלקח מאתנו האפשרות להתפלל בצבור כראוי, חשבתי לעצמי שעכשיו הוא הזמן שמאד צריכים לחזק בעבודה שבלב זו תפלה. ואשר מפני זה לקחתי את הסדור **"אוצר התפלות"** אשר הוא **מלא וגדוש בפירושים וביאורים על התפלה**, לעיין בה כדי ללמד בפרטיות את דברי התפלה. הסדור אוצר התפלות הוא מהכי חשובים בעולם ואשר מאז שיצא לאור (דפוס ראם, וילנא, תרע"ה) נתחבב אצל יהודים רבים בכל רחבי העולם. התחלתי ללמוד ולעיין בה כדי להבין את הדברים כפי שצריך וע"י זה להתעורר ולחזק את עצמי בתפלה ככל מה דאפשר. אבל בתוך זמן קצר מצאתי קושי בדבר היות דבהרבה מקומות בהפירושים היו מחיקות ואותיות מטושטשות וכו'. וכן נחסר מראה מקומות רבות וגם עוד דברים שגרמו לקושי בהבנה וכוונת הפירושים. נכספתי מאד להשתמש בהסדור כדי ללמוד ולהבין את התפילות שאנו אומרים יום יום, וע"כ עלה בדעתי להקליד את הדברים לעצמי כדי שע"י זה (בשעת ההקלדה) ממילא יתברר הדברים וגם יהיה נוח לי אח"כ (כשאחזיר עליו) לקרוא בקל הפירושים כדבעי. וכן חשבתי להשתדל למצוא את מקורות להפירושים, שגם בזה יהיה תועלת להבנת הענינים.

זמן קצר אחר שהתחלתי בזה נתודע לי מידידי **ר' אברהם מנחם** (נחי) **וויינשטיין נ"י** על מציאות של כת"י של הפירושים עץ יוסף וענף יוסף. מיד חפשתי ומצאתי שאכן נמצא שני כתבי יד, אבל איפה הם נמצאים ואיך לקבלם לא ידעתי. אשר ע"כ התקשרתי לחד מן חברי בא"י אשר ידיו רב לו בידיעות ספרים וכתבי יד, ועל ידו אחר כמה חדשים זכיתי לקבל העתקות מהכתבי יד. כשעיינתי בהם מצאתי שיש הרבה דברים בכת"י אשר לא נדפסו והיו דברים חשובים שעוזרים הרבה בהבנת הענין. לא ידעתי הסבה להשמטתם מהנדפס אם לא שבדרך כלל רצו שלא להאריך מפני חשבון ממנות (כמו שמצינו שלא הדפיסו בברכת המזון את הפירושים ל"על הנסים" ולא על "יעלה ויבא" מפני שכבר נדפסו בשמונה עשרה. וכן לא הדפיסו עוד את שמו"ע אצל מנחה ומעריב). בכל אופן ברור הוא ששני הכת"י הוא שהשתמשו את המדפיסים כשערכו את הסידור לדפוס (וילנא תרע"ה).

עוד דבר בענין המראה מקומות. ע"פ רוב לא נכתב המ"מ המדויק רק את השם של הספר בלבד. וגם לפעמים היו טעותים (דהיינו שהמ"מ היה בטעות) ולא רק בהנדפס אלא אף מצאתי טעויות בהמ"מ כפי מה שהובא בהכת"י עצמה. וכן אחר זהות של המ"מ הנכון גם עיינתי אם היה העתקה כראוי, ובכמה מקומות מצאתי שהיו חסרים מלים (בין בהנדפס ובין בהכת"י) ממה שנכתב בהמקור או טעויות אחרות. כל זה גרם לקושי הבנה בהרבה מקומות כמובן.

ואחרי כל זה עדיין מצאתי לפעמים שצריך עוד בירור בכוונת הפירוש. וע"כ רשמתי קצת **הערות** כדי לברר את הדברים. יש מקומות שמצאתי פירוש להפירושים בספרים שונות ויש שכתבתי ביאור כפי הבנתי. (ועוד יש לציין שהפי' **דובר שלום** שבסדור

אוצה״ת הוא רק חלק קטן מהפי׳ השלם שנדפס ב״**סדור דובר שלום**״ (וילנא, תרכ״ג). ובמקומות שהיה נשאר מקום על הדף **הוספתי עוד כמה ביאורים מתוך הסדור הנ״ל**.)

כפי שנדפס בתחלה היה ששה פירושים על הדף (עץ יוסף, ענף יוסף, דובר שלום, אחרית לשלום, עיון תפלה ותקון תפלה). אבל כשסדרתי את הדברים על הדף ראיתי שמפני כל ההוספות אצלי (מהכת״י והתיקונים והערות) שאין מקום לסדרו כפי הסדר שהיה בדפוס הראשון. על כן שמתי רק הפירושים שהם בגדר ״פירוש״ על התפלה. אבל מה שהיה בדפוס ראשון את ״**תקון תפלה**״, אשר הוא **בעיקר** ליקוט מהרבה נוסחאות וגירסאות, שמתי אותו **בסוף** (ולא על הדף) במדור בפני עצמה. וע״י זה היה אפשרות לסדר את הפירושים שעל הדף באותיות ברורות שלא יהיו צפופות וקטנות. וגם ע״י זה היה מקום בשולי העמוד להביא מקורות להפירושים (בעיקר המקורות למה שהובא בפי׳ עץ יוסף וענף יוסף) וגם קצת הערות. ובמקומות שהיו אצלי הערות ארוכות שמתי אותם בסוף, במדור ״**הוספות וביאורים**״. (וגם את דברי ה״**תקון תפלה**״ שהוא בדרך כלל פירוש ארוך ושבדפוס ראשון נדפסו באופן שהיה **מאד מאד** קשה לקרוא אותו, אבל עכשיו שנדפס במדור מיוחד היה אפשר לסדרו באותיות נאות וגדולות באופן שעכשיו הוא יותר נוח לקרוא אותו.)

ואסיים בברכה, הנני לברך את כל חברי וידידי שעזרו אותי בחיזוק ובעידוד, בין ברוח ובין במעש, ובפרט בעצה טובה והבנה נכונה. יה״ר שאזכה להמשיך ולסיים את ההוצאה חדשה של סדור אוצר התפלות, שיו״ל בקרוב באופן נאה ומסודר כדבעי, ושהקב״ה ישמע לתפלתנו ולקול תחנונינו **שישלח לנו את אליהו הנביא ויבשר לנו בשורות טובות ישועות ונחמות, אמן.**

משה פלאהר

אייר תשפ״ד

עמ"י עש"ו

סדור
אוצר התפלות
החדש

על סדר ברכת המזון

באותיות מרובעות מאירות עינים

עם תיקון טעויות ותוספת מ"מ

ועם הוספות ע"פ שני כתבי יד

ועם מקורות, הערות וביאורים

ר"ח אייר תשפ"ד

עיון תפלה – הערה לברכת המזון

שנינו (ברכות מה.) שלשה שאכלו כאחת חייבין לְזַמֵּן, פרש"י להזדמן יחד לצרוף ברכה בלשון רבים, עכ"ל. ומה שאמרו לזמן ולהזדמן כיונו בזה עוד כונה אחרת שהאחד צריך להזמין לחבריו שיתנו לבם לצאת בברכותיו ולא שיברך כל אחד ואחד, ושתי הכונות האלה ילפינן בגמ' משני מקראות. הכונה הראשונה יליף רב אסי מן גדלו לה' אתי ונרוממה שמו יחדו, דשלשה חייבין להצטרף יחדו בברכה שהאחד אומר לשנים גדלו, והכונה השניה יליף ר' אבהו מן כי שם ה' אקרא הבו גדל לאלקינו שהאחד מזמין את חבריו לשום לבם לקריאתו את שם ה' והם ישמעו מלה במלה. וכן פסק הב"ח בטור או"ח סי' קפ"ג בד"ה ומ"ש לא מבעיא וסי' קצ"ג בד"ה ומיהו אם היתה חבורה גדולה, וכ"פ בתשובות פנים מאירות סי' נ"ו שמצוה לשמוע הברכות מפי המברך ולענות אמן.

וסדר הזמון כך הוא. המזמן אומר להשמש **הב לן** (כוס של ברכה) **ונברך** (פסחים קג:), או כמו שאומרים היום **רבותי נברך**, כלומר תנו דעתכם לברכתי. והמסובין אומרים **יהי שם ה' מברך** וגו' (תהלים קיג, ב), אח"כ נוטל רשות ואומר, **ברשות מרנן** וכו' **נברך שאכלנו משלו** (ברכות נ.), ופירושו נברך את ה' שאכלנו משלו שנאמר לפניו ברכה, לה' הארץ ומלואה (שם לה.). ושם (נ.) אמר ר' יוחנן נברך שאכלנו משלו הרי זה ת"ח (פרש"י דמשמע שהוא יחידי שהכל אוכלין משלו), למי שאכלנו משלו הרי זה בור (פרש"י דמשמע מרובים הם הזנים והוא בורר את האיש אשר אכל עכשו משלו ומברכו א"כ הוא מברך לבעה"ב).

ושם (מט:) אם יש שם עשרה מסובים אומר המזמן **נברך אלקינו שאכלנו משלו**, וכתבו התוס' נברך אלקינו גרסינן ולא גרסינן נברך לאלקינו בלמ"ד דדוקא גבי שיר והודאה כתיב למ"ד כמו שירו לה', הודו לה' גדלו לה'. אבל גבי ברכה לא מינו זה הלשון וכן מפורש בסדר רב עמרם, עכ"ל. אבל ויברכו כל הקהל לה' (דה"א כט, כ) ענינו הודאה. ושם, כענין שהוא מברך כך עונין אחריו בהזכרת השם או בלי הזכרת השם, ואומרים **ברוך (אלקינו) שאכלנו משלו ובטובו חיינו**, ובראש פרק ז' סי' י"ב **ברוך הוא (אלקינו)** כדרך שאומרים ובא לציון גואל 'ברוך הוא אלקינו שבראנו לכבודו'.

ושם (נ.) מברכותיו של אדם ניכר אם הוא ת"ח. כיצד, רבי אומר **ובטובו** הרי זה ת"ח **ומטובו** הרי זה בור, פרש"י שממעט בתגמוליו של מקום דמשמע דבר מועט כדי חיים, עכ"ל. וגרסינן (בסוטה י:) מלמד שהקריא א"א לשמו של הקב"ה בפי כל עובר ושב. כיצד, לאחר שאכלו ושתו אמר להם וכי משלי אכלתם משל אלקי עולם אכלתם, הודו ושבחו וברכי למי שאמר והיה העולם, ובב"ר פ' מ"ג סי' ז' וסו"פ נ"ד משהיו אוכלין ושותין היה אברהם אבינו אומר להם ברכו, והיו אומרים לו מה נאמר, והוא אומר להם אמרו **ברוך אל עולם** (במקום שישראל אומרים אלקינו) **שאכלנו משלו**.

וגרסינן (ברכות מח:) אמר רב נחמן, משה תקן להם לישראל ברכת הזן בשעה שירד להם המן, יהושע תקן להם ברכת הארץ בשעה שנכנסו לארץ, דוד ושלמה תקנו בונה ירושלים. דוד תקן על ישראל עמך ועל ירושלים עירך ושלמה תקן על הבית הגדול והקדוש, הטוב והמטיב ביבנה תקנה כנגד הרוגי ביתר, הטוב שלא הסריחו והמטיב שנתנו לקבורה. ובבמדבר רבה פכ"ג סי' ז' שנו רבותינו עד שלא נכנסו לא"י היו מברכין ברכה אחת הזן את הכל, משנכנסו לא"י היו מברכין על הארץ ועל המזון, משחרבה הוסיפו בונה ירושלים (כדי להשוות דברי המדרש עם תלמודא דידן פירש המפרש מהרז"ו שעיקר הברכה תקן

דוד שהוא התחיל לבנות ירושלים ואחר החרבן הרחיבוה והוסיפו בה תחנונים. ולי נראה שתיבת **משחרבה** קאי על **הארץ** הנזכרת מקודם שחרבה הארץ בחרבן שילה ונוב (זבחים קיב: רש"י ד"ה באו לנוב וגבעון) כי עיקר קיום הארץ בקיום משכן ה', ואז התחיל דוד בבנין ירושלים).

משנקברו הרוגי ביתר הוסיפו הטוב והמטיב וכו', ואין לך חביבה מכלן יותר מברכת על הארץ ועל המזון, שכך אמרו חז"ל כל מי שאינו מזכיר בברכת המזון על הארץ ועל המזון ארץ חמדה וברית ותורה וחיים (עי' תוס' ברכות מח: ד"ה ברית) לא יצא ידי חובתו, ע"כ. וכתב בתשובות רשב"ץ חלק שני סי' קס"א "וידע הוא שיהושע תקן ברכת הארץ ודוד ושלמה ברכת בונה ירושלים ובלא ספק שלא היו על נוסח זה שאנו מברכין אותן, וכן כתבו בזה המפרשים ז"ל, עכ"ל, וכ"כ הגאון תוי"ט בדברי חמודות פ"ז סעי' ס"ז "שאע"פ שהברכה היא מן התורה מ"מ נוסחה ומטבע שלה אינה אלא מתקון חכמים" עכ"ל, היינו חכמי הדורות, וכדרך שכתבו התוס' דף מו: ד"ה והטוב, והרא"ש בפ"ז סוס"י, כל בו, ואבודרהם הלכות ברכות (דף קכב.) לענין ברכת הטוב והמטיב, שמתחלה לא תקנוה אלא מטבע קצר, ולכך אינה חותמת בברוך, ואח"כ האריכו אותה והוסיפו בה דברים, שלש מלכיות ושלש גמולות ושלש הטבות.

ובמטבע הברכות הללו יש לשאול שאלה, שהברכה הראשונה ברכת הזן נאמר כלה בלשון נסתר, והברכה השניה ברכת הארץ וכ"כ הברכה השלישית ברכת בונה ירושלים נאמרו שתיהן בלשון נכח, והברכה הרביעית הטוב והמטיב נאמרה שוב בלשון נסתר, האי מילתא טעמא בעי. ותירץ הרב ר' יהודה ליווא אופנהיים ז"ל בספרו מטה יהודה ע"פ דברי רבותינו (יומא נד.) משל לכלה כל זמן שלא נכנסה לבית חמיה היא צנועה מבעלה כיון שבאת לבית חמיה אינה צנועה מבעלה וכשנתגרשה חזרה לצניעותה. פרש"י, אף ישראל במדבר עדיין לא היו גסין בשכינה וכשנכנסו לארץ היו גסין בשכינה וכשנתגרשו חזרו לתחלתן שאין גסין זה בזה, עיי"ש. ולכן ברכת הזן שתקנה משה במדבר נאמרה בלשון נסתר לפי שלא היו ישראל גסין עדיין בשכינה ולא העיזו פניהם לדבר בלשון נכח, וכשנכנסו לארץ תקנו יהושע ודוד ושלמה לדבר לפני הקב"ה בלשון נכח, ואחר חרבן הבית השני שנתגרשו חזרו לדבר בלשון נסתר, ונשאר הסגנון הכללי של הברכות האלה כמו שנתקנו בתחלתן.

רמז לברכת המזון – מאת הר"ר חנוך זונדל ב"ר יוסף

(בעמ"ח עץ יוסף וענף יוסף), מתוך ספרו "דברי הברית"

גרסינן בפ' שלשה שאכלו (ברכות מח.), ת"ר סדר ברכת המזון כך הוא. ברכה ראשונה ברכת הזן, שניה ברכת הארץ, שלישית בונה ירושלים, רביעית הטוב והמטיב. ויש רמז לשלש ברכות הלל של ברכת המזון מן התורה ממה שכתוב בשלחן "וצפית אותו זהב טהור". ומלת זהב נוטריקין **ז**ן **ה**ארץ **ב**ונה ירושלים. ועוד גרסינן התם אמר רב נחמן, משה תקן להם לישראל ברכת הזן בשעה שירד להם המן. ותמצא בפ' המן רמז לברכת המזון במן עצמו, שנא' ובבקר תשבעו לחם וידעתם כי אני ה' אלקיכם. וכ' רבינו בחיי שם בפירושו ובספרו שולחן של ארבע שער א' שידיעה זאת (היינו מה דכתיב "וידעתם") הוא שתברכו את שמי בברכה על אכילת מן, כענין שכתוב ואכלת ושבעת וברכת את ה' אלקיך (מטה משה, שיא).

ערוגת הבושם

כתב הב"י בסי' ק"פ וז"ל, כתב הרוקח בסי' של"ב מכסין סכין בשעת בהמ"ז על שם לא תניף עליהם ברזל, במכילתא אינו דין שיניף המקצר על המאריך. ושלחן כמזבח בשילהי חגיגה דף כז. עכ"ל. וכ"כ ה"ר דוד אבודרהם[א] וכ"כ בשבלי הלקט. וכתב עוד בשבלי הלקט מפי החבר ר' שמחה שמעתי טעם אחר, פעם אחת היה אחד מברך בהמ"ז וכשהגיע לברכת בונה ירושלים ונזכר חרבן הבית לקח הסכין ותקעו בבטנו וע"כ נהגו לסלקו בשעת ברכה. ונוהגים בשבתות ויו"ט שלא לכסות הסכין, ולפי טעם ר' שמחה אין לחלק בין שבת לחול ומ"מ מנהגן של ישראל תורה הוא, עכ"ל הב"י. ובלבוש הקשה שגם לפי פי' הראשון קשה וכי בשבת ויו"ט אין השלחן נקרא מזבח [כמו בחול] ובפרט בשעת ברכה שעובדין להשי"ת ולברכו ואינו דין שיניף המקצר על המאריך, ע"כ. והמג"א (סק"ד) מתרץ הקושיא של הלבוש שלפי שבשבת אין בונין מזבח, ליכא רמז למזבח ע"כ.[א*] והט"ז מתרץ הקושיא של הב"י כי הגזירה שגזרו בזה היה מעין מעשה שהיה כדמצינו בשבת שלא יצא אדם בסנדל המסומר משום מעשה שהיה, וגזרו דוקא כעין המעשה שנעשה בסנדל המסומר דוקא. ה"נ המעשה היה בחול ע"כ גזרו כן בחול דוקא, ע"כ. ובתולעת יעקב[ב] כתב טעם לדבר כי אסור לנוף ברזל [על המזבח] כי הברזל כחו של עשו וכו' ובשבת שאין שטן ואין פגע רע והכחות ההם שובתות אין לסלקן, ע"כ.[ג] עוד כתב בשבת אין לזכור בחורבן הבית רק בבנין המקדש שיבנה ע"כ. וכתב הא"ר [ד] ולפ"ז מתורץ נמי קושית הב"י כי בשבת אין זוכרין לחורבן ולא חיישינן שיקח הסכין ויתקע בלבו. ובמ"מ (אות דש) כתב הטעם כי ידוע שכל אותיות של אל"ף בי"ת יש בבהמ"ז חוץ מן ף'. והטעם שאין מלאך א"ף שצ"ף קצ"ף שולט בכל סעודה שמברכין ברהמ"ז בשעתה ובכוונה, [ע"כ].[ה] לכן מכסין הסכין לרמוז לזה דבשעת ברכת המזון אין חרבו של מה"מ שולט, ע"כ. וגם לפי טעם זה יש לכסות הסכין גם בשבת: **גודל החיוב** של הזמנה והכנת השבח הזה שאנו אומרים בלשון לע"ז רבותי מיר וועלין בענטשין קודם התחלת בהמ"ז מבואר בזוה"ק פ' בלק בהאי ינוקא, ע"ש: **נברך.** ובקורא בתורה וחזן דאומר ברכו, היינו משום דאומר 'המבורך' ובזה כולל עצמו (ירושלמי). וא"ת הא כתיב גדלו לה' אתי וגו'. י"ל כיון דאמר 'אתי' הרי כולל עצמו עמהם (חדושי הרשב"א): [ו] **ובטובו חיינו, ב"ה וב"ש ברוך אתה ה' אלוקינו מלך העולם הזן וכו'.** המברך אומר ב"ה וב"ש קודם שמתחיל ברכת המזון, ואחרים אין אומרים. והוא הדין יחיד כשמברך אין אומר ב"ה וב"ש. גם אין המסובין עונין אמן אחר ברכת הזימון א"ר סי' קצ"ב אות ב'): **נברך אלקינו.** הא דתקנו בזימון אלקינו ובברכת התורה ה', משום שמזון הדין נותן לכלכל את ברואיו ולפיכך תקנו זה השם שהוא מדת הדין. אבל התורה לא נתנה אלא בחסדו כדאמר למען צדקו יגדיל תורה ויאדיר. כי איזה שורת הדין הנותנת להודיע דרכיו לברואים. הרי לא עשה כן לכל גוי שהם ג"כ ברואיו. לפיכך תקנו השם של רחמים (א"ר שם אות ו'):

בשמים ראש

ישב באימה בשעה שהוא מברך בהמ"ז (שו"ע סי' קפ"ד). וכתב של"ה דף פ"ב ראיתי מהמדקדקים שנזהרים לשום בגד עליון עליו בשעת בהמ"ז כמו בשעת תפלה ומנהג טוב הוא. ובפרט כשיש זימון ע"כ. וכ"כ הב"ח. עוד כתב דישים גם הכובע על ראשו ולא יברך במצנפת קטנה אפילו ביחיד ע"כ. כתב בשו"ע מהר"י לוריא ז"ל דבהמ"ז צריך לומר בשמחה גדולה, ע"כ. ולא יברך בקלות ראש או מתנמנם או במהירות או בהבלעת המלות. אלא יכין את עצמו לקראת אלקי ישראל לברכו על החסד הגדול שעשה עמו להכין לו פרנסתו אף שלא היה ראוי לכך רק בחסדו הגדול. וכתב בספר החינוך כל הזהיר בבהמ"ז מזונותיו מצוין לו כל ימיו בכבוד. והרוקח כתב כל אותיות יש בברכת המזון חוץ מף' להודיע שאין אף קצף שולט בסעודה כשמברכים בהמ"ז בכוונה ויזכה לף' וורדים שסביב נחל בעדן ונחל עדניך תשקם. לכך אין ף' ביוצר אור ולא בי"ח ברכות של תפלה, עכ"ל בסי' של"ז. בבהמ"ז צריך להשמיע לאזניו מה שמוציא בשפתיו. אבל בדיעבד אם בירך ולא השמיע לאזניו יצא ובלבד שהוציא בשפתיו (סי' קפ"ה). ובראשית חכמה משמע דאפילו אם בירך ביחיד צריך לברך בקול רם. כי הקול מעורר הכוונה ומביא זכירה אם בר"ח אם בשבת להזכיר מעין המאורע, ובלחש ישכח הכל. אסור להפסיק בשום הפסק בברכת המזון (סי' קפ"ג):

מקורות, ציונים, והערות

א. עי' באבודרהם (ל, לד) וז"ל, נהגו העולם כשמברכין ברה"מ שמסלקין הסכין מעל השולחן וכו' והנה השולחן בבית כמזבח בבית המקדש, מה מזבח מכפר אף שולחן מכפר. והברזל מקצר ימיו של אדם, ואין ראוי להניחו בשעת הברכה במקום הכפרה שמארכת ימיו של אדם, עכ"ל. א*. וראיתי מי שכ' דלפי טעם זה הרי אין עושין מזבח בלילה ע"כ גם בלילה א"צ להסיר הסכין. ב. ס' תולעת יעקב מאת ר' מאיר אבן גבאי (נפ' שנת ש') והוא פי' על התפילות בדרך פרד"ס. ג. יש כאן גמגום ל' דחסר קצת ממש"כ התולעת יעקב. דכ"ז הובא בשל"ה בשער האותיות (קע"ב) ומביא דברי התולעת יעקב ומסיים שם, "...ואין לסלקו כי אין לעוררם כלל" (עכ"ל התולעת יעקב). ואח"כ כ' השל"ה דברי עצמו וז"ל, ע"כ בשבת אין לזכור חחרבן הבית רק בבנין המקדש שיבנה, ואז יתכן גם לדברי הרב רבי שמחה שמביא הב"י, עכ"ל. ד. סי' ק"פ אות ז. ה. כ"ז הובא במ"מ בשם הרוקח, ומש"כ "לכן מכסין וכו'" הוא דברי עצמו שם. ו. עי' הוספות וביאורים.

סדר ברכת המזון

כתב השל"ה נוהגין לומר בחול מזמור "על נהרות בבל וגו'" קודם בהמ"ז להזכיר חרבן ביהמ"ק. ובשבת ויו"ט וביום שא"א תחנון אומרים מזמור "בשוב ה' את שיבת ציון וגו'" ע"כ. ונראה טעמא משום דבשבת אין לזכור החרבן כמ"ש לעיל. ואם אוכל בער"ח אחר מנחה יאמר בשוב ה' (אשל אברהם):

לחול: עַל נַהֲרוֹת בָּבֶל שָׁם יָשַׁבְנוּ גַּם בָּכִינוּ בְּזָכְרֵנוּ אֶת צִיּוֹן: עַל עֲרָבִים בְּתוֹכָהּ תָּלִינוּ כִּנֹּרוֹתֵינוּ: כִּי שָׁם שְׁאֵלוּנוּ שׁוֹבֵינוּ דִּבְרֵי שִׁיר וְתוֹלָלֵינוּ שִׂמְחָה שִׁירוּ לָנוּ מִשִּׁיר צִיּוֹן: אֵיךְ נָשִׁיר אֶת שִׁיר יְיָ עַל אַדְמַת נֵכָר: אִם אֶשְׁכָּחֵךְ יְרוּשָׁלָםִ תִּשְׁכַּח יְמִינִי: תִּדְבַּק לְשׁוֹנִי לְחִכִּי אִם לֹא אֶזְכְּרֵכִי אִם לֹא אַעֲלֶה אֶת יְרוּשָׁלַםִ עַל רֹאשׁ שִׂמְחָתִי: זְכֹר יְיָ לִבְנֵי אֱדוֹם אֵת יוֹם יְרוּשָׁלָםִ הָאֹמְרִים עָרוּ עָרוּ עַד הַיְסוֹד בָּהּ: בַּת בָּבֶל הַשְּׁדוּדָה אַשְׁרֵי שֶׁיְשַׁלֶּם לָךְ אֶת גְּמוּלֵךְ שֶׁגָּמַלְתְּ לָנוּ: אַשְׁרֵי שֶׁיֹּאחֵז וְנִפֵּץ אֶת עֹלָלַיִךְ אֶל הַסָּלַע:

שבת ויו"ט (ובימים שא"א תחנון): שִׁיר הַמַּעֲלוֹת בְּשׁוּב יְיָ אֶת שִׁיבַת צִיּוֹן הָיִינוּ כְּחֹלְמִים: אָז יִמָּלֵא שְׂחוֹק פִּינוּ וּלְשׁוֹנֵנוּ רִנָּה אָז יֹאמְרוּ בַגּוֹיִם הִגְדִּיל יְיָ לַעֲשׂוֹת עִם אֵלֶּה: הִגְדִּיל יְיָ לַעֲשׂוֹת עִמָּנוּ הָיִינוּ שְׂמֵחִים: שׁוּבָה יְיָ אֶת שְׁבִיתֵנוּ כַּאֲפִיקִים בַּנֶּגֶב: הַזֹּרְעִים בְּדִמְעָה בְּרִנָּה יִקְצֹרוּ: הָלוֹךְ יֵלֵךְ וּבָכֹה נֹשֵׂא מֶשֶׁךְ הַזָּרַע בֹּא יָבֹא בְרִנָּה נֹשֵׂא אֲלֻמֹּתָיו:

אלו הפסוקים טוב לאומרם בגמר סעודתו קודם ברכת המזון והמה מסוגלים [מאוד]* שלא יחסר מזונו כל ימי חייו:

לְהַלֵּל. לְשַׁבֵּחַ. לְפָאֵר. לְרוֹמֵם. לְהַדֵּר. וּלְנַצֵּחַ. עַל כָּל דִּבְרֵי שִׁירוֹת וְתִשְׁבָּחוֹת דָּוִד בֶּן יִשַׁי עַבְדְּךָ מְשִׁיחֶךָ: בַּעֲצָתְךָ תַנְחֵנִי וְאַחַר כָּבוֹד תִּקָּחֵנִי: וְהוּא רַחוּם יְכַפֵּר עָוֹן וְלֹא יַשְׁחִית וְהִרְבָּה לְהָשִׁיב אַפּוֹ וְלֹא יָעִיר כָּל חֲמָתוֹ: אַשְׁרֵי הַגֶּבֶר אֲשֶׁר תְּיַסְּרֶנּוּ יָּהּ

* הכי גרס בשבט מוסר פ' ל"ז אות ל"א. ובקיצור של"ה (עניני סעודה) גרס "עד מאד".

וּמִתּוֹרָתְךָ תְלַמְּדֶנּוּ: וַאֲנִי בְּחַסְדְּךָ בָטַחְתִּי יָגֵל לִבִּי בִּישׁוּעָתֶךָ אָשִׁירָה לַיְיָ כִּי גָמַל עָלָי: שׂוֹשׂ אָשִׂישׂ בַּיְיָ תָּגֵל נַפְשִׁי בֵּאלֹהַי כִּי הִלְבִּישַׁנִי בִּגְדֵי יֶשַׁע מְעִיל צְדָקָה יְעָטָנִי כֶּחָתָן יְכַהֵן פְּאֵר וְכַכַּלָּה תַּעְדֶּה כֵלֶיהָ: וְיִבְטְחוּ בְךָ יוֹדְעֵי שְׁמֶךָ כִּי לֹא עָזַבְתָּ דֹרְשֶׁיךָ יְיָ: שִׂמְחוּ בַּיְיָ וְגִילוּ צַדִּיקִים וְהַרְנִינוּ כָּל יִשְׁרֵי לֵב: נֵר לְרַגְלִי דְבָרֶךָ וְאוֹר לִנְתִיבָתִי: אוֹדְךָ כִּי עֲנִיתָנִי וַתְּהִי לִי לִישׁוּעָה:*

אֲבָרְכָה אֶת יְיָ בְּכָל עֵת תָּמִיד תְּהִלָּתוֹ בְּפִי: סוֹף דָּבָר הַכֹּל נִשְׁמָע. אֶת הָאֱלֹהִים יְרָא וְאֶת מִצְוֹתָיו שְׁמוֹר. כִּי זֶה כָּל הָאָדָם: תְּהִלַּת יְיָ יְדַבֶּר פִּי. וִיבָרֵךְ כָּל בָּשָׂר שֵׁם קָדְשׁוֹ לְעוֹלָם וָעֶד: וַאֲנַחְנוּ נְבָרֵךְ יָהּ. מֵעַתָּה וְעַד עוֹלָם. הַלְלוּיָהּ:

אח"כ יטול מים אחרונים וקודם נטילת מים אחרונים יאמר:

הֲרֵינִי מוּכָן וּמְזֻמָּן לִטּוֹל יָדַי אַחַר הָאֲכִילָה כְּמוֹ שֶׁתִּקְּנוּ חֲכָמֵינוּ זִכְרוֹנָם לִבְרָכָה לָתֵת בָּזֶה נַחַת רוּחַ לְבוֹרְאִי יִתְבָּרַךְ שְׁמוֹ: לְשֵׁם יִחוּד קוּדְשָׁא בְּרִיךְ הוּא וּשְׁכִינְתֵּהּ:

ואחר כך יאמר פסוק זה:

זֶה חֵלֶק אָדָם רָשָׁע מֵאֱלֹהִים וְנַחֲלַת אִמְרוֹ מֵאֵל:

ואחר מים אחרונים יאמר פסוק זה:

וַיְדַבֵּר אֵלַי זֶה הַשֻּׁלְחָן אֲשֶׁר לִפְנֵי יְיָ:

יש נוהגין כשנוטלין כוס לברך בהמ"ז אומרים:

כּוֹס יְשׁוּעוֹת אֶשָּׂא וּבְשֵׁם יְיָ אֶקְרָא:

ופסוק זה מרמז לסעודה שיעשה הקב"ה לע"ל לצדיקים ודוד יברך ויאמר כּוֹס יְשׁוּעוֹת אֶשָּׂא וגו' כדאיתא בפרק ערבי פסחים (אבודרהם):

* ואח"כ יאמר השיר של יום (שבט מוסר (פל"ז) וקיצור של"ה).

וקודם שיתחיל לברך יאמר:

הֲרֵינִי מוּכָן וּמְזֻמָּן לְקַיֵּם מִצְוַת עֲשֵׂה שֶׁל בִּרְכַּת הַמָּזוֹן כְּמוֹ שֶׁכָּתוּב.. וְאָכַלְתָּ וְשָׂבָעְתָּ וּבֵרַכְתָּ אֶת יְיָ אֱלֹהֶיךָ, לְשֵׁם יִחוּד קוּדְשָׁא בְּרִיךְ הוּא וכו׳. וִיהִי נוֹעַם וגו׳:

כת״י בשמים ראש: (דרך החיים): **(א)** ומקבל הכוס בשתי ידיו. וכשיתחיל לברך נוטלו בימינו ולא יסייע בשמאל, אבל אם נותן השמאל תחת הימין לסייע ואין נוגע בכוס מותר. ומגביה מעל השולחן טפח, ונותן בו עיניו כדי שלא יסיח דעתו. ואין לוקחין כוס שפיו צר לברך עליו. ומשגרו לאשתו שתשתה ממנו ואפילו לא אכלה עמהם (סי׳ קפג, סעי׳ ד): **(ב)** איטר אוחז הכוס בימינו שהוא שמאל כל אדם (שם): **(ג)** צריך לישב בשעה שהוא מברך ואפי׳ אם היה הולך כשאכל צריך לישב לברך כדי לכוין דעתו וגם לא יהא מיסב ושוונכב על צדו כשהוא מברך שהוא דרך גאוה אלא ישב באימה וביראה אבל בדיעבד אפי׳ בירך כשהוא מהלך יצא. ואסור לברך כשהוא עסוק במלאכתו (שם): **(ד)** מי שאכל במקום אחד צריך לברך קודם שיעקור ממקומו (סי׳ קפ״ד, סעי׳ א):

המברך אומר רַבּוֹתַי. מִיר וֶועלֶן בֶּענְטְשִׁין (אוֹ רַבּוֹתַי נְבָרֵךְ):

ועונין המסובין יְהִי שֵׁם יְיָ מְבֹרָךְ מֵעַתָּה וְעַד עוֹלָם:

והמזמן חוזר יְהִי שֵׁם יְיָ מְבֹרָךְ מֵעַתָּה וְעַד עוֹלָם:

והמברך אומר בִּרְשׁוּת מָרָנָן וְרַבָּנָן וְרַבּוֹתַי נְבָרֵךְ (בעשרה אֱלֹהֵינוּ) שֶׁאָכַלְנוּ מִשֶּׁלּוֹ:

ועונין המסובין בָּרוּךְ (בעשרה אֱלֹהֵינוּ) שֶׁאָכַלְנוּ מִשֶּׁלּוֹ וּבְטוּבוֹ חָיִינוּ:

והמזמן חוזר בָּרוּךְ (בעשרה אֱלֹהֵינוּ) שֶׁאָכַלְנוּ מִשֶּׁלּוֹ וּבְטוּבוֹ חָיִינוּ:

ומי שלא אכל עמהם עונה בָּרוּךְ (בעשרה אֱלֹהֵינוּ) וּמְבוֹרָךְ שְׁמוֹ תָּמִיד לְעוֹלָם וָעֶד:

ברכת המזון *לנשואין:[א]

דְּוַי הָסֵר וְגַם חָרוֹן. וְאָז אִלֵּם בְּשִׁיר יָרוֹן. נְחֵנוּ בְּמַעְגְּלֵי צֶדֶק.

שְׁעֵה בִּרְכַּת [בְּנֵי יְשׁוּרוּן]:[ב] [בְּנֵי אַהֲרֹן]:

בִּרְשׁוּת מָרָנָן וְרַבָּנָן וְרַבּוֹתַי. נְבָרֵךְ אֱלֹהֵינוּ

שֶׁהַשִּׂמְחָה בִּמְעוֹנוֹ. וְשֶׁאָכַלְנוּ מִשֶּׁלּוֹ:

ועונין המסובין:

בָּרוּךְ אֱלֹהֵינוּ שֶׁהַשִּׂמְחָה בִּמְעוֹנוֹ. וְשֶׁאָכַלְנוּ מִשֶּׁלּוֹ. וּבְטוּבוֹ חָיִינוּ:

והמזמן חוזר:

בָּרוּךְ אֱלֹהֵינוּ שֶׁהַשִּׂמְחָה בִּמְעוֹנוֹ. וְשֶׁאָכַלְנוּ מִשֶּׁלּוֹ. וּבְטוּבוֹ חָיִינוּ:

*** זימון לברית מילה תמצא לקמן**

מקורות, ציונים, והערות

א. עי׳ בשערי נישואין (שער ג׳ פ׳ ט״ו) אות ה׳ שכ׳ טעם לאמירת "דוי הסר" הוא משום דכתיב (משלי יג, יג) ואחריה שמחה תוגה, (פי׳ שיש חשש אשר תהפך השמחה לתוגה ח״ו אם לא נהגו השמחה כראוי, (ע״ש ברלב״ג), לכן מתפללים "דוי הסר" שהקב״ה יצילנו מצער כזה. ויש שאין אומרים אותו בשבת, והטעם מפני שאין לבקש צרכיו בשבת. ויש שאינן נוהגין לאומרו כלל (והטעם נר׳ מפני הפסק בין מים אחרונים לברהמ״ז).
ב. עי׳ בשערי נישואין (שם אות ו) שמבאר דאין לומר "שעה ברכת בני ישורון בני אהרן", ומביא כמה ראיות שנוסח זה הוא בטעות, אלא אם המזמן כהן יאמר "שעה ברכת בני אהרן" ואם הוא ישראל או לוי יאמר "שעה ברכת בני ישורון", ע״ש.

המברך בזימון *א) אומר בָּרוּךְ הוּא וּבָרוּךְ שְׁמוֹ *):

ברכה זו משה רבינו ע"ה תקנה כשירד המן לישראל (ברכות מח:)

בָּרוּךְ אַתָּה יְיָ אֱלֹהֵינוּ מֶלֶךְ הָעוֹלָם. הַזָּן אֶת הָעוֹלָם כֻּלּוֹ. בְּטוּבוֹ בְּחֵן בְּחֶסֶד וּבְרַחֲמִים. הוּא נוֹתֵן לֶחֶם לְכָל בָּשָׂר. כִּי לְעוֹלָם חַסְדּוֹ: וּבְטוּבוֹ הַגָּדוֹל תָּמִיד לֹא חָסַר לָנוּ וְאַל יֶחְסַר לָנוּ מָזוֹן

*) הגאון מהר"ם א"ש ז"ל נהג שהממתין עד שאמר המזמן ברוך אתה ה' ואז אמר ב"ה וב"ש ואח"כ התחיל הברכה.[א]

עץ יוסף

ברוך. אינו לשון פעול [בל"א ער איז גיבענשט], אלא כמו רחום וחנון שהוא עצמו הוא מקור הברכות ואינו מקבלם מאחרים, [ופי' בל"א גילובטער]:[ב] **הזן את העולם כלו. שנא'**[ג] **נתן לחם לכל בשר.** ור"ל שהוא זן ומפרנס מקרני ראמים עד ביצי כינים:[ד] **בטובו.** לא מצד הדין כי אם בטובו, כי מטבע הטוב להטיב, ונאמר הודו לה' כי טוב:[ה] **בחן.** שכל בריה ובריה מזונותיה מצאה חן בעיניה כמ"ש[ו] לית דעני מכלבא ולית דעתיר מחזירא:[ז]או פי'

ענף יוסף

וברחמים נותן לחם. כן הוא באבודרהם. ולא כנוסחא 'הוא' נותן (א"ר):[יג] **לא חסר לנו ואל יחסר לנו מזון.** יש הנוהגים לומר מלת חסר החי"ת בקמ"ץ והסמ"ך בפת"ח, ויש נוהגים לומר חסר {חיסר} החי"ת בחירי"ק והסמ"ך בפת"ח והם {שאומרים חיסר} צריכין לומר ג"כ יחסר היו"ד בשו"א והחי"ת בפת"ח והסמ"ך בציר"י כדי שיהיו שניהם מגזר אחת. כ"כ מטה משה.[יד] וכתב של"ה אני בחרתי בדרך הראשון (א"ר שם):

בטובו בחן. פי' לפי שבשר ודם המתחייב לזון את חבירו הוא זן אותו שלא בטובתו במאכלים גרועים וכל מזונות נותן לו ברע עין שאין מראה לו פנים יפות, פנים של חן. אבל הקב"ה זן את עולמו בטובו ובחן. מן הטוב ובעין יפה:[ז] **בחסד וברחמים.** אפילו בשעה שאדם חוטא אותה שעה עצמה לא יחסר לחמו והכל בחסד וברחמים: **וברחמים הוא נותן לחם וכו'.** כי מצד קיום האדם היה די לו בירקות ובפירות, רק מצד הרחמים הוא נותן לחם: **נותן לחם וכו'.** תהלים קל"ו. ואע"ג דברכה זו תקן משה ופס' זה אמר דוד, אין זו תימא, דכה"ג מצינו כמה פסוקים דשני נביאים דברו בסגנון אחד ואפי' שלשה, כמו פס' עזי וזמרת יה וגו' מצינו בשירת הים ובתהלים ובישעיה:[ח] **כי לעולם חסדו.** פי' הרד"ק (שם) וזה חסד גדול מאיתו לנבראים שמזמין לכל בריאה ובריאה מזון הראוי לה:[ט] **תמיד לא חסר לנו.** ע"ש (נחמיה ט, כא) וארבעים שנה כלכלתם במדבר לא חסרו:[י] **לא חסר.** צריך ליזהר שלא יפסיק בין **לא** ובין **חסר** שלא יהא משמע חלילה ובטובו הגדול אשר תמיד לא מכח זה חסר לנו:[יא] **ואל יחסר לנו מזון.** בקשה היא, ע"ש (ישעי' נא, יד) ולא יחסר לחמו:[יב]

עיון תפלה

הזן את העולם וגו' **בחן בחסד וברחמים.** שלשת המקרים האלה מתחברים בסדר התפלה במקומות הרבה, כמו לקמן בברכת הטוב והמטיב לחן לחסד ולרחמים, ובסוף ברכות השחר ותתננו וגו' לחן ולחסד ולרחמים, ובברכת שים שלום חן וחסד ורחמים, ולפני קריאת התורה בב' וה' ותגלה ותראה וגו' לחן ולחסד ולרחמים, ובתפלת יקום פרקן וכן בקדיש דרבנן חנא וחסדא ורחמי. וחן וחסד קרובים בענינם **נֹעַם** משוך על פני איזה דבר הגורם למשוך אליו את הלבבות, ובלע"ז גונסט, ליעבליכקייט, כמו זכרתי לך חסד נעוריך (ירמיה ב, ב) הוא חן הנעורים, ובגמ' (מגילה יג.) חוט של חסד משוך עליה, וכן (ע"ז ג:) כל העוסק בתורה בלילה הקב"ה מושך עליו חוט של חסד ביום, חסדא שמך וחסדאין מילך (גיטין ז.), והתאר כלה נאה וחסודה (כתובות יז.) פרש"י חוט של חסד משוך עליה, כולם ענינם חן **וְנֹעַם. ופירוש הזן וגו' בחן בחסד וברחמים** שהקב"ה זן את כל בריותיו בעין טובה וברחמים רבים. ובזה נכללו כל הנבראים ואפילו הצמחים שהוא נותן להם מזונם הדרוש לקיומם. ואח"כ מדבר מבעלי החיים בפרט, **הוא נותן לחם לכל בשר** (תהלים קלו, כה). ואח"כ מדבר מן האדם בפרט, **לא חסר לנו ואל יחסר לנו מזון,** (בטוחים אנחנו בטובו הגדול שלא יֶחְסַר לנו מזון כל זמן קיומנו): **חָסֵר** כצ"ל בציר"י כי לא נמצא **חָסַר** במקרא. ובמרדכי סוף ברכות מנקד **חִסֵּר, יְחַסֵּר** בבנין הכבד וקאי אהקב"ה:

מקורות, ציונים, והערות

א*. דהיינו רק המזמן אומר ב"ה וב"ש ולא שאר העונין, עי' לעיל עמ' כ"ה בערוגת הבושם ד"ה "ובטובו חיינו ב"ה וב"ש", בשם הא"ר. א. קצשו"ע סי' מה (בהגהת לחם הפנים). ב. (כת"י, והוא העתקה מספר מטה יהודה) אבודרהם, הקדמה פ"ה אות ז'. ג. תהלים קלו, כה. ד. (כת"י, העתקה ממטה יהודה). סידור רוקח וסידור ר"ש מגרמייזא. ובסדור ראב"ן כ', הזן את העולם כולו, כדאמ' (ע"ז ג:) שלישית, יושב הקב"ה וזן את העולם מקרני ראמים וכו'. ועי' בהוספות וביאורים. ה. מטה יהודה. ו. שבת קנה:. ז. תורת חיים, סנהדרין צ"ט ע"א. ח. עי' מש"כ המבי"ט בבית אלהים שער היסודות פ' ס"א, ועי' בהוספות וביאורים. ט. מ"בחסד וברחמים וכו'" עד כאן הוא כולו מכת"י, והוא העתקה ממטה יהודה. י. אבודרהם ובהנדפס כ' בטעות פסוק אחר ועי' אבודרהם הוצאת רא"ם פרק ל' הערה 238. יא. מטה יהודה. יב. אבודרהם, ועי' ר"י בר יקר שמביא פסוק זה וגם "ע"ש, לא תחסר כל בה" (דברים ח, ט). יג. א"ר קפז אות א. ועי' בערוה"ש סעי' ד' טעם שיש לגרוס "הוא". ועי' בהוספות וביאורים. יד. אות שיג.

לְעוֹלָם וָעֶד. בַּעֲבוּר שְׁמוֹ הַגָּדוֹל. כִּי הוּא (אֵל) זָן וּמְפַרְנֵס לַכֹּל וּמֵטִיב לַכֹּל וּמֵכִין מָזוֹן לְכָל בְּרִיּוֹתָיו אֲשֶׁר בָּרָא: (כָּאָמוּר, פּוֹתֵחַ אֶת יָדֶךָ וּמַשְׂבִּיעַ לְכָל חַי רָצוֹן).[א*] בָּרוּךְ אַתָּה יְיָ. הַזָּן אֶת הַכֹּל:

עץ יוסף

לעולם ועד בעבור שמו הגדול. ברוב הדפוסים נקוד בין לעולם ועד ובין בעבור שמו הגדול וטעות הוא[א] כי בעבור שמו הגדול קאי על מה שאומרים ואל יחסר לנו מזון לעולם ועד זה יעשה בעבור שמו הגדול אף שאין אנו ראוים לכך כי הוא אל זן ומפרנס לכל וכו' בין ראוים ובין שאינם ראוים:[ב] **כי הוא אל זן.** זן באכילה: **ומפרנס לכל.** היינו לבישה שנקראת פרנסה וכמו שכותבים בשטר כתובה אנא איזון ואפרנס וכו': **ומטיב לכל.** נגד הדירה. ע"ד שאמר הכתוב (דברים ח, יב) **ובתים טובים תבנה.** **ובתים מלאים כל טוב** (שם ו, יא). **מה טובו אהליך** (במדבר כד, ה):[ג] **ומכין מזון.** בפרשת בשלח על פסוק "מן הוא" (טז, טו) פי' רש"י הכנת מזון הוא. ולפי שמשה תיקן ברכה זו לישראל בשעה שירד להם המן לפיכך אמר לשון **ומכין מזון** על המן, כנ"ל:[ב] **בא"י הזן את הכל.** ע"ש (תהלים קמה, טו) **עיני כל אליך ישברו** (וגו') ואתה נותן להם את אכלם בעתו:[ד]

ענף יוסף

כי הוא זן ומפרנס לכל. כן הוא במרדכי ואבודרהם ומטה משה. ולא כאור חדש שכתב כי הוא 'אל' זן (א"ר שם):[ו] **לכל ומטיב לכל.** שני לכל מנוקדים הכ"ף בחול"ם לפי שהם מוכרתים ואינם סמוכים, אבל לכל בריותיו שהוא סמוך וקרוב [נקוד] בקמ"ץ (מטה משה סי' שטז) (א"ר שם):

ובספר נתיבות עולם (נתיב העבודה פ' יח) פי' **הזן את העולם כולו בטובו** ר"ל השי"ת מצד טובו מפרנס את הכל. ואח"כ אמר כי פרנסת השי"ת את העולם הוא מצד ג' פנים. כי יש שמפרנס מצד הדין מפני שהוא נושא חן בעיני השי"ת לפי שהוא צדיק כמו אצל נח דכתיב ונח מצא חן וגו', ויש שמפרנסו מצד החסד והם בני אדם שהם כמו בהמות ואין להם דעת ומפרנסם מצד החסד, ויש אשר מפרנסם מצד הרחמים והם הקטנים אשר לא ידעו מאומה ויש לרחם עליהם, כמו אלו פרנסתם מצד הרחמים. ואח"כ אומר **הוא נותן לחם לכל בשר** שר"ל שהוא ית' נותן ומשפיע קיום כל הנמצאים כאחד. והשפעת כל מיני מאכל נקרא ע"ש הלחם לפי שהוא סועד הלב ומחזקו שבו החיות שהוא ית' נותן קיום אל כל הנבראים ופרנסתם בחסד. וזהו **כי לעולם חסדו**, שאין קץ וגבול לחסדו ית' רק הוא לעולם. **בעבור שמו הגדול** כי השי"ת מפרנס לכל כדי שיהיה אל העולם קיום, וזהו בעבור שמו הגדול כי הוא אל זן, שאם לא יהיה לעולם קיום על מי יהיה נקרא שמו הגדול, כמו שאמר יהושע על ישראל שאם חס ושלום יעשה כליה בישראל ומה תעשה לשמך הגדול (עי' יהושע ז, ט). וכי יהא נקרא שמו הגדול על עצים ואבנים. וזכר ד' דברים, **כי הוא אל זן** מה שצריך אל אכילתו והוא חיותו, **ומפרנס לכל** הוא שאר צרכיו, **ומטיב לכל**, הוא הטובה שעושה עם הבריות לבד מצרכיו והוא תוספת טובה, **ומכין מזון לכל בריותיו וכו'**, זה נאמר על שאר הנבראים. ושייך בזה ומכין מזון ולא לשון נתינה כי האדם שייך שהוא נותן לו וזוכה בו האדם, אבל בשאר הנבראים לא שייך לומר רק ומכין מזון לכל בריותיו, עכ"ל:[ה]

עיון תפלה

כי הוא אל זן, במאכל: ומפרנס. בשאר הצרכים, כי פרנסה שייכה בכל דבר שיש לאדם צרך בו, כמו לן נותנין לו פרנסת לינה (ב"ב ט.) פרש"י צורכי לינה: ומכין מזון. קודם שיצטרכו, כדאמר בן זומא (ברכות נח.) כמה יגיעות יגע אדה"ר עד שמצא פת לאכול וכו' עד שמצא בגד ללבוש ואני משכים ומוצא כל אלו מתוקנים לפני, ובויק"ר פי"ד סי' ב' שהבריות ישנים על מטותיהם והקב"ה משיב רוחות ומעלה עננים ומוריד גשמים ומגדל צמחים ומנגבן ומעריך שלחן לפני כל א' וא':

מקורות, ציונים, והערות

א*. כן הוא במרדכי (ברכות סי' ריז) והובא במחזור ויטרי וברמב"ם. ועי' בב"י (סי' קפז) טעם שאין לומר זה, וע"ש בדרישה. וע"ע בבית אלהים למבי"ט שער היסודות פ' ס"א טעם שנכון לומר. ועי' בהוספות וביאורים. א. עי' בפי' הר"ש סופר מפרעמישלא (שנת שס"ג) על ברה"מ הנדפס מחדש (תשס"ג, בתוך הגדה של פסח) על "בעבור וכו'" בהערה 20. ב. מטה יהודה. ג. תורת חיים (סנהדרין צט.) והפי' על "כי הוא אל זן" ועל "ומפנרס לכל" הוא ג"כ מתורת חיים. ד. אבודרהם. ובהוצאה חדשה של אבודרהם הוצאת רא"ם בהערה 241 כתב דכוונתו [גם] על סיפא דקרא "ואתה נותן להם את אכלם בעתו". (ועי' בהוספות וביאורים טעם לזה.) ובאמת רבינו בספרו דברי הברית בפירושו שם על ברה"מ מביא את הפסוק כולו. ובאוצר התפלות הנדפס (וילנא תרע"ה) כתב רק "עיני כל אליך ישברו וגו'". (ויש לציין דפיסקא זו לא נמצא בשני הכת"י של הסידור.) ה. פיסקא זו המתחיל "ובספר נתיבות עולם וכו'", הוא הוספה ע"פ כת"י ערוגת הבושם וכת"י בשמים ראש. ו. וכן בארחות חיים גרס "אל". וכן הוא ע"פ כתבי האר"י ז"ל, ועי' יסוש"ה שכ' שידקדק לומר "אל" וכן הובא בליקוטי מהרי"ח.

ברכה זו יהושע תקנה כשנכנסו ישראל לארץ

(ערוגת הבושם) כתב בשבלי הלקט (סי' קנז), פי' הר"ר בנימן לפי שראה יהושע את משה רבינו ע"ה שחמד ליכנס לארץ ישראל והתפלל עליה, וגם אבות העולם חמדו ליכנס שם וליקבר שם, כיון שזכה הוא ליכנס שם תיקן בברכת הארץ ארץ חמדה. וצריך שיזכיר בה ברית. פי' שכשנימול אברהם כרת ה' אתו ברית לתת לו את הארץ. וצריך שיזכיר בה תורה שנאמר ויתן להם ארצות גוים וגו' בעבור ישמרו חוקיו ותורותיו ינצורו, עכ"ל הב"י. וז"ל ספר האמונה והבטחון [לרמב"ן], בברכת הארץ אחר שהזכיר בה ארץ טובה ורחבה צריך שיזכיר בה ברית. וטעם הדבר, לפי שכיון שנכנסו ישראל לארץ נצטווה יהושע למול את בני ישראל שנא' (יהושע ה, ב) בעת ההיא אמר ה' וגו' ושוב מול וגו', לכן צריך לסמוך ברית לארץ מיד,[א] ואח"כ תורה ועל תורתך שלמדתנו, לפי שלא היתה התורה שלמה אלא בא"י שהרי הרבה מצוות תלויות בארץ. ובב"ר (טז, ז) איתא וזהב הארץ ההיא טוב, [מלמד ש]אין תורה כתורת א"י ולא חכמה כחכמת א"י. נמצאת א"י ראוי לתורה ואין התורה שלמה אלא בא"י. ודע כי ב' ברכות אלו, שהן ברכת הארץ ובונה ירושלים, כעין כלל ופרט הן. לפי שברכת הארץ כוללת כל א"י ובונה ירושלים אינה כוללת אלא ירושלים לבדה, לכן אחר שהזכיר בברכת הארץ כל א"י חוזר ומברך ברכה אחת כנגד ירושלים לבדה, שהיא עיקר הארץ, מכוונת כנגד ירושלים של מעלה. וצריך שיזכיר בה מלכות בית דוד ששם כסאו, עכ"ל:[ב]

נוֹדֶה לְּךָ יְיָ אֱלֹהֵינוּ. עַל שֶׁהִנְחַלְתָּ לַאֲבוֹתֵינוּ אֶרֶץ חֶמְדָּה טוֹבָה וּרְחָבָה. וְעַל שֶׁהוֹצֵאתָנוּ יְיָ אֱלֹהֵינוּ מֵאֶרֶץ מִצְרַיִם. וּפְדִיתָנוּ מִבֵּית עֲבָדִים. וְעַל בְּרִיתְךָ שֶׁחָתַמְתָּ בִּבְשָׂרֵנוּ. וְעַל תּוֹרָתְךָ שֶׁלִּמַּדְתָּנוּ.

עץ יוסף

נודה לך. ברכה זו אינה פותחת בברוך מפני שהיא ברכה הסמוכה לחברתה. ומתחילת נודה לך עש"ה (תהלים עט, יג) נודה לך לעולם וגו':[ג] **שהנחלת.**[ד] בהרבה מקומות נקראת א"י נחלה:[ה] ארץ חמדה. שנא' {ירמיה ג, יט} ואתן לך ארץ חמדה נחלת צבי: טובה ורחבה. שנאמר [וארד להצילו מיד מצרים וגו' אל ארץ טובה ורחבה (שמות ג, ח)].[ו] וז"ל הגמרא במס' ברכות (מח:) תני ר"א אומר (כי) [כל] שלא אמר ארץ חמדה טובה ורחבה בברכת הארץ לא יצא ידי חובתו. פי' שהרי הנביאים קראוה כן בהרבה מקומות ואנו צריכין לספר בשבח הארץ כדי שישתוקקו לה הנפשות:[ז]

ענף יוסף

ועל בריתך. כתב הכל בו דנשים ועבדים לא יאמרו על בריתך שחתמת בבשרנו ועל תורתך שלמדתנו דנשים לאו בני ברית נינהו ועבדים לאו בני תורה נינהו עכ"ל. וכתב בבדק הבית ותמהני דעבדים איתנהו במצות שהאשה חייבת וגם על הנשים יש לדון שאין נקרא אדם אלא כשיש לו אשה הוי לי' זכר ונקבה גוף אחד ושפיר מצי למימר על בריתך שחתמת בבשרנו עכ"ל. וכתב {נחלת צבי}[ט] שכן עיקר.[י] וכתב הא"ר[יא] שתמיה ראשונה ליתא דמשמע דעת הראב"ד דגם נשים אינן בכלל תורה. וכתב עבדים וה"ה לנשים. דכל שהאשה מצווה עבד מצווה. וכן הבין הלבוש. וכן הוא להדיא בש"ס ברכות דף מט.

ועל שהוצאתנו מארץ מצרים. ע"ש (דברים טז, ג) למען תזכור את יום צאתך מארץ מצרים. ואף שלא נזכר בגמרא חיוב הזכרה זו אך בודאי כשתיקן יהושע מטבע ונוסח ברכה זו של ברכת הארץ בודאי תיקן הזכרת יציאת מצרים ג"כ ע"ש הפסוק הנ"ל.[ח] {יסוש"ה}

עיון תפלה

נודה לך. עש"ה (תהלים עט, יג) נודה לך לעולם. וברכה זו אינה פותחת בברוך מפני שהיא סמוכה לחברתה (לבוש):[יב] **על שהנחלת.** על דבר אשר הנחלת, כמו על שהחייתנו וקיימתנו (מודים דרבנן): **ארץ חמדה.** עש"ה (ירמיה ג, יט) ארץ חמדה נחלת צבי. ובשמו"ר פל"ב סי' ב' למה נקראה חמדה שבית המקדש נתון בתוכה שנא' (תהלים סח, יז) ההר חמד אלהים לשבתו, ד"א ארץ חמדה שחמדו לה כל המלכים (בב"ר פ' פ"ה סי' י"ד כל מלך ושלטון שלא היה לו שלטן בארץ אמר איני שוה כלום, ובבמ"ר פכ"ג סי' ז' שהיו כל המלכים מתאוים לשתות מים מא"י וכו' להודיעך שאין חביב כא"י), רבנין אמרין ארץ שחמדו לה אבות העולם אברהם יצחק ויעקב: **טובה ורחבה.** (שמות ג, ח): **ועל שהוצאתנו וכו' מארץ מצרים.** ולא אמר שהוצאת את אבותינו כמו שאמר שהנחלת

מקורות, ציונים, והערות

א. בזה רוצה לפרש למה מזכירין ברית לפני שמזכירים תורה. וטעמו משום שכיון שהציוי למול היתה מיד כשנכנסו לארץ ע"כ גם הזכרת ברית צ"ל מיד סמוך להזכרת הארץ. (ועי' תי' האבודרהם הובא לקמן בעמוד הבא בעץ יוסף ד"ה ועל בריתך ועל תורתך, בסוף). ב. פיסקא זו הוא מכת"י ערוגת הבושם, וכיון שהוא כעין הקדמה לברכה שניה ע"כ שמתיה כאן קודם הברכה. ג. מטה יהודה בשם הלבוש (ונר' שמקורו הוא דברי הטור). ד. עי' בהוספות וביאורים הוספה מכת"י. ה. ע"פ מש"כ בפי' מהר"ן שפירא. ועי' הוספות וביאורים. ו. בסדור אוצה"ת הנדפס (וילנא תרע"ה) כתב פסוק אחר בטעות ועשינו תקון ע"פ מש"כ בהערה 244 באבודרהם הוצאת רא"ם, ע"ש. ז. מ"שהנחלת" עד כאן הוא העתקה מאבודרהם (עם קצת שינוי לשון). ח. יסוד ושורש העבודה. ט. סי' קפז סק"ג. י. ועי' מ"ב סק"ט דבימינו נשים אומרים ברית ותורה. יא. שם אות ו. יב. עי' הערה ג'.

וְעַל חֻקֶּיךָ שֶׁהוֹדַעְתָּנוּ. וְעַל חַיִּים חֵן וָחֶסֶד שֶׁחוֹנַנְתָּנוּ. וְעַל אֲכִילַת מָזוֹן שָׁאַתָּה זָן וּמְפַרְנֵס אוֹתָנוּ תָּמִיד. בְּכָל יוֹם וּבְכָל עֵת וּבְכָל שָׁעָה:

עץ יוסף

ומה שלא תקנו לומר ועל שהוצאת לאבותינו מארץ מצרים כדרך שתקנו לומר 'על שהנחלת לאבותינו ארץ חמדה טובה ורחבה' נ"ל דהיינו טעמא משום דבכל דור ודור חייב אדם לראות את עצמו כאילו הוא יצא ממצרים:[א] **ופדיתנו מבית עבדים.** ע"ש (שם ז, ח) ויפדך מבית עבדים. וקרא למצרים בית עבדים ע"ש שעבד

ענף יוסף

ע"ש. וגם קושיא השניה ליתא וכו', ע"ש שהאריך ומסיק דנשים ודאי לא יאמרו שניהם. ומכ"ש שאם לא הזכירו אפילו עבדים אין מחזירין אותן, עכ"ל.[י*] ועי' במג"א (סק"ג) שדחק ליישב המנהג שהנשים אומרות אותם:[יא] **שאתה זן.** השי"ן זו נקודה בקמ"ץ גדול כדי להרחיב האל"ף (רד"ק[יב] ומ"מ[יג] וא"ר[יד]):

לא היה יכול לברוח משם.[ב] וגם משום שהיה להם להיות במצרים ת' שנה והם יצאו אחר רד"ו שנה. וא"כ היה להם להיות שם עבדים ק"ץ שנה עוד (כלי יקר): **ועל בריתך וכו' ועל תורתך וכו'.** אמרו שם בגמרא (מט.) כל שלא אמר ברית ותורה בברכת הארץ [וכו'] לא יצא ידי חובתו. ופי' ה"ר אשר מלוניל שהטעם משום דאלמלא ברית ותורה לא נתקיימו שמים וארץ, ואם לא היתה הארץ קיימת לא נתנה להם הארץ. וי"א הטעם לפי שבשביל ברית ותורה זכו לירושת הארץ. וצריך שיקדים ברית לתורה[ג] לפי שהתורה נתנה בשלש בריתות והמילה נתנה בשלש עשרה בריתות הכתובים בפרשת מילה (אבודרהם): **ועל חוקיך שהודעתנו.** שאף בזכות המצוות ירשו את הארץ שנא' (דברים ח) למען תחיון ורביתם ובאתם וירשתם את הארץ.[ד] וכן כתיב[ה] ויתן להם ארצות גוים וגו' בעבור ישמרו חוקיו ותורותיו ינצורו:[ו] **ועל חקיך שהודעתנו.** הם המצות הקדושים שצוה אותנו עם קדוש:[ז] [ז*] **בכל עת ובכל שעה.** עת היא עתים, קור וחום. ושעה חלק מכ"ד במעת לעת (פמ"ג).[ח] והא"ר[ט] בשם מהר"ן (שפירא, סדר ברכת המזון) ומטה משה (סי' שכא) כתב עת היא שש שעות. וד' עיתים משתנים בכל יום מבוקר עד חצי יום. ומחצי יום עד הלילה:[י]

עיון תפלה

לאבותינו, משום דבכל דור ודור חייב אדם לראות את עצמו כאילו הוא יצא ממצרים כדתנן (פסחים קטז:): **בריתך שחתמת בבשרנו.** כ"ה בברכת המילה וצאצאיו חתם באות ברית קדש, ושם בחתימת הברכה, למען בריתו אשר שם בבשרנו: **תורתך שלמדתנו,** חקיך שהודעתנו. המשפטים והתורות שאינם רחוקים מן השכל צריכים למוד להבינם, אבל הקים והגזרות הרחוקים משכל האדם צריכים רק ידיעה לדעת אותם כמו שנתנו מסיני כדי לקיימם. ובסדור דובר שלום להרה"ג ר"א לנדא ז"ל כתב[טו] דברכה זו נסדרה על סדר הכתובים שנאמרו בברית בין הבתרים, בתחלה נתינת הארץ שנא' (בראשית טו, ז) אני ה' אשר הוצאתיך מאור כשדים לתת לך את הארץ הזאת לרשתה, ואח"כ היציאה ממצרים שנא' (שם שם, יד) ואחרי כן יצאו ברכוש גדול, ואח"כ חתימת ברית מילה שנא' אח"כ (שם יז, ז) והקימתי את בריתי ביני ובינך וגו' והיה לאות ברית ביני וביניכם וגו' והיתה בריתי בבשרכם וגו', ואח"כ היה מתן תורה: **ועל חיים חן וחסד שחוננתנו.** אלו חונן אותנו חיים בלבד אפי' יש בהם בושה וכלמה - דיינו, כי הכלב החי טוב מן האריה המת, על אכו"כ טובה כפולה ומכופלת שחונן אותנו אל החיים, גם החיים חן וגם חסד (המדרגה היותר גבוהה שבחן, ראה ברכת הזן), כי אחר קבלת התורה חיי עולם נטע בתוכנו שנא' (דברים ד, א) שמע אל החקים ואל המשפטים וגו' למען תחיו, ונאמר (שם ח, א) כל המצוה אשר אנכי מצוך היום תשמרון לעשות למען תחיון ורביתם:

מקורות, ציונים, והערות

א. כת"י ערוגת הבושם, ונעתק ממטה יהודה. ב. רש"י שמות יח, ט ד"ה על כל הטובה, בשם מכילתא ג. ברכות מח:. ד. רש"י שם ד"ה צריך שיקדים. ה. תהלים קה. ו. פס' זה הובא בב"י ובלבוש, ועי' בהוספות וביאורים. ז. יסוד ושורש העבודה. ז*. עי' הוספות וביאורים הוספה מכת"י. ח. פמ"ג סי' קפז א"א סק"ב. ובדרכי משה אות ג כתב וז"ל: שמעתי רבים שחששו לומר בנוסח זה ואומרים כי עת ושעה הוא דבר אחד ואין אומרים רק בכל עת, וטעות הוא בידם. כי עת קאי על עתי השנה כגון קור וחום קיץ וחורף ושעה הם שעות היום. וכן אמרינן בתפילה וטוב בעיניך לברך את עמך ישראל בכל עת ובכל שעה, ולכן אין לשנות, עכ"ל ט. שם או' א י. עי' בסדור צלותא דאברהם שמקשה דאם עת הוא עתים (קור וחום וכו') הו"ל להקדים עת ליום, דהיינו היה לו לומר בכל עת ובכל יום ובכל שעה, דהוה לא זו אף זו, ע"ש. י*. ועי' בפרישה (הובא בהוספות וביאורים, ע"ש). יא. פיסקא זו ע"פ כת"י ונעתק ממטה יהודה. יב. עי' שופטים (ו, יז). יג. סי' שכ יד. שם אות א. טו. ושם מביא קושיית היעב"ץ דבמצרים עשו מילה קודם היציאה והול"ל "ועל בריתך" קודם "ועל שהוצאתנו וכו'", **ועל זה בא לתרץ דברכה זו נסדרה וכו'.**

בחנוכה ופורים צריך לומר על הנסים בברכת נודה לך קודם ועל הכל, ואם שכח אין מחזירין אותו, ויכול לאומרו בתוך שאר 'הרחמן הוא', ויאמר הרחמן הוא יעשה לנו נסים כמו שעשה נסים לאבותינו בימים ההם בזמן הזה בימי מתתיהו וכו', או בימי מרדכי וכו' (סי' קפז). (דרך החיים כ, יא). ובשבת של חנוכה והזכיר של חנוכה בברכת המזון ולא הזכיר של שבת, ולא נזכר עד אחר שהתחיל הטוב והמטיב דדינו שיחזור לראש, אין צריך להזכיר של חנוכה בברכת המזון (סי' קפח, מגן אברהם ס"ק י"ג) (דרך החיים שם).[א]

בחנוכה ובפורים אומרים זה:[ב]

(וְ)עַל הַנִּסִּים וְעַל הַפֻּרְקָן וְעַל הַגְּבוּרוֹת וְעַל הַתְּשׁוּעוֹת וְעַל הַמִּלְחָמוֹת. שֶׁעָשִׂיתָ לַאֲבוֹתֵינוּ בַּיָּמִים הָהֵם בַּזְּמַן הַזֶּה:

עץ יוסף

ועל הפורקן. [ע"ש (תהלים קלו, כד) ויפרקנו מצרינו, וע"ש] [ג] ויפדך מבית עבדים (דברים ז, ח) מתרגמינן ופרקך (אבודרהם): [ג*] **ועל המלחמות שעשית וכו'.** הנה במסכת סופרים (פ"כ ה"ח) וברמב"ם הנוסחא ועל המלחמות כשם שעשית וכו'. אבל התוס' בפ"ק דמגילה (ד. ד"ה פסק) כתבו ויש שאין אומרים "כשם" לפי שאמרו חכמים (ברכות לד.) לעולם לא ישאל אדם צרכיו לא בג' ראשונות ולא בג' אחרונות. ושטות הוא שהרי האי טעמא לא הוה אלא להמתפלל בלשון יחיד אבל בשביל הצבור שרי. אבל נראה שאין לאמרו מטעם אחר משום דאמרו חכמים (פסחים קיז:) דכל דבר דהוי בלהבא תקנו בלהבא. ובדבר דהודאה הוי לשעבר [ומשום הכי תקנו בה על הנסים דהוי לשעבר], עכ"ל [תוס']. ובארחות חיים (הל' חנוכה אות כג) כתוב דעביד כמר עביד ודעביד כמר עביד. ועי' בטור וב"י בסי' תרפ"ב: **בימים ההם בזמן הזה.** הלבוש (סי' תרפ"ב סעי' ג) גרס ובזמן הזה, וכתב וז"ל, ופירושו, שאנו מודים לך על הניסים שעשית בימים ההם, וגם אנו מודים על הנסים שעשית לנו בזמן הזה, שבכל יום ויום הוא עושה עמנו נסים נגלים ונסתרים בזמן הזה כמו בזמן אבותינו.[ד] ואח"כ מפרש ואומר קצת מהניסים מה שעשה לאבותינו בימים ההם, ומעין המאורע הוא מה שעשה בימי מתתיהו וכו', וכן בפורים בימי מרדכי וכו'. ויש מדקדקים לומר לומר בזמן הזה בלא וי"ו, ויהיה הודאתינו על הניסים שעשה לאבותינו בזמן הזה ושנה וחדש כזה שאנו עומדים בו עתה, ולא תהיה ההודאה רק על נס של חנוכה או של פורים לבד. אבל נ"ל שטוב יותר לומר בוי"ו, כדי לכלול כל הניסים, ולפרט אותו הנס שהוא עכשיו מעין המאורע, שכן דרך נוסח תקנות חז"ל בכל מקום לכלול כל הדברים הדומים וגם אותו עיקר הדבר שהוא צריך לברך עליו, עכ"ל. אבל המלבושי יו"ט (שם ס"ק א) כתב, ואני אומר שאפילו בוי"ו משמעו על אותן נסים שעשה לאבותינו, ובזמן הזה (של) [הוא על] [ה] החדש הזה וכו' (אליה זוטא שם ס"ק ד):

ענף יוסף

ועל הנסים. בוא"ו כצ"ל. וכ"כ בעל מטה יהודה וכן כתב באור חדש. וקאי אדלעיל מיניה במ"ש ועל נסיך שבכל יום עמנו ועל נפלאותיך וטובותיך וכו' ועל הנסים וכו' (שערי תפלה):[ו] **ועל המלחמות.** בשערי תפלה [ז] כתב שצ"ל 'על' בלא וא"ו. ור"ל שנותנים הודאה על התשועה שנעשה על המלחמות. אבל על נוסח 'ועל המלחמות' קשה היאך נותנים הודאה על המלחמות, והלא כתיב וחרב לא תעבור בארצכם, אפילו חרב של שלום:[ח]

דובר שלום [ט]

על הנסים. עניני האדם הוא או בענין הנשמה או בענין הגוף או בענין הממון. זהו **על הנסים** בענין הנשמה **ופורקן** בענין הממון שבענין ממון נופל לשון פורקן ופדיון **ועל הגבורות** בענין הגוף: **ועל התשועות ועל המלחמות.** תשועה היינו בגבורת המנצח ומלחמות מחלישת המנוצח. ויתכן עוד, שמחוקי הטבע בא הישועה אחר הצרה, והקב"ה עושה בהיפך, שמקדים הישועה לצרה. זהו בתחלה מקדים הישועה ואחרי זה המלחמה:

עיון תפלה

בכל עת ובכל שעה. ראה מש"כ בברכת שים שלום בתפלת י"ח, וכאן הכונה אע"פ שיש שעה קבועה לאכילה כדתניא (שבת י.) שעה ראשונה וכו' רביעית מאכל כל אדם חמישית מאכל פועלים ששית מאכל ת"ח שומע אני שאין הקב"ה זן אלא דוקא בשעה המיוחדת לאכילה לכל, אמר **ובכל שעה** אפי' שלא בשעת אכילה: **על הנסים ועל הפרקן.** השרש עברי ויפרקנו מצרינו (תהלים קלו, כד), ומשקלו ארמי יקום פֻּרְקָן:

מקורות, ציונים, והערות

א. ועי' בשער הציון סי' קפח ס"ק כא, ודעתו דגם כשחוזר בשביל שלא אמר רצה יש לחזור ולומר על הנסים, ע"ש. ב. בהוצאה קמא של הסדור לא הודפס פי' "על הנסים" בתוך ברה"מ, והעתקתיו מהנדפס בשמו"ע. ג. השלמה ע"פ מש"כ בתוך אבודרהם. ג*. עי' בהוספות וביאורים. ד. ועי' לקמן מה שפי' על "כהיום הזה". ה. הכי' גרסי' באליה זוטא. ו. ספר שערי תפלה להמדקדק ר' זלמן הענא. וע"פ האבודרהם ור"י בר יקר אומרים בלי וא"ו. ועי' במ"ב (תרפב, סק"א) שכ' לומר "ועל" בוא"ו. ועי' בהוספות וביאורים. ז. השערי תפלה העתיק זה ממטה יהודה (עם קצת שינויים). ח. עי' מש"כ בדובר שלום (לקמן) בסוף פסקא "על התשועות ועל המלחמות". ט. עי' בפתיחה על עבודתינו בפי' דובר שלום.

לחנוכה: בִּימֵי מַתִּתְיָהוּ בֶּן יוֹחָנָן כֹּהֵן גָּדוֹל חַשְׁמוֹנָאִי וּבָנָיו. כְּשֶׁעָמְדָה מַלְכוּת יָוָן הָרְשָׁעָה עַל עַמְּךָ יִשְׂרָאֵל. לְהַשְׁכִּיחָם תּוֹרָתֶךָ וּלְהַעֲבִירָם מֵחֻקֵּי רְצוֹנֶךָ. וְאַתָּה בְּרַחֲמֶיךָ הָרַבִּים. עָמַדְתָּ לָהֶם בְּעֵת צָרָתָם. רַבְתָּ אֶת רִיבָם. דַּנְתָּ אֶת דִּינָם. נָקַמְתָּ אֶת נִקְמָתָם. מָסַרְתָּ גִבּוֹרִים בְּיַד חַלָּשִׁים. וְרַבִּים בְּיַד מְעַטִּים.

עץ יוסף

יוחנן כה"ג חשמונאי. כתב בארחות חיים (הל' חנוכה אות ג) יוחנן הוא חשמונאי כמ"ש בספר יוסיפון, וי"א חשמונאי ע"ד יאתיו חשמנים (תהלים סח, לב) והוא דרך גדולה (ב"י סי' תרפב). ואבודרהם כתב, פירוש יוחנן המכונה חשמונאי[א] והוא כפי' הראשון של הב"י. והקדימו כהן גדול להכינוי, כי עיקר השם יוחנן (פמ"ג).[ב] [ב*] וכתב הכל בו, יש בו קכ"ד תיבות כמנין "יוחנן" שתקנו,[ג] ויש אומרים קכ"ה כמנין כהנים[ד] (א"ר):[ה] **כשעמדה וכו'.** ע"ש (דניאל יא, ג) ועמד מלך גבור הנאמר בדניאל על מלכות יון (אבודרהם): **להשכיחם תורתך.** דברים שיש בהם טעם וחכמה, על זה היה להם קנאה, על דרך (דברים ד, ו) כי היא חכמתכם ובינתכם לעיני העמים. אבל להעבירם מחוקי רצונך, אדרבה הם מונים ישראל (רש"י במדבר יט, ב), וישראל עושים החוקים לעשות רצון ה' לבד בלי טעם, אם כן אין זה מחמת קנאה, רק זדון לבם בלי שום שוגג:[ו] **[להעבירם מחוקי רצונך].** כשגזרו עליהם [שמד] שלא יקיימו ר"ח שבת ומילה שהם עיקרי התורה (אבודרהם): **עמדת להם בעת צרתם.** אע"פ שלא הקדימו תפלה לצרה:[ז] **עמדת להם בעת צרתם.** עמידה כנגד עמידה שעמדה עליהם מלכות יון[ח] (אבודרהם): **ורבים ביד מעטים.** כי [הם] היו רבים ונצחום חמשה בני מתתיהו (אבודרהם):

ענף יוסף

[**ולהעבירם מחקי רצוניך.** ובשערי תפלה כתב[ט] שצ"ל ולהעבירם 'על' חקי רצונך, כמו אין מעבירין 'על' המצות:]

דובר שלום

להשכיחם תורתך. על תורה המושכלת עשו תחבולות להשכיחם. ועל חוקים הבלתי מושכלים עשו תחבולה להעבירם מהם לבל יעשום כלל. ויתכן עוד שקיום החוקים אינם מצד השכל רק מצד המצוה שה' צוה לעשותם וכאשר הם עמדו להשכיחם תורתך שישכחו אשר התורה היא שלך ואתה צוית, בזה עצמו גרמו להעבירם מחקי רצונך: **ורבים וכו'.** ע"פ מה דאיתא בב"ר פ' צ"ט אלו יונים מרובים באוכלוסין ואלו בני לוי מועטים, באו מרובים ונפלו ביד מועטים:

עיון תפלה

מתתיהו בן יוחנן כהן גדול. בן שמעון הצדיק משיירי כנה"ג הנודע בצדקתו (יומא לט.), ולשמעון שלשה בנים הבכור שמעי ומשנהו חֹנְיוֹ ויוחנן הוא הצעיר. ולא הלכו בניו הגדולים בדרכיו (מנחות קט:) ויכהן אלעזר אחיו תחתיו, כי יוחנן עודנו צעיר לימים. הוא אלעזר הכהן הגדול אשר שלח שבעים זקנים מזקני ישראל לתלמי פילאדעלפוס מלך מצרים לתרגם לפניו את התורה יונית (מגילה ט. מגלת תענית מאמר אחרון, מס' סופרים פ"א ה"ז), וירע הדבר בעיני חכמי ישראל כי חלל בת א-ל חי בתתו אותה בידי זרים ואת פי הסנהדריה לא שאל, ויסירוהו מכהונתו וישימו את מנשה בנו לכהן גדול תחתיו, ואחרי מות מנשה עלה יוחנן בן שמעון על כסא הכהונה,[י] הוא יוחנן כה"ג אשר היה משגב לתורת ה' כל ימי חייו וַיָּרֶב לתקן תקנות נכבדות למשמרת הדת והעם (סוטה מז. ועיי"ש בספרי תולדות ישראל הנ"ל). ומתתיהו בנו לא היה כה"ג כי אם כהן נכבד בעל בעמיו וצדיק כביר אשר ישב בהר המודעית בנחלת מטה בנימין, ולו חמשה בנים צדיקים גבורי חיל אשר מסרו את נפשם על קדושת השם להציל את ישראל מיד שוסיהם היונים. משפחת בית מתתיהו היתה נקראת חַשְׁמוֹנַי, אולי על שם חשיבותה, ככתוב (תהלים סח, לב) יאתיו חשמנים מני מצרים. ובניו היו כותבים על דגלם

מקורות, ציונים, והערות

א. וכ"כ בפי' הר"י בר יקר. ב. א"א ריש סי' תרפב. ב*. עי' בהוספות וביאורים הוספה מכת"י. ג. כ"כ בארחות חיים. ועי"פ דבריו יוחנן הוא אשר תיקן את נוסח על הנסים ד. כ"כ בספר הרוקח סי' רכה. ה. שם אות א. ו. פמ"ג משב"ז תרפב סק"א. ועי' בהוספות וביארים. ז. פמ"ג שם. ח. דקודם אמרנו "כשעמדה עליהם מלכות יון הרשעה וכו'". ט. והוא העתקה ממטה יהודה. י. מקורות לזה ראה ספרי תולדות ישראל לקח העשרים ושנים הערה 4. (הערת בעל עיון תפלה). ויש עוד שיטות על מי הכוונה "כהן גדול", וראה תולדות עם עולם להר"ש רוטנבורג ז"ל, (ועי' באוצר מפרשי חנוכה, הוצאת מכון ירושלים (תשע"ו), עמ' 336 שמביא כמה שיטות בזה).

וּטְמֵאִים בְּיַד טְהוֹרִים. וּרְשָׁעִים בְּיַד צַדִּיקִים. וְזֵדִים בְּיַד עוֹסְקֵי תוֹרָתֶךָ. וּלְךָ עָשִׂיתָ שֵׁם גָּדוֹל וְקָדוֹשׁ בְּעוֹלָמֶךָ. וּלְעַמְּךָ יִשְׂרָאֵל עָשִׂיתָ תְּשׁוּעָה גְדוֹלָה

עץ יוסף

רבת את ריבם דנת את דינם נקמת את נקמתם. שלא ע"פ דרך הטבע, רק נס מפורסם (פמ"ג שם), שהרי **מסרת גבורים ביד חלשים ורבים ביד מעטים וטמאים ביד טהורים.** ע"פ מה שכתב בזוהר הקדוש, מפני מה עכו"ם גבורים וכו', בודאי על פי נס היה. ומה עשה ה', [מדה כנגד מדה][א] הם משנאתם ובזדון לבם רצו לבטל אפילו החוקים שאין בהם קנאה, מסרם ה' ביד "עוסקי תורתך", על דרך ברכת התורה 'לעסוק בדברי תורה', שפירושו שנצטוינו לעיין ולפלפל בהם על דרך האמת, וכבר אמר החוקר אין שמחה כהתרת הספיקות, וזהו וזדים ביד עוסקי תורתך: [ב] **וזדים ביד עוסקי תורתך.** וא"ת למה אומר זדים ביד עוסקי תורתך ולא אמר דבר והיפוכו כמו שאמר בכל האחרים וי"ל כי דרך הפסוק לקח, דכתיב (תהלים קיט, נא) זדים הליצוני עד מאד מתורתך לא נטיתי (ב"י תרפ"ב).[ג] והאליה רבה (סי' תרפב אות א) כתב, דזדים כוונתו על פריצי ישראל שהיו באותו הזמן כדאיתא ביוצרות, ומצינו בפ' קמא דגיטין (ז.) דקאמר השכם והערב עליהם בבית המדרש והם כלים מאליהם וכו', לכך אמר ביד עוסקי

דובר שלום

וזדים ביד עוסקי תורתך. ע"ד שנאמר זדים הליצוני וגו' מתורתך לא נטיתי: **וטמאים וכו'.** לכאורה אין זה מפעולת הנס דטומאה וטהרה ורשעים וצדיקים וזדים ועוסקי תורה אינם מעניני גבורה וחולשה לחשוב התגברות הטהורים על הטמאים לנס. ויתכן ע"פ מאחז"ל (ע"ז נא:) גוים דאכלי שקצים ורמשים חביל גופייהו. מאן קצירי רבנן, תושיה שמתשת כחו של אדם. א"כ יש גם בענינים אלו גבורה וחולשה וגברו מכח הנס החלשים על הגבורים. וכלל בזה מחשבה ודבור ומעשה, שענין טומאה וטהרה יתכן גם במחשבה, שיש מחשבה מטהרת ויש מחשבה מטמאה כמאמר חז"ל (יומא לט.) ונטמתה ונטמטם. ורשעים וצדיקים הוא במעשה. וזדים ביד עוסקי תורתך היינו בדבור:

עיון תפלה

מכבי יש אומרים שהוא נוטריקון **מי כמכה באלים ה'.** ויש אומרים שהוא נוטריקון **מתתיהו כהן בן יוחנן,** ועשו זאת לזכר אביהם הצדיק. וכתב הר"ד אבודרהם בספרו (דף ע"ד ע"א) אע"פ שהיו חשמונאי ובניו חסידים ואנשי מעשה לקחו להם את המלוכה שלא כהוגן שהם היו כהנים וכהן אין לו חלק במלכות (כי המלוכה היא לבית דוד שהיו בימים ההם), ולפי שנתעטרו בעטרה שאינה שלהם סבב הקב"ה **וַיָּקֶם** עליהם את הורדוס עבדם אשר כלה זרעם (ב"ב ג:), עכ"ל. והמעשה הזה היה אחר שעלה הלל מבבל ויהי לנשיא הסנהדרין (פסחים סו.) בימי מלחמת האחים (ב"ק פב:) וכבר היה בירושלים איש מבית דוד (כתובות סב:) הראוי למלוכה ובכל זאת לא מסרו המלוכה בידו, ע"כ חרה בם אף ה' וישלח בהם את האדומי הזה: וקצת נוסחאות **אַנְטְיָכוּס** הוא אנטיוכוס **אֶפִּיפַאנֶעס** מלך סוריא: **ולהעבירם מחקי רצונך.** יסוד הלשון לא עברתי ממצותיך (דברים כו, יג). וחקי רצונך פירוש החקים שרצית בם: רבת את ריבם. עש"ה (איכה ג, נח) רבת ה' ריבי נפשי: **דנת את דינם.** עש"ה (ירמיה כב, טז) דן דין עני: **נקמת את נקמתם.** עש"ה (שם נא, לו) הנני רב את ריבך וְנִקַּמְתִּי את נקמתך, ונראה שגם בסדור ראוי לנקד נִקַּמְתָּ בפיעל כמו שהוא במקרא.

וסדר הלשון כך הוא, בתחלה רבת את ריבם עוד בטרם דנת את דינם אם ראוים הם להצלה או לא, כי קִנֵּאתָ לשמך הגדול המחולל בגוים, ואח"כ דנת את דינם לרמוז כי מצאת אותם זכאים, ואז נקמת את נקמתם כראוי: **מסרת גבורים ביד חלשים ורבים ביד מעטים.** ביאור על רבת את ריבם בטרם דנת את דינם, כי אין לך נרדפים בעולם יותר ממתי מספר חלשים שנפלו עליהם המון גבורים רבים, וכבר אמרו רבותינו (קה"ר פ"ג פסוק מה שהיה) רבי הונא בשם רבי יוסי אמר לעולם האלהים יבקש את הנרדף וכו' רשע רודף רשע והאלהים יבקש את נרדף מ"מ, ובויקרא רבה פכ"ז סי' ה' מסיים אפילו צדיק רודף רשע והאלהים יבקש את נרדף מ"מ, לפיכך רבת את ריבם תיכף ומיד עוד בטרם דנת את דינם ומצאתם ראוים לכך, לבל יאמרו בגוים עזבת את הארץ ותעשה אדם כדגי הים שכל הגדול מחברו בולע את הקטן: **וטמאים ביד טהורים** וגו' **צדיקים** וגו' **עוסקי תורתך.** ביאור על 'דנת את דינם', כי דנת אותם ומצאתם טהורים וצדיקים ועוסקים בתורה לפיכך אינו מן הראוי שינוח שבט הרשע על גורל הצדיקים. ומליצת **וזדים ביד עוסקי תורתך** לקוחה מן המקרא (תהלים קיט, נא) זדים הליצוני עד מאד מתורתך לא נטיתי (שלטי גבורים

מקורות, ציונים, והערות

א. הכי גרסי' בפמ"ג. ב. פמ"ג משב"ז סי' תרפ"ב סק"א וע"ע פמ"ג א"א ר"ס עת"ר. ג. הוספה ע"פ כת"י ערוגת הבושם. ועי' בהוספות וביאורים הוספה מכת"י בשמים ראש, ע"ש.

וּפֻרְקָן כְּהַיּוֹם הַזֶּה. וְאַחַר כֵּן בָּאוּ בָנֶיךָ לִדְבִיר בֵּיתֶךָ. וּפִנּוּ אֶת הֵיכָלֶךָ. וְטִהֲרוּ אֶת מִקְדָּשֶׁךָ. וְהִדְלִיקוּ נֵרוֹת בְּחַצְרוֹת קָדְשֶׁךָ. וְקָבְעוּ שְׁמוֹנַת יְמֵי חֲנֻכָּה אֵלּוּ. לְהוֹדוֹת וּלְהַלֵּל לְשִׁמְךָ הַגָּדוֹל:

עץ יוסף

תורתך, גם נ"ל דקי"ל (אבות ד, יג) שגגת תלמוד עולה זדון, א"כ עוסקי תורה אינם אפילו שוגגים והוי זדים הפוכו,[א] עכ"ל:[ב] **ולך עשית שם גדול וקדוש בעולמך.** על שם (יחזקאל לו, כב) לא למענכם אני עושה בית ישראל כי אם לשם קדשי וכו', וכתיב בתריה (שם, כג) וקדשתי את שמי הגדול המחולל בגוים וגו' (אבודרהם):[ג] **ופרקן כהיום הזה.** דגם היום היא התשועה והפורקן, כי בכל שנה בימים הללו מתגלה הנס, והשי"ת משפיע בימים הללו לעמו תשועה ופדיון:[ד] **לדביר ביתך.** על שם (מלכים א ו, יט) ודביר בתוך הבית (אבודרהם): **להודות ולהלל לשמך הגדול.** על שם (ישעיה כה א) אודה שמך כי עשית פלא (אבודרהם):[ג]

עיון תפלה

על הגהות מרדכי ריש פרק שני דשבת): **ולך עשית שם גדול וקדוש בעולמך.** ביאור על 'נקמת את נקמתם', כמו שאמרו רבותינו בויקרא רבה ריש פרשה כ"ד תניא אמר רשב"י אימתי שמו של הקב"ה מתגדל בעולמו בשעה שעושה מדת הדין ברשעים, שנא' והתגדלתי והתקדשתי ונודעתי לעיני גוים רבים (יחזקאל לח, כג), נודע ה' משפט עשה (תהלים ט, יז), בפעם הזאת אודיעם את ידי ואת גבורתי וידעו כי שמי ה' (ירמיה טז, כא), ע"כ, ועי' רש"י ריש פרשת וארא, ובשוחר טוב מזמור ק"נ אימתי הקב"ה מתקדש בעולמו כשיפרע מן הרשעים: **ולעמך ישראל עשית תשועה גדולה.** עש"ה (ש"א יט, ה) ויעש ה' תשועה גדולה לכל ישראל: **כהיום הזה.** עש"ה (נחמיה ט, י) ותעש לך שם כהיום הזה: **ופנו וגו' וטהרו וגו'.** כי היונים טמאו את המקדש וכל אשר בתוכו (שבת כא:) והוצרכו לפנותו ולטהרו, ועי' מנחות (כח:): והדליקו נרות בחצרות קדשך. עי' מנחות שם, ובפסיקתא רבתי פ"ב למה מדליקין נרות בחנוכה אלא בשעה שנצחו בניו של חשמונאי כה"ג למלכות יון נכנסו לביהמ"ק ומצאו שם ז' שפודים של ברזל וקבעו אותם והדליקו נרות בתוכם. ובשבת (כא:) מאי חנוכה וכו' כשנכנסו יונים להיכל טמאו כל השמנים שבהיכל וכשגברה מלכות בית חשמונאי ונצחום בדקו ולא מצאו אלא פך אחד של שמן וכו' ולא היה בו אלא להדליק יום אחד, נעשה בו נס והדליקו בו שמונה ימים. לשנה אחרת קבעום ועשאום ימים טובים בהלל והודאה. וכתב הראב"ד הראשון בס' האשכול ריש הלכות חנוכה ופורים מה שנעשה נס דוקא על ח' ימים לא פחות ולא יותר משום דאמרינן (מנחות פה:) תקוע אלפא לשמן, ואמרינן בירושלמי (לא נמצא בירושלמי שלנו) מירושלים לתקוע ד' ימים, ובכדי שילך ויביא ח' ימים, עיי"ש:

מקורות, ציונים, והערות

א. הוספה מכת"י ערוגת הבושם. ב. אלי' רבה סי' תרפב אות א. ג. וכן הוא בפי' ר"י בר יקר. ד. ועי' בשפתי חיים להרה"ג ר' חיים פרידלנדר זצ"ל (מועדים ב') בביאור על הנסים שמביא את דברי העץ יוסף וכתב דכוונתו דכיון שבימים האלה נפתח פתח ישועה וניסים, נשארת לדורות הסגולה בימים האלו לימי ישועה. ובקדושת לוי (דרוש לחנוכה) כותב ג"כ כענין זה וז"ל, ובכל שנה בימים הללו מתגלה הנס ההוא והשי"ת משפיע בימים הללו לעמו תשועה ופדיון. וזהו שאנו אומרים בשמו"ע ולעמך ישראל עשית וכו' כהיום הזה, כהיום הזה דייקא. ר"ל, דגם היום הוא התשועה ופדיון בימים ההם כמו בעת ההיא, עכ"ל ע"ש. וע"ע לעיל בעץ יוסף מש"כ על "בימים ההם בזמן הזה" בשם הלבוש.

לפורים: בִּימֵי מָרְדְּכַי וְאֶסְתֵּר בְּשׁוּשַׁן הַבִּירָה. כְּשֶׁעָמַד עֲלֵיהֶם הָמָן הָרָשָׁע. בִּקֵּשׁ לְהַשְׁמִיד לַהֲרֹג וּלְאַבֵּד אֶת כָּל הַיְּהוּדִים. מִנַּעַר וְעַד זָקֵן. טַף וְנָשִׁים. בְּיוֹם אֶחָד. בִּשְׁלֹשָׁה עָשָׂר לְחֹדֶשׁ שְׁנֵים עָשָׂר הוּא חֹדֶשׁ אֲדָר וּשְׁלָלָם לָבוֹז.

עץ יוסף

כשעמד עליהם המן הרשע. ע"ש (עובדיה א, יא) ביום עמדך מנגד, הנאמר בעשו זקנו. (אבודרהם):[א] **כשעמד עליהם המן הרשע.** אבל בעל מטה יהודה ושערי תפלה כתבו שצ"ל כשעמד המן הרשע וקאי אמה דבתריה בקש להשמיד אבל לנוסח עמד עליהם משמע דקאי על מרדכי ואסתר. ובאמת לא עמד מעולם על אסתר כאשר ידוע. ואין לומר דקאי אמה דבתריה בקש להשמיד וכו' את כל היהודים א"כ הוא כפל לשון, עכ"ל המטה יהודה:[ב] **בקש להשמיד וכו'.** כלומר המן בקש להשמיד את ישראל אע"פ שהיה בידם זכות. והקב"ה ממתין להשמיד את הגוים עד שלא ימצא זכות בידם, כדאמרינן בתנחומא (משפטים ה), והיה ביום ההוא אבקש להשמיד את כל הגוים הבאים על ירושלים (זכריה יב, ט) אמרו ישראל לפני הקב"ה, רבוש"ע, מי ממחה[ג] בידך עד שאתה אומר אבקש, אמר להם, כשאבקש להם זכות ולא אמצא להם זכות, אשמידם באותה שעה (אבודרהם):[ד] **להשמיד.** זה כלוי בנים, כמאמרם ז"ל (ויקר"ר ז א) על פסוק (דברים ט, כ) ובאהרן התאנף ה' מאד להשמידו: **להרוג.** אח"כ את הגדולים אבותם, שהיא מיתת אכזריות, שאבות יאכלו בוסר בראותם ברעות צאצאיהם לעיניהם תחלה וראש, ואח"כ יהרגם הם. ואחר כך, ולאבד את הגופים בל יקברו. ופירש מה שאמר 'להשמיד להרוג', הוא מנער ועד זקן. כי מן הנערים יתחילו, ועל אבותם אמר 'עד זקן'. ואחר כך על דרך זה, טף. הם העוללים ויונקים על חיק אמותם, ואחר כך הנשים בעצמן. וזה, ביום אחד. כי אין הפור עוזר לו כי אם ביום **ההוא.** והיה הצווי 'ושללם לבוז' אחר אומר להרוג וגו', עם היות שאין הבזה מעלה ומורדת אל המתים שכבר מתו, אך הוא שכדי שלא יתעצלו בדבר, אמר בשם המלך שיהיה שללם לבוז אל ההורגים, ולא יהיו כהרוגי מלכות שממונם למלך, כי בזה החלש יאמר גבור אני על חמדת השלל להרוג ולאבד. ולזרזם אמר 'להרוג ושללם לבוז' אחר הזכירו הרג ואיבוד קטן וגדול, לומר שלא יהיה שללם לבוז רק אחר שיהרגו כולם, בל יתנו לב לשלול שלל הנהרגים ראשונה, ויחיו הנותרים, או יברחו למלט נפשם, אך עתה ביודעם שבבזה שבבזה לא ישלחו את ידם עד אשר לא יחיו כל נשמה, כל עיר ועיר מאשר אתם, יזהרו בכל עוז

אחרית לשלום

להשמיד וכו' ביום אחד. מליצת ביום אחד עפ"י מה שבארנו בכפלים לתושיה בפ' יתרו דבהיות ישראל כאיש אחד חברים כמו שהיו במתן תורה ויחן ישראל לשון יחיד, אז המה מושפעים בכל הטובות ממקור האחדות של הבוי"ת. אך בהיותם נפרדים זה מזה כמו שהי' בעת החורבן בשנאת חנם אז לא יחיל טובם ע"ד שנא' (איכה ד, טז) פני ה' חלקם וגו'. זהו שאמר המן 'ישנו עם אחד מפוזר ומפורד'. דאף שהם בעצם עם אחד המתאחדים ואז לא יוכלו לשלוט בהם אך המה כעת מפוזר ומפורד בהפרדה חלקית זה מזה ולא יחיל טובם. 'לכן אם על המלך טוב יכתב לאבדם', ואין מצילם כעת. לכן צוה להשמידם ביום אחד דע"י אחדות של יום אחד ניכר יותר פרידתם. וכאשר אסתר הרגישה זאת צותה גם היא 'לך כנוס את כל היהודים' בכניסה המאחדת פרידתם. ובזה ישלטו 'המה בשונאיהם' ביום האחד אשר אמר להשמידם. ולכן נאמר במגילה 'וקבל היהודים' לשון יחיד לפי שזהו סבת גאולתם להתאחד כאיש אחד. וזהו שנא' בגאולה האחרונה (מלאכי ג, כג-כד) הנה אנכי שולח לכם את אליה הנביא וגו' והשיב לב אבות על בנים וגו' והכיתי את הארץ חרם. דכאשר מההכרח להכות הארץ חרם לכלות זרעו של עמלק, מההכרח שיהיו בתכלית האחדות. לכן אנכי שולח לכם את אליה וגו' והשיב לב אבות על בנים שיתאחדו כולם כאיש אחד חברים ואז יכלה זרעו של עמלק:

עיון תפלה

בימי מרדכי ואסתר וכו' כשעמד עליהם המן. אפשר לפרש 'עליהם' על אבותינו הנזכר לעיל בעל הנסים שעשית לאבותינו. ואפשר לפרש 'עליהם' על מרדכי ואסתר, ואע"פ שעל אסתר לא עמד כי אם על מרדכי, מ"מ אם עלתה בידו להמית את מרדכי גם אסתר היתה מתה כי סר צלה מעליה, והר זה כאלו עמד על שניהם. ובאשר נבזה בעיניו לשלוח יד במרדכי לבדו לכן בקש להשמיד וכו' את כל היהודים: **והשבות לו גמולו בראשו ותלו אותו ואת בניו על העץ.** הלשון הזה לקוח מן הנוסח שלפנינו:

מקורות, ציונים, והערות

א. כת"י ערוגת הבושם. ב. כת"י בשמים ראש. ועי' מש"כ כאן בעיון תפלה "כשעמד עליהם המן וכו'. ג. ובפי' ר"י בר יקר גרס "מוחה". ד. וכן הובא בפי' ר"י בר יקר.

וְאַתָּה בְּרַחֲמֶיךָ הָרַבִּים הֵפַרְתָּ אֶת עֲצָתוֹ. וְקִלְקַלְתָּ אֶת מַחֲשַׁבְתּוֹ. וַהֲשֵׁבוֹתָ לּוֹ *) גְּמוּלוֹ בְּרֹאשׁוֹ. וְתָלוּ אוֹתוֹ וְאֶת בָּנָיו עַל הָעֵץ:

*) יש גורסין[א] והשבות לו 'את' גמולו 'על ראשו'. ובשערי תפלה כתב שצ"ל והשבותו גמולו בראשו. גם הבי"ת דגושה במלת בראשו לפי שמלת גמולו מעמדת בטעם. כמו אשיב גמולכם בראשכם (יואל ד, ד):

וְעַל הַכֹּל יְיָ אֱלֹהֵינוּ אֲנַחְנוּ מוֹדִים לָךְ וּמְבָרְכִים אוֹתָךְ. יִתְבָּרַךְ שִׁמְךָ בְּפִי כָּל חַי תָּמִיד לְעוֹלָם וָעֶד: כַּכָּתוּב. וְאָכַלְתָּ וְשָׂבָעְתָּ

עץ יוסף

לבלתי החיות נפש כל חי (אלשיך):[ב] **בשלשה עשר לחדש שנים עשר וכו'.** יש לשאול, כיון שהפיל פור והגיע לחדש אדר, למה המתין עד י"ג בו, ולא כתב בספרים להיות בראש אדר, או לשבעה בו שמת משה. וי"ל, לפי שתגבורת האבל ביום שביעי, על כן אמר בי"ג באדר, שהוא שביעי למיתת משה (אבודרהם): **והשבות לו גמולו בראשו.** ע"ש (עובדיה א, טו) כאשר עשית יעשה לך גמולך ישוב בראשך, הנאמר בעשו זקנו [של המן] (אבודרהם):[ג] **גמולו בראשו.** כי המן בקש להשמיד את כל היהודים ביום אחד, והשיב לו הבורא יתברך גמולו

ענף יוסף

אנחנו מודים לך. יש מדקדקים שלא לומר אנו מודים לך לפי שהוא לשון אבילות, כמו ואנו ואבלו פתחיה (ישעיה ג, כו) ואנו הדיגים (שם יט, ח), שאין לומר לישנא דמשתמע לתרי אפי:[ז] כתבו המדקדקים שלא לומר 'בפה' כל חי אלא 'בפי' כל חי, כי מלת פה היא מוכרת וכאשר יהיה סמוך ישוב הה"א הנעלם יו"ד (רד"ק, מטה משה, א"ר)[ח] ותלמידי האר"י ז"ל כתבו בשמו לומר בפה כל חי ע"פ הסוד. ובספר אור חדש כתב שאפשר שלא יצא מפי האר"י ז"ל ואיזה תלמיד העלה על שמו:[ט]

מדה כנגד מדה, שנא' (אסתר ח, יא) נתן המלך ליהודים אשר בכל עיר ועיר להקהל ולעמוד על נפשם, וכתיב בתריה (שם, יב) ביום אחד בכל מדינות המלך אחשורוש. ועוד פירוש **והשבות לו גמולו בראשו**, על שם (משלי כו, כז) וגולל אבן אליו תשוב, כמו שמפרש והולך 'ותלו אותו ואת בניו על העץ'. וזהו 'על העץ אשר הכין לו' (אסתר ו, ד), כלומר כאילו הכינו לעצמו, כי לבסוף הוא נתלה עליו. ועליו הכתוב אומר (ישעיה מח, ח) ופושע מבטן קרא לך, קרי ביה קורה לך בה"א, כלומר שהקורה שהכין למרדכי, לו היתה. 'לך' עולה למנין חמשים, לרמוז (אסתר ה, יד) יעשו עץ גבוה חמשים אמה (אבודרהם):[ד] **ועל הכל.** איתא בגמרא (ברכות מט.) רבי אבא אומר צריך שיאמר בה הודאה תחילה וסוף, והוא שאנו אומרים ועל הכל ה' אלוקינו אנחנו מודים לך וכו'. ובודאי כך מקובל איש מפי איש עד משה רבינו ע"ה שצריך ליתן דוקא הודאה שנית בסוף הברכה ג"כ דרך כלל על כל הטוב שפרט מקודם, ולא די בהודאה שבתחילת הברכה נודה לך ה' אלוקינו. ובודאי שצריך שיתן בהודאה זו השניה הודאה עצומה במחשבתו ובלבו יותר ויותר הודאה כללית על כל הטובות שזכר עד הנה (יסוש"ה): **ועל הכל.** על כל אלו הטובות שאמרנו, אנחנו מודים לך. ע"ש הכתוב (תהלים קמ, יד) אך צדיקים יודו לשמך:[ה] **ומברכים אותך.** כאמור ואכלת ושבעת וברכת וגו':[ה] **יתברך שמך.** יה"ר מלפניך שיבוא משיח צדקנו במהרה בימינו, ואז יתברך שמך בפי כל חי תמיד, שיכירו וידעו כל האנשים שאתה יחיד ומיוחד (יסוש"ה): **תמיד לעולם ועד.** אינו כפל דברים, שהכי פירושו התמידות יהיה לעולם ועד, ואילו אמר תמיד לבד היה משמע שיהיה בלתי הפסק, אבל לא היה משמע שיהיה לעולם ועד, ואילו אמר לעולם ועד לא היה משמע שיהיה בתמידות, ואפשר שיהיה בהפסקות אע"פ שיהיה לעולם ועד. לכך אומרים תמיד לעולם ועד, שיתברך בתמידות בלי הפסק לעולם ועד (מטה יהודה):[ו]

עיון תפלה

ועל הכל. ראה תקון תפלה שיש גורסין 'ועל כלם' כמו בהודאת שמונה עשרה: **תמיד לעולם ועד.** וכן הלשון בברכת ברוך ה' לעולם וכו' אחר ק"ש של ערבית, תמיד ימלך עלינו לעולם ועד. 'תמיד' פירושו ברציפות בלי הפסקה בינתים (כתמיד האמור בלחם הפנים, דתנן במנחות (צט:) אלו משוכין ואלו מניחין וטפחו של זה כנגד טפחו של זה, ואפי' לר' יוסי דאמר אפי' סילק את הישנה שחרית וסידר את החדשה ערבית אין בכך כלום, היינו בדיעבד, אבל לכתחלה צריך להיות בלי הפסק כלל), ו'לעולם ועד'

מקורות, ציונים, והערות

א. וכן הוא גירסת הגר"א, (מעשה רב אות מ"ח). ויש מבארים הטעם לנוסח זה הוא כדי שיהיה נ"ד תבות כנגד נ"ד פעמים שכתוב "המן" במגילה וכן כנגד נ"ד אותיות שבעשרת בני המן (גר"א). ב. מן "להשמיד זה כלוי בנים" עד כאן, כולו הוה העתקה מאלשיך על אסתר ג, יג. ג. כת"י ערוגת הבושם. ד. מן "בשלשה עשר וכו'" הכל הוא העתקה מאבודרהם, ודבריו הם ע"פ פי' ר"י בר יקר. ה. אבודרהם. ו. כת"י ערוגת הבושם. ז. מטה יהודה. ח. רד"ק בספר השרשים "פה", מטה משה אות רכב, א"ר קפז, א. ותיקנתי הלשון ע"פ מש"כ במ"מ ומט"י. ט. כת"י ערוגת הבושם והוא העתקה ממטה יהודה.

וּבֵרַכְתָּ אֶת יְיָ אֱלֹהֶיךָ עַל הָאָרֶץ הַטֹּבָה אֲשֶׁר נָתַן לָךְ:
בָּרוּךְ אַתָּה יְיָ. עַל הָאָרֶץ וְעַל הַמָּזוֹן:

(ערוגת הבושם): **כתב הטור** (סי' קפח), ברכה שלישית בונה ירושלים, ודוד ושלמה תיקנוה. דוד תיקן על ישראל עמך ועל ירושלים עירך, ושלמה תיקן על הבית הגדול וכו'. ולאו למימרא שלא בירכו אותה עד שבא דוד ושלמה, דהא דריש להו [כולהו] מקרא, אלא הם תיקנו המטבע לפי מה שניתוסף טובה לישראל, דודאי קודם הכיבוש ובנין הבית לא אמרו כמו אחר הכיבוש והבנין, כמו שאין אנו אומרים מטבע שטבעו דוד ושלמה, שאנו מבקשים להחזיר המלכות ולבנות הבית והם היו מבקשים להמשיך שלוות הארץ והמלכות והבית, עכ"ל:

רַחֵם [א] **(נָא) יְיָ אֱלֹהֵינוּ עַל יִשְׂרָאֵל עַמֶּךָ. וְעַל יְרוּשָׁלַיִם עִירֶךָ. וְעַל צִיּוֹן מִשְׁכַּן כְּבוֹדֶךָ. וְעַל מַלְכוּת בֵּית דָּוִד מְשִׁיחֶךָ. וְעַל הַבַּיִת הַגָּדוֹל וְהַקָּדוֹשׁ שֶׁנִּקְרָא שִׁמְךָ עָלָיו: אֱלֹהֵינוּ. אָבִינוּ. רְעֵנוּ זוּנֵנוּ**

עץ יוסף

ושבעת. הבי"ת בקמ"ץ (מטה יהודה): [ב] **בא"י על הארץ ועל המזון.** ואין זה נקרא חותם בשתיים דהכי פירושו ארץ דמפקא מזון (ברכות מט) כלומר

ענף יוסף

רחם. יש נהגו לומר רחם **'נא'** ולא מצינו נוסחא זו בשום מקום: [ט] **רענו.** בשוא תחת הרי"ש. **זוננו.** במלאפו"ם שהוא לשון בקשה שמתפלל להקב"ה על מזונו שיזון

שארץ. טובה היא ועושה פירות (מטה יהודה): וראוי לאדם לכוין ג"כ על המזון שנתן לו בזה השעה (יסוש"ה): **רחם וכו'.** למדו לומר ברכת בונה ירושלים מדכתיב בפסוק על הארץ הטובה זו בונה ירושלים וכ"ה אומר (דברים ג, כה) ההר הטוב הזה והלבנון (ברכות מח) ועל ירושלים עירך אשר בחרת בה כמ"ש ולמען ירושלים העיר אשר בחרתי בה (מלכים א' יא): [ג] **רחם.** ע"ש [ד] כרחם אב על בנים וגו': **על ישראל עמך.** ע"ש וריחמתי על כל בית ישראל: **ועל ירושלים עירך.** ע"ש עד מתי [אתה] לא תרחם את ירושלים, ואמר עירך ע"ש ונקראה ירושלים עיר האמת: **ועל ציון משכן כבודך.** ע"ש אתה תקום תרחם ציון ואמר **משכן** ע"ש כי אני ה' שוכן בציון ואמר **כבודך** ע"ש כסא כבוד מרום מראשון וגו': [ה] **ועל מלכות בית דוד משיחך.** כתב הלבוש (סי' קפח, א בהג"ה) הא דתקנו להזכיר מלכות בית דוד בברכת בונה ירושלים הטעם הוא לפי שאמרו רז"ל [ו] ביום שנחלק בית דוד כפרו בג' דברים, בהקב"ה ובית המקדש ומלכות בית דוד, ואין נגאלין עד שיתוודו ויתבעו שלשתן (עכ"ל הלבוש), ואם לא הזכיר מלכות בית דוד מחזירין אותו (או"ח קפח סעי' ד): [ז] **ועל הבית הגדול [והקדוש] וכו'.** שנאמר (דהי"ב ז, טז) ועתה בחרתי והקדשתי את הבית הזה וגו', וכתיב (חגי ב, ט) גדול יהיה כבוד הבית וגו': [ח] (ועי' בהוספות וביאורים)

עיון תפלה

פירושו בלי סוף: (ספר מטה יהודה): **ככתוב.** סמך לחתימה מעין חתימה (פסחים קד.). והקדים ארץ למזון שלא כסדר המקרא שהביא? [י] כדי לפרש ארץ דמפקא מזון (ברכות מט.): **רחם וכו' על ישראל וכו'.** סדר הבקשות האלה על סדר תפלת שמו"ע. נגד תקע בשופר גדול וכו' לקבץ גליותינו **רחם** וכו' [היינו] **על ישראל** וגו', אח"כ **ועל ירושלים** נגד **ולירושלים עירך**, אח"כ **ועל מלכות בית דוד** נגד **את צמח דוד**, אח"כ **ועל הבית הגדול** נגד **רצה** וכו' **והשב את העבודה לדביר ביתך** (סדור דובר שלום): **רענו זוננו.** רבים שואלים מה ענין הבקשה הזאת לבנין ירושלים? ונראה משום דאמרינן (סוטה מח.) העיד ר' יהושע מיום שחרב ביהמ"ק אין יום שאין בו קללה ולא ירד הטל לברכה וניטל טעם הפירות ושומן הפירות וכו' וְשֶׁמֶן הדגן, והפייטן בוידוי הגדול שאחר עבודת יוה"כ האריך בזה, "ומעת חסרנו כל אלה תכפו עלינו צרות וכו' צבי ארץ חנפה עלינו, צמחה ולא לברכה. פנינו להרבה והנה מעט. פח נפש בא באסמינו. עשקו זיתים שמנם וכו' נארו אֵבֵי שדה, נלקחו מטעמי אכל. ממכלאות צאן עדרים דללו וכו' יד כל עָמֵל בכשרון, ירדה ואין מי יחזיק וכו' טרפם לא סֻפַּק למו. חֲשֵׁכָה לעין משתכר וכו' דביר בית אלהינו שמם, דרכינו מאנו להצליח" עכ"ל. לפיכך אנו מבקשים שגם בזמן הזה

מקורות, ציונים, והערות

א. גרסי' בציר"י, (עי' ערוך השלחן קפח ב) ויש גורסין בסגו"ל. וע"פ דקדוק, אם אומרים "נא" אומרים "רחם" בסגו"ל. ב. כת"י בשמים ראש. ג. הוספה מכת"י. ד. תהלים (קג, יג). ה. מן "רחם" ע"כ הוה מאבודרהם. ו. מדרש שוחר טוב שמואל פי"ג. ז. כ"כ בכת"י ונעתק ממטה יהודה. ח. אבודרהם. ט. הוספה מכת"י. ויש לציין דאלו הגורסין "נא" הוא נוסח ע"פ קבלה. י. דבפסוק כתיב ואכלת וגו' ואח"כ על הארץ וגו'. והוה ליה להקדים מזון לארץ. וע"ז מבאר "כדי וכו'".

פַּרְנְסֵנוּ וְכַלְכְּלֵנוּ וְהַרְוִיחֵנוּ. וְהַרְוַח לָנוּ יְיָ אֱלֹהֵינוּ מְהֵרָה מִכָּל צָרוֹתֵינוּ. וְנָא אַל תַּצְרִיכֵנוּ יְיָ אֱלֹהֵינוּ לֹא לִידֵי מַתְּנַת בָּשָׂר וָדָם וְלֹא לִידֵי הַלְוָאָתָם. כִּי אִם לְיָדְךָ הַמְּלֵאָה. הַפְּתוּחָה. הַקְּדוֹשָׁה וְהָרְחָבָה. שֶׁלֹּא נֵבוֹשׁ וְלֹא נִכָּלֵם לְעוֹלָם וָעֶד:

דרך החיים: בשבת צריך להזכיר בברכת המזון מעין המאורע ויאמר רצה וכו' קודם ובנה ירושלים. ואם שכח ונזכר קודם שגמר ברכת בונה ירושלים, היינו שאמר ברוך אתה ולא אמר עדיין השם, אומרו שם. אבל אם אמר השם, היינו שגמר הברכה, אם נזכר קודם שאמר הטוב והמטיב אומר **בָּרוּךְ אַתָּה יְיָ אֱלֹהֵינוּ מֶלֶךְ הָעוֹלָם שֶׁנָּתַן שַׁבָּתוֹת לִמְנוּחָה לְעַמּוֹ יִשְׂרָאֵל בְּאַהֲבָה לְאוֹת וְלִבְרִית, בָּרוּךְ אַתָּה יְיָ מְקַדֵּשׁ הַשַּׁבָּת** (סי' קפח).[א] אבל אם לא נזכר עד שהתחיל הטוב והמטיב חוזר לראש ברכת המזון (שם).[ב] (עי' **בהוספות וביאורים** בענין התחלת ברכת הטוב והמטיב):

עץ יוסף

שנקרא שמך עליו. כמ"ש בבית הזה אשר נקרא שמי עליו וגו' (ירמיה ז, י):[ג] **רועינו זונינו.** תרוייהו בחול"ם שם התואר. (רועינו) [רעה] בהכרחיים לחם, זונינו בחול"ם מותרות פירות. ומבקשין ע"ז, פרנסנו בהכרחיים וכלכלינו במותרות וכו'. ומיהו אנו אומרים רועינו בחול"ם ואח"כ בבקשה זונינו במלאפו"ם, אכילה פרנסה מלבושים ושאר דברים. וכלכלנו, עיין במאיר נתיב בשורש כול [השני] לשון סדור, מבקשים פרנסה מסודרת לא פעם הרבה ופעם אין כל. (ובספר המגיד כתבנו בתהלים (כג, א) ה' רועי לי אחסר, פי', כשהקב"ה רועי כאב בנו, בצמצום ולא מותרות, כמ"ש הט"ז רועינו היינו הכרחיים לבד, כדרכה של תורה פת במלח תאכל וכו' ומים וכו' אז לא אחסר מעוה"ב כלום) (פמ"ג במשבצות סוף קפח):[ד] **והרויחנו.** הרוחה יתירה כדאיתא בגמרא לא צריכה אלא להרוחה:[ה] **והרויחנו והרוח לנו כו'.** ע"ש (אסתר ד, יד) רווח והצלה יעמוד ליהודים.[ו] ומה שאנו מתפללים על פרנסה בברכה זו ולא בברכה ראשונות, כי יותר היה ראוי להתפלל על המזונות בברכת הזן מבברכת בונה ירושלים, נ"ל דהיינו טעמא משום דלעולם יסדר אדם שבחו של הקב"ה ואח"כ יתפלל, והשני ברכות הראשונות הם שבח והודאה להקב"ה. אמנם ברכה זו תפילה רחם וכו' אגב מתפללים ג"כ על הפרנסה:[ז] **ואל תצריכנו וכו' לא לידי מתנת בשר ודם.** אפילו אם ירצה אדם ליתן מתנה מעצמו בלי שום סיבה רק לכבודנו אל תצריכנו להיות זקוק לקבלו כי שונא מתנות יחיה (משלי טו):[ח] **ולא לידי הלואתם.** אפילו דרך הלואה כי כיון שאדם נצרך לבריות פניו משתנים ככרום ע"כ אמר **כי אם לידך וכו'**:[ז] **שלא נבוש.** בעולם הזה מחמת עוני:[ט] **ולא נכלם.** בעולם הבא מחמת עוונות [שיהיו בידינו],[י] שהעניות מעביר את האדם על דעת קונו:[ט]

ענף יוסף

אותו. ואפילו בשבת שאסור לשאול צרכיו יכול לומר נוסח זה, משום דנוסח הברכה כך הוא (מג"א סי' קפח סוף ס"ק ג):[יא]

עיון תפלה

בטרם תסור מעלינו קללת הגלות יחננו אלהים ויספיק לנו פרנסתנו: **הקדושה והרחבה.** יש גורסין הַגְּדֻשָׁה והרחבה, מלשון התלמוד למחוק לא יגדוש לגדוש לא ימחק (ב"ב פח:), ופירש בערוך ערך גדש א', תוספת שעולה למעלה מן המדה כמו גדיש, אבל לא מצאתי גרסא זו בשום סדור קדמון:[יב]

מקורות, ציונים, והערות

א. ואפי' אם שכח להזכיר רצה בסעודה שלישית (דדין הוא שאינו חוזר) אומר ברכה זו בפתיחה וחתימה בשם. ועי' לקמן עמ' מו אות ד. ב. כן הובא בכת"י. ג. כת"י והוא העתקה מס' מטה יהודה. ד. בהוצאה ראשונה של סידור זו (וילנא תרע"ה) היה כאן עירבוביא וע"כ עשינו תיקונים ע"פ מה שמצאנו במקור בפמ"ג (שו"ע מהדורת פריעדמאן). ה. מטה יהודה. ו. אבודרהם. ז. כ"כ בכת"י, והוא העתקה ממטה יהודה. ח. כ"כ בכת"י והוא העתקה ממטה יהודה. (ובהוצאה ראשונה של הסדור נדפס רק סוף הפסקא "ע"ש שונא מתנות וגו'"). ט. כ"כ בפי' מהר"ן שפירא, וכוונתו לבאר החילוק בין בושה וכלימה. י. הוספה ע"פ מש"כ בפי' מהר"ן שפירא. יא. ומקור דברי המג"א הוא ירושלמי דברכות. יב. הובא בספרים שלהבעש"ט היה סידור הנכתב על קלף (ע"י גיסו ר' גרשון מקיטוב) ושם היה כתוב "הגדושה". ובערוה"ש (קפח, ז) כתב, וז"ל, יש סידורים שבמקום 'הקדושה' כתוב 'הגדושה' כלומר לשון גודש שנותן כביכול יד מליאה עם גודש, עכ"ל. וע"ע בהוספות וביאורים.

לשבת: רְצֵה וְהַחֲלִיצֵנוּ יְיָ אֱלֹהֵינוּ בְּמִצְוֹתֶיךָ וּבְמִצְוַת יוֹם הַשְּׁבִיעִי הַשַּׁבָּת הַגָּדוֹל וְהַקָּדוֹשׁ הַזֶּה כִּי יוֹם זֶה גָּדוֹל וְקָדוֹשׁ הוּא לְפָנֶיךָ לִשְׁבָּת בּוֹ וְלָנוּחַ בּוֹ בְּאַהֲבָה כְּמִצְוַת רְצוֹנֶךָ וּבִרְצוֹנְךָ הָנִיחַ לָנוּ יְיָ אֱלֹהֵינוּ שֶׁלֹּא תְהֵא צָרָה וְיָגוֹן וַאֲנָחָה בְּיוֹם מְנוּחָתֵנוּ וְהַרְאֵנוּ יְיָ אֱלֹהֵינוּ בְּנֶחָמַת צִיּוֹן עִירֶךָ וּבְבִנְיַן יְרוּשָׁלַיִם עִיר קָדְשֶׁךָ כִּי אַתָּה הוּא בַּעַל הַיְשׁוּעוֹת וּבַעַל הַנֶּחָמוֹת:

עץ יוסף

רצה והחליצנו. [כלומר השביענו ודשננו במצותיך[א] ו]הטעם שאומר לשון זה בשבת. דגרסינן בירושלמי דשבת אמר רבי אליעזר בן יעקב הלשון הזה משמש בהרבה לשונות. ישלף, ישזיב, יזיין, יניח. ישלף, וחלצה נעלו (דברים כה, ט). ישזיב, יחלצני כי חפץ בי (תהלים יח, כ). יזיין, חלוצים תעברו (דברים ג, יח). יניח, ועצמותיך יחליץ (ישעי' נח, יא). והכי איתא בויק"ר (לד, טו). והטעם שעל ידי זכות השבת שישמרו ישראל כראוי יהיו נגאלין ונשמטין מן הגלות ויעלו לארץ מזויינים ומזורזים בחלוץ עצמות:[ב] **כי יום זה גדול.** ע"ש (תהלים לב, ו) מה גדלו מעשיך ה': **וקדוש הוא לפניך.** ע"ש (בראשית ב, ג) ויקדש אותו: **לשבת בו.** ע"ש (שמות לא, טו) שבת שבתון: **ולנוח בו.** ע"ש (שם כג, יב) למען ינוח: **כמצות [רצונך].** ע"ש (דברים ה, יב) כאשר צוך שכתוב בשבת: ואמר **רצונך.** ע"ש (תהלים קמז, יא) רוצה ה' את יראיו, וכתיב (שם מד, ד) ואור פניך כי רציתם:[ג] **שלא תהא צרה ויגון וכו'.** ומה שאומרים ברצה שלא תהא צרה ויגון ואנחה ביום מנוחתינו, הלא טוב לנו להתפלל עלינו מלהתפלל על היום. כתב האבודרהם [אומרים דרך בקשה. כלומר, אחר שרצית שיהיה לנו יום זה יום מנוחה לא תבא עלינו היום אנחה שנבא לידי חילול שבת, עכ"ל. ונוכל לומר ג"כ][ד] שאנו מתפללים כן אף מי שהוא נעזב כל ימי החול ומתפרנס בצער ומתוך דוחק, לפחות ביום מנוחתינו תן לנו די מחסורם לאיש ולא תהא צרות עין איש באחיו בעת שיחסר לחמו.[ה] ולכך אמר ג' לשונות הללו כנגד ג' סעודות. ולכך מיושב ג"כ שא"א 'ביום השבת' רק 'ביום' מנוחתינו, אלא ר"ל לפחות תהא לנו מנוחה מסיבת הזמן ויהא לאיש די מחסורו ביום מנוחה:[ו] **והראנו וכו' בנחמת ציון.** שנא' (ישעי' נא, ג) כי נחם ה' ציון:[ז] **ובעל הנחמות.** שנא' (שם נא, יב) אנכי אנכי הוא מנחמכם (אבודרהם). ואינו כתובע צרכיו בשבת כי טופס ברכה כן הוא:[ח]

דובר שלום

רצה והחליצנו ה' אלהינו במצותיך ובמצות יום השביעי. בתפלת שבת (ברכת מעין שבע) יתבאר, שיש בענין השבת שני ענינים. האחד, לשבת בו ממלאכה ולהתענג בו. השני, שכל ענין 'שביעי' יש בו קדושה יתירה כמו שמיטה יובל וכדומה. זהו, **רצה והחליצנו במצותיך,** היינו שביתת המלאכה ולענג השבת. 'והחליצנו' לשון מנוחה כדאיתא במדרש רבה (ויק"ר לד, טו), 'יחליץ' יניח, מכאן קבעו חכמים 'רצה והחליצנו' בשבת. ונוסף על זה **במצות יום השביעי** היינו קדושתו, לפי שהוא השבת **הגדול** מצד שביתות המלאכה, **והקדוש** מצד קדושת השביעי כמו שמבאר והולך. שהוא גדול **לשבת בו,** והוא קדוש **לנוח בו** מנוחת הנפש **באהבה כמצות רצונך.** והנה בענין שביתת המלאכה שתלוי בנו אין אנו צריכים להתפלל על זה, אך על קדושת השבת שהיא מושפעת מאל שבשמים, אנו מתפללים **ברצונך הניח לנו** מנוחת הנפש וקדושה, **שלא תהא צרה ויגון ביום מנוחתינו,** שהצרה ויגון מבטלת מנוחת הנפש, כמאמר חז"ל (מגילה כח:), 'שמעתתא בעי צלותא'. וזהו שאמרו חז"ל (שבת קיח:) אלמלא שמרו ישראל שתי שבתות, היינו שני ענינים האמורים:[ט]

מקורות, ציונים, והערות

א. השלמה ע"פ מש"כ באבודרהם. ב. אבודרהם, וכתב עוד, וז"ל: ועל כן אם חל יו"ט או ר"ח בשבת אין לדלג רצה והחליצנו ולהזכיר שבת ביעלה ויבא, מפני שרְצֵה הוא בקשת הגאולה כנגד השבת כמו שאמרנו, עכ"ל. ג. מאת "כי יום זה גדול" ע"כ הוה כולו העתקה מאבודרהם. ד. מש"כ "אומרים דרך בקשה וכו' עכ"ל", כן הובא בסדור הנדפס, ומש"כ כאן (עם ההוספות) הוא ע"פ מש"כ בכת"י, והוא העתקה מספר אור חדש על ברכות הנהנין (נדפס בשנת תל"א, ועשינו תיקונים ע"פ הוצאה חדשה דפוס תשס"ג). ה. וע"ע בפי' פרחי שושנים (נדפס בספר ג' ספרים נפתחים על זמירות וברכה"מ) שכ' לתרץ טעם שמבקשים דוקא בשבת שלא תהא לנו צרה ויגון וכו' ולא בכל יום. ועי' בהוספות וביאורים. ו. כת"י ערוגת הבושם ז. אבודרהם. ח. כת"י ערוגת הבושם, וכ"כ באבודרהם וכן הוא בפי' הר"י בר יקר. ט. נעתק מסדור דובר שלום.

בראש חדש וביום טוב ובחול המועד אומרים כאן ׳יעלה ויבא׳:

(אך לא יאמר ׳מלך׳ רק **׳כי אל חנון ורחום אתה׳** (ועי׳ א״ר קפ״ח סק״ג).[א] ובר״ה אמרים כי אל מלך חנון ורחום אתה.[ב] ואם חל אחד מהם בשבת אומרים רצה ואח״כ [ג] יעלה ויבא):

אֱלֹהֵינוּ וֵאלֹהֵי אֲבוֹתֵינוּ יַעֲלֶה וְיָבֹא וְיַגִּיעַ וְיֵרָאֶה וְיֵרָצֶה וְיִשָּׁמַע וְיִפָּקֵד וְיִזָּכֵר זִכְרוֹנֵנוּ וּפִקְדוֹנֵנוּ וְזִכְרוֹן אֲבוֹתֵינוּ וְזִכְרוֹן מָשִׁיחַ בֶּן דָּוִד עַבְדֶּךָ וְזִכְרוֹן יְרוּשָׁלַיִם עִיר קָדְשֶׁךָ וְזִכְרוֹן כָּל עַמְּךָ בֵּית יִשְׂרָאֵל לְפָנֶיךָ לִפְלֵיטָה לְטוֹבָה לְחֵן וּלְחֶסֶד

עץ יוסף

יעלה וכו׳ עד ויזכר.[ד] הזכיר כאן שמונה מיני הגשות והתקרבות נגד שבעה רקיעים אשר בחטאינו עלתה השכינה למעלה מז׳ רקיעים. ואנחנו מתחננים לפני השי״ת שיעלה תפלתנו למסך הראשון הנקרא וילון המבדיל בינינו ובין אבינו שבשמים, וזהו ׳יעלה׳: **ויבא.** לרקיע הנקרא רקיע הבא, המבדיל בין מים אשר מעל לרקיע ובין המים וגו׳ ושם מתיבתא דרקיע **וכמ״ש** (תהלים קיח, כו) ברוך הבא בשם ה׳, למתיבתא דרקיע. ורקיע זה נקרא רקיע הבא כנ״ל, והיא המבדלת בין גוף לנפש. ואחר הפרידה תשוב שם הנפש למתיבתא דרקיע הנ״ל. וז״ש שם ברוך הבא וגו׳: **ויגיע.** עד שחקים שנא׳ (ירמיה נא, ט) כי נגע וגו׳ [אל השמים] משפטה ונשא עד שחקים, כי שם שוחקין מן לצדיקים שנהנים מזיו השכינה. והוא מכונה בשם מן, לפי שכל אחד משיג לפי שכלו ועמלו כמו שהיו מרגישין טעם במן כל אחד לפי הרגלו. והרשעים נשחקים לאפר תחת רגלי הצדיקים. שכולם נכללו במן כמ״ש בגמרא (יומא עה:) הא כיצד וכו׳ צדיקים וכו׳ בינונים וכו׳ רשעים וכו׳ ע״ש שכל אחד היה לו עמל אחר: **ויראה.** ברקיע הנקרא מעון שנא׳ (דברים כו, טו) השקיפה ממעון קדשך וגו׳ וברך את עמך כי אין להקב״ה מעון מיוחד כי מלא כל הארץ כבודו. רק ממקום שמברך עם נחלתו שם מעונו וקורת רוחו ית׳. לכן אמר ויראה כמ״ש (שמות כג, יז) שלש פעמים בשנה יראה וגו׳ ואמרו בגמ׳ (חגיגה ב.) כדרך שבא לראות וכו׳ פי׳ כדרך שבא לראות את עם נחלתו כך בא להראות לברך את שמו הגדול, כמ״ש בגמרא (ברכות ז.) ישמעאל בני ברכני. שכמו שתחתונים צריכים לעליונים כן העליונים וכו׳ כידוע:

ענף יוסף

יעלה וכו׳. הא דאין מזכירין שבת ביעלה ויבא בר״ח או יו״ט שחל להיות בשבת, הטעם שהרי עיקר יעו״י לא נתיסד אלא על הזכירה והפקידה ואין שייך זכרון אלא בר״ח וביו״ט דכתיב וביום שמחתכם ובמועדיכם ובראשי חדשיכם וגו׳ והיו לכם לזכרון וגו׳ ולא הוזכר שבת באותה פרשה, לפיכך אין צריכין להזכיר שבת במקום שעיקרו משום זכרון שהוא משום ר״ח ויו״ט (לבוש סי׳ תפ״ז סעי׳ א):

עיון תפלה

יעלה ויבא. הזכיר כאן שמונה גישות וקריבות, כי בעוונותינו שרבו נסתלקה השכינה למעלה משמונת הרקיעים הנזכרים (חגיגה יב:) ריש לקיש אמר שבעה רקיעים הן, ושם (יג.) ואמר רב אחא בר יעקב עוד רקיע אחד יש למעלה מראשי החיות, ושם חביון עזו ב״ה וכמסתיר פנים ממנו. לפיכך אנו מתאמצים להעלות תפלתנו למעלה משמונת **הַמְּסָכִים** האלה (שמונה מדרגות שבקדושה) המבדילים בינינו לבין אבינו שבשמים. ובביאור הלשונות הללו ראה דברים נפלאים בביאור הגר״א ז״ל על סדר התפלה הנדפס מחדש (עי׳ בעץ יוסף) ועי״פ דרכו של המחזור ויטרי דף קצ״ו ודף שס״ז נפרש את התיבות הללו כנגד הזכרונות הנכבדות הנחוצות לישראל כדי לחזק את לבו בה׳ אלהיו. **יעלה,** כנגד זכרון ירושלים שנא׳ (תהלים קלז, ו) אם לא אעלה את ירושלים על ראש שמחתי, ובשוחר טוב מזמור קכ״א לפי גרסת הרא״פ זה הפסוק רוה״ק אמרו בשעה שאמרה כנ״י לפני הקב״ה למה לנצח תשכחנו אמר להם הקב״ה אם אשכחך ירושלים וגו׳ אם לא אעלה וגו׳. **ויבא,** כנגד זכרון משיח, כד״א כי הנני מביא את עבדי צמח (זכריה ג, ח). **ויגיע,** כנגד זכרון תחיית המתים, כד״א אשרי המחכה ויגיע, עיי״ש בפי׳ הג׳ מלבי״ם. **ויראה,** כנגד זכרון עקדת יצחק שכתוב שם (בראשית כב, יד)

מקורות, ציונים, והערות

א. כ״כ ברמ״א (קפח, ג) ע״ש. ועי׳ בט״ז שחולק עליו, וכ״כ בשו״ע הרב וכן דעת הא״ר. ועי׳ במ״ב (סק״ו). (ועי׳ בעיון תפלה עמ׳ מד.) ב. וכל זה הוא רק בברכת המזון. אבל בשמו״ע אמרינן ׳מלך׳ לכל הדיעות. ועי׳ לקמן עמ׳ מד בענף יוסף ד״ה כי אל מלך וכו׳ ועי׳ בהוספות וביאורים. ג. משום דתדיר ושאינו תדיר תדיר קודם. ואם טעה ואמר יעלה ויבא קודם, יצא. ומ״מ אי הזכיר קודם שאמר ״ביום וכו״ אז יפסיק ויחזור לרצה ואח״כ יאמר יעלה ויבא. ד. כל הפי׳ הזה בעץ יוסף בעמ׳ מב-מד הוא כולו העתקה מפי׳ הגר״א על שו״ע סוף הל׳ ר״ח (סי׳ תכח).

וּלְרַחֲמִים (וּ)לְחַיִּים (טוֹבִים) וּלְשָׁלוֹם בְּיוֹם:
לר"ח - רֹאשׁ הַחֹדֶשׁ הַזֶּה: לפסח - חַג הַמַּצּוֹת הַזֶּה: לשבועות - חַג הַשָּׁבוּעוֹת הַזֶּה: לסוכות - חַג הַסֻּכּוֹת הַזֶּה: לשמ"ע ולש"ת - שְׁמִינִי חַג הָעֲצֶרֶת הַזֶּה: לר"ה - בְּיוֹם הַזִּכָּרוֹן הַזֶּה:

עץ יוסף

וירצה. ברקיע הנקרא זבול, כי שם מקטירין זבחי רצון, כמ"ש בגמרא (מנחות קי.) לעולם זאת על ישראל (דה"ב ב, ג) אמר רב גידל אמר רב זה מזבח בנוי ומיכאל כהן גדול עומד ומקריב עליו קרבן. וכתבו תוס' שם ד"ה ומיכאל, מדרשות חלוקין. יש מי שאומר נשמותיהן של צדיקים ויש מי שאומר כבשים של אש. והיינו דאמרינן בתפלת י"ח בעבודה ואשי ישראל ותפלתם וכו', וי"א דקאי אדלעיל והשב את העבודה לדביר ביתך [ואשי ישראל], ע"כ עיי"ש. וגם חכם חרזים דף ט' כתב, עד שלא חרב בית המקדש היה מיכאל מקריב בדמותן קרבן ישראל לפני ה', ואחר החורבן אמר לו הקב"ה לא תקריב לי דמות קרבן שור וכשב ועז כי לא אכנס לירושלים וכו' כי אם נפשות הצדיקים ותינוקות שלא חטאו, והם עולים לריח ניחוח, ע"כ. ובמדרש הנעלם (פרשת ח' מאמר על מומותיך ירושלים) א"ר חייא הקרבה זו אינה כשאר הקרבות אלא כאדם המקריב דורון לפני המלך, ע"כ. וכנגד מה שאומרים בתפלת י"ח ואשי ישראל וכו' תקבל ברצון, קבעו לומר ביעלה ויבא מלת וירצה, כי הפעם יזבלני אישי לריח ניחוח: **וישמע.** ברקיע הנקרא מכון כמ"ש (מ"א ח, לט) ואתה תשמע מן השמים מכון שבתך, כי השמיעה והקבלה הנכונה אי אפשר כי אם במכון שבתו. ורקיע השביעי נקרא שמי השמים והוא כדמות רקיע אשר ממעל, והבן: **ויפקד ויזכר.** הוא ברקיע הנקרא ערבות שם אוצר הנשמות, כמ"ש ועל נשמותינו הפקודות. והוא בסוד וה' פקד את שרה וגו' (בראשית כא, א) כי זכירה ופקידה

ענף יוסף

ביום ראש החודש הזה. כתב הבחיי זה שאנו אומרים אף בליל ר"ח ביום ראש החודש הזה, ובליל פסח אומרים את יום חג המצות הזה וכן בכל רגל ורגל, הוי משום דאיתא בב"ר מלך בשר ודם מדליק נר מנר דלוק שמא יכול להדליק נר מתוך החושך, והקב"ה מתוך החושך מוציא אורה, שנאמר וחושך על פני תהום, וכתיב בתריה ויאמר אלוקים יהי אור, הרי שנתבאר שהוציא האור מתוך החושך. ואמר דניאל (ב, כב) הוא גלא עמיקתא [זה מעשה מרכבה], ומסתרתא, זה מעשה בראשית. ידע מה בחשוכא, וחשך

עיון תפלה

ה' יראה וגו' בהר ה' יראה. וירצה, כנגד זכרון הקרבנות, כד"א (ישעי' נו, ז) עולותיכם וזבחיכם לרצון על מזבחי, ועכשו תפלה במקום קרבן. וישמע, כנגד זכרון תלמוד תורה, כד"א (מלאכי ג, טז) אז נדברו יראי ה' וגו' ויקשב ה' וישמע ויכתב ספר זכרון לפניו. ויפקד, כנגד זכרון גאולת מצרים שנא' שם (שמות ג, טז) פקד פקדתי אתכם. ויזכר, כנגד זכרון ברית ראשונים שנא' (ויקרא כו, מה) וזכרתי להם ברית ראשונים. וע"פ דרכו של הר"ד אבודרהם בסדר תפלת הפסח דף ע"ח ע"א נפרש סדר התיבות בדרך הפשט, כל התיבות הללו מנשכות על זכרוננו האמור למטה: יעלה זכרוננו השמימה ויבוא אל מעון קדשך ויגיע אל המקום הראוי ויראה לפניך וירצה - ויתקבל ברצונך הטוב וישמע בכל העולם כלו כי פקד ה' את עמו וזכר בריתו אתם. באופן שחמש התיבות הראשונות מורות על עלית הזכרון למעלה, ושל האחרונות מורות על הוצאתו אל הפעל. ואח"כ הולך ומבאר - מה

- מה יעלה ויבוא וגו' ? זכרוננו ופקדוננו וגו' לפני מי ? לפניך, ואיזה פעולה יעשה ? לפליטה לטובה, כל זה יהיה ביום פלוני הזה שכתוב בו זכרון, שנא' (במדבר י, י) וביום שמחתכם ובמועדיכם ובראשי חדשיכם וגו' והיו לכם לזכרון: **חג המצות.** כן נקרא בכתוב (דברים טז, טז) בחג המצות ובחג השבועות ובחג הסוכות. ובתלמוד נשתנו שמותיהם, חג המצות נקרא פסח (חולין פ"ג. פסחים מ"ב. וכולא תלמודא), חג השבועות נקרא עצרת (ר"ה ד: וט"ז. חגיגה י"ז. עירובין מ:) ועל בשבועותיכם (במדבר כח, כו) תרגם אונקלוס בעצרתיכון, חג הסוכות נקרא חג סתם (חגיגה שם ובמשנה ריש תענית, ר"ה ט"ז.), ובמשנה רפ"ג דשקלים בג' פרקים וכו' בפרוס הפסח בפרוס עצרת ובפרוס החג, ולא מצאתי טעם מספיק לזה: **ובדבר ישועה ורחמים.** וכן בתפלת אתה זוכר במוסף לר"ה וגם את נח וגו' ותפקדהו בדבר ישועה ורחמים, פירוש בדבור של ישועה ורחמים: **כי אל מלך חנון ורחום אתה.** במקרא (נחמיה ט, לא) כי אל חנון

זָכְרֵנוּ יְיָ אֱלֹהֵינוּ בּוֹ לְטוֹבָה וּפָקְדֵנוּ בוֹ לִבְרָכָה וְהוֹשִׁיעֵנוּ בוֹ לְחַיִּים (טוֹבִים). וּבִדְבַר יְשׁוּעָה וְרַחֲמִים חוּס וְחָנֵּנוּ וְרַחֵם עָלֵינוּ וְהוֹשִׁיעֵנוּ כִּי אֵלֶיךָ עֵינֵינוּ כִּי אֵל (מֶלֶךְ) חַנּוּן וְרַחוּם אָתָּה:

עץ יוסף

ופקידה אחת היא, כי הנשמה היא המעלה זכרונינו ופקודת מעשינו כמ"ש בגמרא (תענית יא.) היא מעידה וכו': **זכרוננו ופקדננו וכו' עד וזכרון כל עמך בית ישראל.** פי' הזכיר כאן חמשה פעמים זכרון ופעם אחת פקדון, כמו שמצינו חמש זכרונות לטובה ופקדון אחד לברכה. אחד בפרשת וארא (שמות ו, ה) ואזכור וכו', וארבע פעמים בפרשת בחקותי (ויקרא כו מב-מה) וזכרתי וכו', ופעם אחת פקידה בפרשת שמות (ג, טז) פקד פקדתי וגו': **לטובה לחן ולחסד ולרחמים לחיים ולשלום.** ששה אלו כנגד ששה שאנו אומרים בברכת שים שלום טובה וברכה חן וחסד ורחמים, והם כנגד ששה ברכות שבברכת כהנים, שלום כנגד וישם לך שלום (במדבר ו, כו). טובה כנגד יאר ה' וגו' (שם כה) כמ"ש וירא אלהים את האור כי טוב (בראשית א, ד) מי יראנו טוב נשא עלינו אור פניך ה' (תהלים ד, ז). ברכה כנגד יברכך ה' (במדבר ו, כד), חן כנגד ויחנך (שם כה), וחסד כנגד וישמרך (שם כד), כמ"ש (דברים ז, יב) ושמר לך את הברית ואת החסד, כדי שלא נאבד בעונינו צריך שמירת הברית. ורחמים כנגד ישא ה' פניו אליך (במדבר ו, כו), כי הוא נושא עון וכובש ונושא פנים אלינו, כמ"ש בפ"ג דברכות (כ:): [ו]

ענף יוסף

וחשך על פני תהום. ונהורא עמה שרא, ויאמר אלהים יהי אור. (הרי) [ואחר] שנתבאר שהוציא האור מן החושך. (ו)למדנו מזה שהלילה כולל את היום ואפשר שיקרא הלילה בשם יום, [ו]מזה אנו אומרים בלילי ראשי חדשים 'ביום' ראש החודש הזה. גם בלילי יו"ט את 'יום' חג המצות הזה ואת 'יום' חג הסוכות הזה, לפי שהלילה (נקרא בשם יום) [הוא בכלל היום], אבל היום אינו נקרא בשם לילה וכו', עכ"ל: [א] **זכרנו וכו' ופקדנו.** [זכירה] נאמר על המעשים [ופקידה] נאמר על [תשלום הגמול] כמו ופקדתי בשבט פשעם (תהלים פט, לג). ולכן תקנו ביעלה ויבא [וכו'] זכרנו ה' אלקינו בו לטובה ופקדנו וכו', שהכוונה כענין שאמר דוד מלפניך משפטי יצא עיניך תחזינה מישרים (שם יז, ב), כן מתפללים אנחנו שיזכור רק המעשים טובים. ופקדנו בו לברכה, שהפקידה דהיינו התגמול יהיה לברכה. והושיענו בו לחיים, היינו שאם ח"ו נתחייבתי עונש יהיה עונש לחיים כלומר בעוה"ז ולא לעוה"ב: [ב] **זכרינו וכו' לטובה לברכה לחיים.** יבואר ע"פ המסורה ג' אז. אז תישן.[ג] אז תשכיל.[ד] אז תצליח.[ה] ופי' המפרשים שהאדם ישליש את יומו כ"ד שעות. ח' שעות ישן, ח' שעות יעסוק בתורה, ח' שעות יעסוק במו"מ, ש'**אז**' בגימטריא ח', וזה שאמר א"ז ח' שעות תישן, א"ז ח' שעות תצליח במשא ומתן, א"ז ח' שעות תשכיל בתורה. וזה שאומרים

עיון תפלה

חנון ורחום אתה, וכן נהגו רבים לסיים ביעלה ויבא של ברכת המזון בלי תיבת 'מלך', כמו"ש הר"ד אבודרהם בהלכות ברכות שער א' [ז] בשם הראב"ד "כשאומר יעלה ויבא ביו"ט ור"ח בבהמ"ז אין לומר בסופו כי אל מלך חנון ורחום אתה, שאינו מן הדין להזכיר מלכות הארץ אצל מלכות שמים כדי שלא להשוותן" עכ"ל, וכ"כ בשל"ה דף פ"ב ע"ב וביוסף אומץ סי' תשפ"ג, ונראה להביא ראיה לסברא זו מסוגיא (ב"מ קיג:) דכל האי שיטה דסברי כל ישראל בני מלכים הם סברי בעל כרחיהו דאין מסדרין לבעל חוב וג"ש דמיכה מיכה לא גמרי, משום דאין יתכן לסדר ולמנקט מניה מאי דלא חזי ליה - הא ליכא מידי דלא חזי לבני מלכים. ולכאורה תימה הא חזינן בערכין דמסדרין דהא קרא כתיב, א"כ בהכרח ליתא להאי סברא? אבל לסברת הראב"ד שפיר, דלגבי מלכות שמים הם כי לא להזכיר מלכות בני אדם, ואפי' למ"ד כל ישראל בני מלכים הם היינו לגבי ב"א דכותייהו אבל לא לגבי שמים:

מקורות, ציונים, והערות

א. כל זה הוא העתקה מפי' רבינו בחיי בפ' בראשית (א, ג). ועשינו תיקונים ע"פ מש"כ שם. ב. ע"פ הגאון מליסא בפירושו על 'אתה זוכר' בספרו דרך החיים (מוסף לר"ה). (ע"פ כת"י). ג. וצ"ע דהרי אין שום פסוק בתנ"ך כזה. ועי' בעוללות אפרים (מאמר נט) שמביא מאמר זה ובמקום "אז תישן" מביא "ישנתי אז ינוח לי" איוב ג, יג). ד. יהושע א' ח'. ה. שם. ו. עי' עמ' מב הערה ד'. ז. פרק ל', הל' ברכות.

וּבְנֵה יְרוּשָׁלַיִם עִיר הַקֹּדֶשׁ בִּמְהֵרָה בְיָמֵינוּ. בָּרוּךְ אַתָּה יְיָ. בּוֹנֵה בְרַחֲמָיו יְרוּשָׁלָיִם. אָמֵן:

עץ יוסף

יעלה. ע"ש (שמות ב, כג) ותעל שועתם: **ויבא.** ע"ש (שם ג, ט) הנה צעקת ישראל באה אלי: **ויגיע.** ע"ש (בראשית כח, יב) וראשו מגיע השמימה. והוא רמז על הגעת תפילה לשמים: **ויראה.** ע"ש (שמות שם) ראיתי את הלחץ: **וירצה.** ע"ש (ישעי' נו, ז) לרצון על מזבחי: **וישמע.** ע"ש (שמות ב, כד) וישמע אלהים את נאקתם: **ויפקד.** ע"ש (שם ג, טז) פקד פקדתי אתכם, וכתיב (רות א, ו) כי פקד ה' את עמו: **ויזכר.** ע"ש (שמות ב, כד) ויזכור אלהים את בריתו את אברהם וגו': **זכרוננו.** ע"ש (תהלים קו, ד) זכרנו ה' ברצון עמך: **וזכרון אבותינו.** ע"ש (שמות שם) ויזכור אלהים את בריתו את אברהם [את יצחק ואת יעקב]: **וזכרון ירושלים עירך.** ע"ש (תהלים קלז, ו) אם לא אזכרכי: **וזכרון משיח בן דוד עבדך.** ע"ש (שם קלב, א) זכור ה' לדוד, וכתיב (שם י) אל תשב פני משיחך: **וזכרון כל עמך בית ישראל.** ע"ש (ירמיה ב, ב) זכרתי לך חסד נעוריך: **לפליטה.** ע"ש (עזרא ט, ח) להשאיר לנו פליטה: **לטובה.** ע"ש (דברים ל, ט) לשוש עליך לטוב וכו', כלומר שהנשאר בגלותינו תהיה לו פליטה טובה: **לחן.** ע"ש (משלי ג, לד) ולענוים יתן חן: **לחסד.** ע"ש (איוב י, יב) חיים וחסד עשית עמדי: **ולרחמים.** ע"ש (תהלים כה, ו) זכור רחמיך ה' וחסדיך: ומזכיר כאן חמשה זכרונות, כנגד ה' פעמים שקראן ישראל בפסוק אחד, שנא' (במדבר ח, יט) ואתנה את הלוים נתונים לאהרן ולבניו מתוך בְּנֵי ישראל לעבוד את עבודת בני ישראל באוהל מועד ולכפר על בני ישראל ולא יהיה בבני ישראל נגף בגשת בְּנֵי ישראל אל הקודש, משל למלך ששואל על בנו ואומר ישן בני קם בני אכל בני הלך בני לבית הספר בא בני מבית הספר, כך הקב"ה מתאוה להזכיר את ישראל בכל שעה: **זכרנו וכו' בו לטובה.** ע"ש (נחמיה ה, יט) זכרה לי אלהי לטובה: **ופקדנו בו לברכה.** ע"ש (שמות ג, טז) פקד פקדתי אתכם: **והושיענו בו לחיים.** ע"ש (דהי"א טז, לה) הושיענו אלהי ישענו, מבקש מאת השם שיהיה אותו זכרון ששאל, לטוב ולברכה ולחיים: א)
ואבודרהם גרס לחיים **טובים:** **נוהגים** לענות אמן על זכרנו ופקדנו והושיענו: ב) **ובנה ירושלים עיר הקדש.** לאפוקי ירושלים עיר אחרת, דתרי ירושלים הוו כדאיתא במס' ערכין (דף לב:): ג) **ובנה ירושלים וכו'.** אף דאסור לתבוע צרכיו בשבת הא כבר כתבתי לעיל דהיכא דנוסח ברכה כך שרי: ד) **בונה.** מ"ש בונה בלשון הוה לפי שבכל יום הקב"ה בונה כמ"ש חז"ל (ב"ב עה.) דתלמידא דר"י חזא מלאכי השרת מנסרי אבנים טובות לבנין בהמ"ק (אור חדש בשם בה"מ): ה) **אמן.** יכוין באמן זה שני כוונות, האחת תפלה הב' הודאה. **אמן הלואי שיבנה ירושלים מהרה, וראוי להודות לך יתברך שמך שבודאי אתה הוא הבונה ירושלים לעתיד (יוס"ס):**

ענף יוסף

שאומרים זכרנו בו לטובה וכו'. פי' ב"ו נמי בגימטריא ח', ואנו מתפללין שבאותן ח' שעות שאנו עוסקים בתורה שנקראת טוב, יזכור אותנו **לטובה**, וב"ו דמשא ומתן **לברכה**, וב"ו דשינה **לחיים** ר"ל שיחזיר נשמתנו: ו) ז) **כי אל חנון ורחום.** בברכת המזון ח) לא יאמר 'מלך' רק כי אל חנון ורחום אתה (**דרך החיים**), ועיין בא"ר.ט) וכתב המטה אפרים י) דבר"ה אין לדלג מילת **מלך** משום שכל עיקרי התפילות והברכות שביום זה מיוסדים על [כבוד הדר] יא) מלכותו: יב) יג) **ורחום אתה.** האל"ף בקמץ לפי שהוא סוף פסוק: יב) [ברחמיו.] כתוב הא"ר בסי' קפ"ז ס"ק א' וז"ל, ומסקי אחרונים לומר בין בשבת בין בחול בונה 'ברחמיו' ירושלים. וירושלים ראשון בפת"ח. וירושלים שני בקמ"ץ כי סוף פסוק הוא. וימתין מעט ואח"כ יענה אמן בלחש, עכ"ל: **אמן.** כתב בשו"ע סי' קפח ס"ב אמן זה יאמרו בלחש כדי שלא ירגישו שברכת הטוב והמטיב אינה דאורייתא ויזלזלו בה. וכתב רמ"א בהג"ה ונראה דוקא כשמברך לבד ואין עונין אמן אחר שאר ברכות, אבל כשמזמנין עונין עליו כשאר אמן וכו'.יג*) וכתבו כל האחרונים טעמים מספיקים ליישב מנהגינו שאין אומרים אותו בלחש ואין למחות ביד הנוהגים שלא לאומרו בלחש: יב)

עיון תפלה

ובנה ירושלים. סיים בבנין ירושלים מעין חתימה סמוך לחתימה (פסחים קד.):

מקורות, ציונים, והערות

א. וכל מש"כ כאן, מ"יעלה, ע"ש..." עד כאן, הוא מכת"י והוא כולו העתקה מאבודרהם, וכ"כ בפי' הר"י בר יקר. ב. כת"י והוא העתקה מאלי' רבה סי' תכב אות א, וכן הובא בפמ"ג סי' תכב משב"ז סק"ד. (ודעת המאמר מרדכי (קכז, ו) דאין לענות אמן.) ומנהג זה הוא רק ביעלה ויבא בחזרת הש"ץ ובברה"מ אין מנהג כזה. אמנם יש שנוהגין כן גם בברכת המזון, ועי' בליקוטי מהרי"ח שכ' שבברה"מ אין לענות אמן דהוי הפסק, ע"ש. וע"ע בספר שערי הברכה (שטיצברג) פ"ו הערה כג. ג. כת"י ונעתק ממטה יהודה. ד. כת"י ונעתק ממטה יהודה, ושם מוסיף, וז"ל, ואי טעמא משום דאין בנין בהמ"ק דוחה שבת הנ"מ בידי אדם אבל בנין העתיד לבא בידי שמים הוא. ועי' ברש"י ר"ה (דף ל) וברש"י סוכה (דף מא), עכ"ל. ה. כת"י והוא העתקה מס' אור חדש בשם ברכת המזון למהר"ן שפירא. (כל מש"כ כאן, מ"יעלה, ע"ש..." עד כאן, הוא ע"פ כת"י בשמים ראש.) ו. כת"י בשמים ראש, והוא העתקה מס' חות יאיר חדש (פרא"ג תקנ"ג) מבמח"ס אור חדש על פסחים. (ונכתב בקצת שינוי לשון.) המשך מקורות וכו' בעמ' הבא (דף מ"ו)

דיני מי ששכח לומר רצה או יעלה ויבא בברכת המזון

(ערוגת הבושם): א. ביו"ט וחוה"מ ור"ח ור"ה צריך להזכיר מעין המאורע בברכת המזון. ואומר יעלה ויבוא קודם ובנה ירושלים, ואם הוא בשבת אומר רצה קודם ואח"כ יעלה ויבוא. ואם טעה ולא הזכיר יעלה ויבוא ונזכר **קודם שגמר ברכת בונה ירושלים**, היינו שאמר ברוך אתה ולא אמר עדיין השם, אומרו שם. אבל אם אמר השם היינו שגמר הברכה, אם נזכר קודם שאמר הטוב והמטיב, ביו"ט יאמר בָּרוּךְ אַתָּה יי אֱלֹהֵינוּ מֶלֶךְ הָעוֹלָם אֲשֶׁר נָתַן [יד] יָמִים טוֹבִים לְעַמּוֹ יִשְׂרָאֵל [טו] לְשָׂשׂוֹן וּלְשִׂמְחָה אֶת יוֹם חַג (פלוני) [טז] הַזֶּה. בָּרוּךְ אַתָּה יי מְקַדֵּשׁ יִשְׂרָאֵל וְהַזְּמַנִּים. **ואם חל יו"ט בשבת ושכח לומר של שבת או של יו"ט**, אומר אותו ששכח ואינו כולל השני עמו, משום שכבר הזכירו. ואם שכח להזכיר שניהם אומר נוסח זה, בָּרוּךְ אַתָּה יי אֱלֹהֵינוּ מֶלֶךְ הָעוֹלָם שֶׁנָּתַן שַׁבָּתוֹת לִמְנוּחָה לְעַמּוֹ יִשְׂרָאֵל בְּאַהֲבָה לְאוֹת וְלִבְרִית וְיָמִים טוֹבִים לְעַמּוֹ יִשְׂרָאֵל [יז] לְשָׂשׂוֹן וּלְשִׂמְחָה אֶת יוֹם חַג (פלוני) הַזֶּה בָּרוּךְ אַתָּה יי מְקַדֵּשׁ הַשַּׁבָּת וְיִשְׂרָאֵל וְהַזְּמַנִּים. אבל אם לא נזכר בכל אלו עד שהתחיל הטוב והמטיב חוזר לראש ברכת המזון. ואם חל יו"ט בשבת ולא שכח רק של שבת או של יו"ט ולא נזכר עד אחר שהתחיל הטוב והמטיב שצריך לחזור לראש ברכת המזון, צריך אח"כ להזכיר בחזרה של שבת ושל יו"ט (סי' קפח):

ב. בר"ח אם שכח יעלה ויבוא בברכת המזון בין ביום בין בלילה ונזכר קודם שהתחיל הטוב והמטיב אומר, בָּרוּךְ שֶׁנָּתַן רָאשֵׁי חֳדָשִׁים לְעַמּוֹ יִשְׂרָאֵל לְזִכָּרוֹן, בלא פתיחה ובלא חתימה. ואם חל בשבת, אם שכח של שבת ונזכר קודם הטוב והמטיב אומר של שבת לבד (והנוסח נכתב לעיל), ואין צריך לכלול של ר"ח. ואם שכח שניהם אומר, בָּרוּךְ אַתָּה יי אֱלֹהֵינוּ מֶלֶךְ הָעוֹלָם אֲשֶׁר נָתַן שַׁבָּתוֹת לִמְנוּחָה לְעַמּוֹ יִשְׂרָאֵל בְּאַהֲבָה [לְאוֹת וְלִבְרִית] וְרָאשֵׁי חֳדָשִׁים לְזִכָּרוֹן, בָּרוּךְ אַתָּה יי מְקַדֵּשׁ הַשַּׁבָּת וְיִשְׂרָאֵל וְרָאשֵׁי חֳדָשִׁים. ואם לא נזכר עד אחר שהתחיל הטוב והמטיב, אפילו לא שכח רק של שבת לבד, צריך לחזור לראש וצריך לומר בחזרה רצה ויעלה ויבוא. אבל אם שכח של ר"ח לבד דינו כמו אם חל ר"ח בחול (שם).

ג. בחול המועד דינו כמו בראש חודש רק שאומר בנוסח הברכה, בָּרוּךְ שֶׁנָּתַן יָמִים קְדוֹשִׁים (נ"א מוֹעֲדִים) לְעַמּוֹ יִשְׂרָאֵל לְשָׂשׂוֹן וּלְשִׂמְחָה (פמ"ג).

ד. סעודה שלישית בשבת דינו כמו בראש חודש, וכן אם אוכל עוד סעודה רביעית בשבת, וכן ביו"ט סעודה שלישית דינם כמו בראש חודש (שם).

ה. ובראש השנה אם טעה ולא הזכיר יעלה ויבוא, אם נזכר קודם הטוב והמטיב אומר בָּרוּךְ שֶׁנָּתַן יָמִים טוֹבִים לְעַמּוֹ יִשְׂרָאֵל אֶת יוֹם הַזִּכָּרוֹן הַזֶּה, ואינו חותם בה. ואין לומר שם ומלכות בפתיחה (פמ"ג נמ"ז סק"ו), ואם חל ר"ה בשבת ושכח שניהם, אומר בָּרוּךְ אַתָּה יי אֱלֹהֵינוּ מֶלֶךְ הָעוֹלָם שֶׁנָּתַן שַׁבָּתוֹת לִמְנוּחָה לְעַמּוֹ יִשְׂרָאֵל בְּאַהֲבָה לְאוֹת וְלִבְרִית וְיָמִים טוֹבִים [לְיִשְׂרָאֵל] (נ"א לְזִכָּרוֹן) אֶת יוֹם הַזִּכָּרוֹן הַזֶּה, בָּרוּךְ אַתָּה יי מְקַדֵּשׁ הַשַּׁבָּת וְיִשְׂרָאֵל וְיוֹם הַזִּכָּרוֹן. ואם לא נזכר עד אחר שהתחיל הטוב והמטיב, אף שהזכיר של ר"ה רק שלא הזכיר של שבת, חוזר לראש. וצריך להזכיר בחזרה של שבת ושל יו"ט (דהיינו רצה ויעלה ויבא). אבל אם הזכיר של שבת ולא הזכיר של ר"ה, דינו כמו אם חל ר"ה בחול ולא הזכיר של ר"ה.

ו. שלשה שאכלו בשבת ויו"ט ושכחו להזכיר מעין המאורע שצריכין לחזור לראש ברכת המזון, אין צריכין לברך בזימון כי מידי זימון כבר יצאו בפעם ראשון. (סי' קפח סעי' ט)

מקורות, ציונים, והערות

<u>המשך מקורות וכו' מעמוד הקודם:</u> ז. הערת המו"ל: עי' בהגדה של פסח "לבנת הספיר" (תש"ט) מהאדמו"ר מסקאליע זצ"ל ביעלה ויבא, שמבאר שזכירה הוא דבר תמידי ובדרך הטבע, ופקידה הוא מזמן לזמן שהוא גם עשיה למעלה מן הטבע (כמ"ש "ופקדנו בפקודת ישועה ורחמים"). (וע"ע דברי המלבי"ם בספרו "יאיר אור" שכ' ג"כ שהפקידה היא לעיתים והזכירה יכולה להיות גם בתמידות.) וע"פ דבריו נ"ל לבאר דלגבי תורה מבקשים זכירה תמידית (ובדרך הטבע, שרצוננו שזה יהיה הטבע שלנו), ולגבי פרנסה מבקשים פקידה ושלפעמים יהיה אף למעלה מדרך הטבע, ע"ש. (וגם יש לבאר דזכירה הוא במחשבה ופקידה במעשה.) ח. עי' לעיל (עמ' מב) בתחלת יעלה ויבא בהערה א'. ודוקא בברהמ"ז כ' דא"א מלך, אבל בתפלת שמו"ע אומרים 'מלך', ועי' מש"כ בעיון תפלה (עמ' מד). (ועי' בהוספות וביאורים עמ' מב הערה ב). ט. סי' קפח אות ג. י. סי' תקפג באלף למטה אות ב. יא. הכי גרסי' במט"א. יב. כת"י בשמים ראש. יג. עי' בהוספות וביאורים. יג*. זה לשון הרמ"א, ונר' דדוקא כשמברך לבד ואין עונין אמן אחר שאר ברכות. אבל כשמזמנין עונין עליו כשאר אמן שעונין על ברכות הראשונות, ואע"ג דהמברך עונה ג"כ מ"מ אינו ניכר כ"כ הואיל ואחרים עונין ג"כ עמו. וכן המנהג במדינות אלו לאומרו בקול רם אפי' המברך עצמו כשמזמנים, ואולי הוא מהאי טעמא, עכ"ל. (ויש לציין, דהמזמן (או כשמברך בלי זימון) לא יאמר "אמן" מיד אחר שאומר "ירושלים" אלא יפסיק מעט כדי שיהא ניכר שזה אמן אחר הברכה ולא ש"אמן" הוא חלק מהברכה.) <u>(ע"כ מעמוד הקודם)</u> יד. נ"א שֶׁנָּתַן – קצשו"ע וחיי אדם. טו. הכי גריס במ"ב (קפח ס"ק י"ח). אבל במחבר (קפח ס"ו וכ"כ בקצשו"ע) גריס: לְיִשְׂרָאֵל. טז. ואם שכח להזכיר החג, יצא (תהלה לדוד), אבל אם אמר חג אחר לא יצא וחוזר לראש ברה"מ. יז. נ"א לְיִשְׂרָאֵל עי' לעיל. ובמחבר כ' "וימים טובים לששון ולשמחה וכו'".

(ערוגת הבושם): **כתב אבודרהם**, אמרינן בפרק שלשה שאכלו (מח:) שברכת הטוב והמטיב ביבנה תיקנוה, פי' בי"ד של ר"ג הזקן שביבנה תיקנוה על הרוגי ביתר, שהיתה עיר גדולה לאלהים והיו בה אלפים ורבבות מישראל, ואח"כ גברה מלכות רומי עליהם ולכדום ונהרגו כולם, ואז נגדעה לגמרי קרן ישראל ונשארה נבלתם מאכל לעוף השמים זמן רב, והיתה חרפה גדולה לישראל בדבר זה, עד שישבו רבן גמליאל ובית דינו כמה ימים בתענית וביזבז אוצרות אבותיו עד שניתנה להם רשות לקברם, ואז תיקן ברכת הטוב והמטיב על רוב הטובה הזאת. ותיקנוה בסעודה לפי שהוא מקום השמחה.[א] ולכן תקנוה ג"כ על שינוי יין ועל שמועות טובות ועל הגשמים. ובירושלמי נתן טעם אחר לשינוי היין, לפי שזבלו האויבים שדותיהם וכרמיהם בדמי ההרוגים וגדרו בהם כרמיהם, לפיכך תיקנוה על שינוי היין ועל כוס של ברכת המזון, דכשינויי יין דמי. וזהו 'הטוב והמטיב', 'הטוב' שלא הסריחו כל אותו זמן שנשארו על פני האדמה ו'המטיב' שנתנו לקבורה, דהיינו טובה על טובה, עב"ל. **ובספר צל"ח** (שם) כתב וז"ל, נראה שתיקנו הטוב והמטיב שלא תאמר כיון שלא הסריחו אין כאן צורך [לקבורה], שהרי גם בלא קבורה לא יתבזו, אבל באמת הקבורה איננה צורך הגוף לבד רק ג"כ צורך נפש, כי כל זמן שלא ישוב העפר אל הארץ לא תשוב רוח אל אלוקים כמ"ש בקהלת ישוב העפר וגו' והרוח תשוב וגו', ע"כ. אך עדיין צריך תיקון מה שתיקנו לשון הטוב על שלא הסריחו ענין הגוף, ולשון המטיב שניתנו לקבורה צורך הנפש, אך יבואר ע"פ מש"כ עקידה (פ' ואתחנן, ד, ג–ה), שמצינו בתורתינו הקדושה שבפגם נפש אחד מישראל נפגמו כולם, ולהיפך בהשלמת נפש אחד בשלימות השלם לתכלית נשלמו כולם. והמקובלים המתיקו זה, היות אין ענין הנפשות לענין הגופים. הגופים פרודות זה מזה, וטובת ורעות הגופים כל אחד לעצמו נרגש צערו ושמחתו והנאתו. אבל הנפשות אחודים שרשו אחד חלק אלוקי ממעל, וגלל כן בפגם אחד מרגישים כולם ובשלימות אחד כולם יתקנו. וידוע ההפרש בין הטוב ובין המטיב שדרשו חז"ל (שם נט:) בברכת הטוב לדידיה והמטיב לדידיה ולאחריני, וזהו שתיקנו חז"ל הטוב שלא הסריחו היינו עניני הגוף זה רק טוב למת שלא יתבזה, ותיקנו המטיב שניתנו לקבורה והיינו ענייני צורך הנפש כאשר הובא לעיל והרוח תשוב אל אלוקים. וזו טובה כללית לכלל ישראל, כי בטובת הנפשות כולם אחודים ונצמדים, ונופל שפיר לשון המטיב טוב למת ולאחריני, בטובת נפש המת שתשוב למחצבה אשר היא תכלית השלימות הנפשות כלל ישראל, שבטובת נפש אחד טובה לכל הנפשות עד עולם (מעון הברכות, שם מח:).[ב] אמרינן בירושלמי כשנחרב ביתר נגדעה קרן ישראל ואינה עתידה לחזור עד שיבוא בן דוד, ולכן סמכוה אצל בונה ירושלים (אבודרהם). ותיקנו להזכיר בה ג' מלכיות[ג] וג' גמולות[ד] וג' הטבות[ה] (טור, סימן קפט).[ו]

בָּרוּךְ אַתָּה יְיָ אֱלֹהֵינוּ מֶלֶךְ הָעוֹלָם. הָאֵל. אָבִינוּ. מַלְכֵּנוּ. אַדִּירֵנוּ. בּוֹרְאֵנוּ. גּוֹאֲלֵנוּ. יוֹצְרֵנוּ. קְדוֹשֵׁנוּ קְדוֹשׁ יַעֲקֹב. רוֹעֵנוּ רוֹעֵה יִשְׂרָאֵל.

עץ יוסף

בא"י אלהינו מלך העולם. כתב הלבוש מפני שכבר סיימו ברכות שהן מן התורה וזו היא מדרבנן לא מקריא ברכה זו סמוכה לחברתה. ופותחת בברוך ואינה חותמת בברוך כדי שלא תהא נראית שהיא מעולה מן הברכות שלמעלה ממנה שהם מן התורה והיא מדרבנן והן אין בהן חתימה וזו אם תפתח ותחתום בברוך היתה נראה כמעולה מהן, עכ"ל. ובאבודרהם כתב דאי' במדרש[ז] שבימי רחבעם מאסו ישראל בג' דברים. במלכות שמים. ובמלכות בית דוד. ובבית המקדש. ואין נגאלין עד שיבקשו שלשתן. וע"ז תקנו להזכיר שלשתן בבהמ"ז. 'על מלכות בית דוד משיחך ועל הבית הגדול והקדוש', הרי שתים בברכת בונה ירושלים. ובברכת הטוב והמטיב מזכיר מלכות שמים, כלומר אנו מאסנו בשלשתן ונתחרטנו בהם. בא"י אמ"ה לעד: **אבינו.** שנא' (ישעי' סג, טז) כי אתה ה' אבינו: **מלכנו.** ע"ש ה' מלכנו (שם לג, כב): **אדירנו.** ע"ש מה אדיר שמך בכל הארץ (תהלים ח, י): **בוראנו.** ע"ש כה אמר ה' בוראך יעקב (ישעי' מג, א): **גואלנו.** ע"ש גואלנו ה' צבאות שמו (שם מז, ד): **יוצרנו.** ע"ש ויוצרך ישראל (שם מג, א):[ח] **קדושנו קדוש יעקב.** שנא' קדוש ישראל מושיעך:[ט] **רוענו רועה ישראל.** ע"ש רועה ישראל האזינה (תהלים פ, ב):[י]

ענף יוסף

האל אבינו. כ' הב"י בשם ר"ד אבודרהם דאין לומר האל כי כבר הזכיר אלהינו. וכ"כ ר' עמרם בברכה שלאחר המגילה. אבל בנוסח הרמב"ם אי'. וכן הוא בטור ומרדכי ובתשובות רש"ל סי' מ"ד ומ"מ. לכן אין ראוי לשנות המנהג, ויאמר האל אבינו כדאי' בנוסח הרמב"ם (א"ר):[יא] **הטוב.** הה"א בפת"ח (א"ר): **אל בכל יום ויום וכו'.** כ"כ הב"ח סי' קפ"ט בשם הכלבו ושל"ה. ובט"ז סי' קפ"ט כתב שאין לומר 'האל' כלל.[יב] וכתב הא"ר (שם) וז"ל, ולענ"ד אין לשנות מדברי הכל בו ושארי פוסקים:[יג]

עיון תפלה

אדירנו. שנא' (ישעי' לג, כא) אדיר ה' לנו: **בוראנו.** שנא' (שם מג, א) בוראך יעקב: **גואלנו.** שנא' (שם סג, טז) גואלנו מעולם שמך: **יוצרנו.** שנא' (שם סד, ז) אנחנו החמר ואתה יוצרנו: **קדושנו.** שנא' (שם מג, טו) אני ה' קדושכם: **קדוש יעקב.** [שנא' והקדישו את קדוש יעקב] (שם כט, כג): **רוענו.** שנא' (תהלים כג, א) ה' רועי לא אחסר: **רועה ישראל.** (שם פ, ב):

מקורות, ציונים, והערות

א. עי' אבודרהם מהדורת "קרן רא"ם" פ' ל' הערה 338. ב. מעון הברכות מאת ר' ישראל יונה ב"ר יוסף לנדא, תקע"ו. ג. דהיינו "מלך" שאומר בפתיחת הברכה וגם "אבינו מלכנו וכו' המלך הטוב וכו'" (עי' רש"י שם ד"ה שתי מלכיות). ד. דהיינו "הוא גמלנו הוא גומלנו הוא יגמלנו וכו'". ה. דהיינו "הוא הטיב הוא מטיב הוא יטיב וכו'". ו. עי' ברכות מט. ז. שוח"ט שמואל פי"ג, ולעיל ב"רחם" הביא בעץ יוסף שכ"כ בלבוש, ע"ש. ח. מביא פסוק זה והוא סיפא של הפס' שמביא על "בוראנו." ובעיון תפלה מביא הפסוק "אנחנו החמר ואתה יוצרנו". ועי' בשו"ת מהרש"ל (סי' סד) שמבאר החילוק בין "בוראנו" ל"יוצרנו". ועי' בהוספות בויאורים. ט. ק"ק שלא נמצא פס' כזה (רק כתי' קדוש ישראל מושיעך, ישעי' מג, ג). ובר"י בר יקר מביא הפסוק שהובא בעיון תפלה ("והקדישו את קדוש יעקב"). י. מ"אבינו" ע"כ הוא מאבודרהם (חוץ מ"יוצרנו" דאבודרהם אינו גורס "יוצרנו"). יא. קפז א. יב. דהיינו שלא יאמר 'האל' בתחילת הברכה (האל אבינו) ולא אח"כ (אל בכל יום ויום).

(המשך בעמוד הבא)

הַמֶּלֶךְ הַטּוֹב וְהַמֵּטִיב לַכֹּל. שֶׁבְּכָל יוֹם וָיוֹם הוּא הֵטִיב הוּא מֵטִיב הוּא יֵיטִיב לָנוּ. הוּא גְמָלָנוּ הוּא גוֹמְלֵנוּ הוּא יִגְמְלֵנוּ לָעַד לְחֵן וּלְחֶסֶד וּלְרַחֲמִים וּלְרֶוַח. הַצָּלָה וְהַצְלָחָה. בְּרָכָה וִישׁוּעָה. נֶחָמָה. פַּרְנָסָה וְכַלְכָּלָה. וְרַחֲמִים וְחַיִּים וְשָׁלוֹם וְכָל טוֹב. וּמִכָּל טוּב לְעוֹלָם אַל יְחַסְּרֵנוּ. אָמֵן:

עץ יוסף

המלך הטוב והמטיב. ע"ש טוב אתה ומטיב:[א] **שבכל יום ויום הוא הטיב הוא מטיב הוא ייטיב לנו.** כתב הלבוש הטעם שתקנו בה ג' מלכיות הוא מפני שכבר תקנו להזכיר מלכות בית דוד בברכת בונה ירושלים. וכיון שמזכירין מלכות בית דוד שתחזור היה מן הראוי להזכיר ג"כ מלכות דשמיא. אלא שלא רצו להזכיר מלכות דשמיא אצל מלכות בשר ודם כדי שלא להשוותם. ורצו להשלימה להזכיר בברכת הטוב והמטיב מלכות כנגדה. ואגב שתקנו להזכיר המלכות כנגדה תקנו נמי להזכיר מלכות אחד כנגד ברכת הארץ שלא הוזכר בה מלכות מפני שאיני צריך שהיא ברכה הסמוכה לחברתה. לכך תקנו בהם ג' מלכיות. אחד דידה, ואחת כנגד בונה ירושלים ואחת כנגד ברכת הארץ (אבל כנגד ברכת הזן לא הוצרכו לתקן עוד מלכות רביעית לפי שבברכת הזן גופה יש מלכות בתחלת הברכה), עכ"ל. ואומרים ג' הטבות וג' גמולות (כפי שכתוב הנוסחא לפנינו והיא נוסחת הלבוש) שהם עבר והוה ועתיד (לבוש). ועוד טעם כנגד ג' עולמות, שהם עולם המלאכים עולם הגלגלים ועולם השפל. ובאו רז"ל להורות שהוא ית' מולך על כולם. וגומל חסד עם כולם. כי כולם מקבלים ממנו יתברך חסד ומזון רוחני שפע אלהי (א"ר סי' קפ"ט):[ב] **הוא יגמלנו לעד לחן ולחסד ולרחמים.** ע"ש אשר גמלם כרחמיו (ישעי' סג, ז). ואמר **חן** ע"ש אלהים יחננו (תהלים סז, ב): **וכל טוב וכו'.** ע"ש ורב טוב לבית ישראל (ישעי' שם). וכתיב (דברים ו, יא) ובתים מלאים כל טוב:[ג] ואנו מבקשים מהשי"ת שאע"פ שיתן לנו כל טוב בעוה"ז מ"מ **ומכל טוב** שלעולם, היינו מעוה"ב, **אל יחסרנו**, כעין המעשה של ר' חנינא בן דוסא (תענית כה.) שלא רצה אשתו שינוכה לו מטוב עוה"ב:[ד] כתב של"ה דעונין אמן אחר [הרחמן וכן אחר] תחנה ובקשה אף שאין בה שם וברכה:[ה]

ענף יוסף

הוא הטיב וכו'. כתב הטור דהרא"ש היה אומר הוא הטיב לנו הוא מטיב לנו הוא ייטיב לנו הוא גמלנו הוא גומלינו הוא יגמול בעדנו. וכן פסק בשו"ע וב"ח סי' קפ"ט ושכן המנהג [וכו']. ובכל בו כתב [וז"ל], הוא מטיב לנו הוא הטיב לנו הוא ייטיב לנו תחלה בלשון הווה ואחד לשעבר ואחד להבא על דרך ה' מלך ה' מלך ה' ימלוך. ג' גמולות הוא גומלינו הוא גמלנו הוא יגמלנו, עכ"ל. וכ"כ המרדכי [בשם הפרדס] ור' יונה. וכ"כ אבודרהם בשם הרא"ש. ואולי יש ט"ס בטור וצ"ל נמי כסדר הזה. עוד נשמע מפוסקים הנ"ל שאין לומר הוא יגמול בעדנו אלא הוא יגמלנו לעד. וכ"כ מטה משה (א"ר קפז אות א): **וכל טוב ומכל טוב.** שניהם במלאפו"ם (אור חדש). אבל התשב"ץ [קטן] סי' שט"ז כתב כל טוב בחול"ם:[ו] [ז]

עיון תפלה

היטיב מיטיב ייטיב. כצ"ל מלא דמלא וכ"ה ברוב המקומות בכה"ק: גמלנו גומלנו יגמלנו. חסרה מלת טוב המובנת בהיטיב מיטיב ייטיב: **לחן וכו'.** גמול הטוב הזה הביא ומביא ויביא אותנו לידי חן וחסד וכו', כ"ה שעור המאמר: וכל טוב. עד כאן נמשך למעלה גמול הטוב יביאנו לחן וכו' ולכל טוב שבעולם, והלמדי"ן נמשכים על כל חמש עשרה הלשונות אלא שחסרים כדרך הלשון לקצר: **ומכל טוב לעולם אל יחסרנו.** הקדמונים ז"ל פרשו שהוא עש"ה (תהלים לד, יא) ודורשי ה' לא יחסרו כל טוב, אבל לפי זה אין המ"ם מיושבת על הלשון. ונראה שבתחלה אנו מתפללים על הטוב שהקב"ה ישפיע לנו כל טוב שבעולם, ואח"כ אנו חוזרים ומתפללים על עצמנו שהקב"ה לא יְחַסֵּר אותנו (לא ימנענו) מליהנות מכל הטוב ההוא, כי יש אנשים מושפעים בשפע טוב אבל לא השליטם האלהים ליהנות ממנו. וכ' בספר אור חדש,[ח] ט"ו לשונות של טובה כנגד ט"ו סעודות שאדם אוכל בשבוע (שתים שתים לימי אבגדה"ו אחת בבקר דהיינו פת שחרית ואחת אחר הצהרים שנא' (שמות טז, יב) בין הערבים תאכלו בשר ובבקר תשבעו לחם. למדה התורה דרך ארץ שלא יאכל אדם אלא שתי סעודות קבועות ביום, ושלש סעודות בשבת) וסימן לדבר ואנחנו נברך (יה) ט"ו פעמים בשבוע (ברהמ"ז) [כמנין מלת י"ה], ע"כ:

מקורות, ציונים, והערות

(**המשך מעמוד הקודם**) יג. וז"ל הא"ר (קפז אות א), וא"ל אל שבכל יום וכו' דמשמע ח"ו שתי רשויות הן, ולאותו אל שבכל יום ויום מטיב לנו אנו מברכין. אלא יאמר אל בכל יום בלא שי"ן, כ"כ הב"ח סי' קפ"ט בשם הכלבו ושל"ה. ובט"ז סי' קפ"ט כ' שא"ל האל כלל. ולענ"ד אין לשנות המנהג כיון שכתבו הכלבו ושאר פוסקים, עכ"ל. (**ע"כ מעמוד הקודם**) א. תהלים קיט, סח. ב. אות ב בשם מטה משה. ג. מן "הוא יגמלנו" עד הסוף מאבודרהם. ד. הוספה ע"פ כת"י. ופי' זה הוא מבעל הפלאה (פ' עקב, דברים ח, טז). ה. אלי' זוטא סוף סי' קפט, וכן כ' מג"א (סי' קפ"ט) לומר אמן אחר הרחמן וכ"כ במ"ב (סק"ה), ועי' הוספות וביאורים. ו. עי' בהוספות וביאורים ביאור נקוד "ומכל טוב" וע"ע שם נפ"מ בין **טוב לטוב**. ז. פסקא זו הוא מא"ר (קפז, א). ח. כלל כז (ועשינו תיקונים ע"פ המקור).

דע דברכת הטוב מסיימת מיד שיאמר ומכל טוב לעולם אל יחסרנו. והרחמן הוא וכו' הוספה ואינה מברכה ד' (פמ"ג סי' קפ"ט במ"ז, א) ולכן יש לענות אמן אחר אל יחסרנו.[א] וכן החכם צבי כשהגיע לאל יחסרנו מניח הכוס מתוך ידו (ספר נוהג כצאן יוסף):

הָרַחֲמָן הוּא יִמְלֹךְ עָלֵינוּ לְעוֹלָם וָעֶד: הָרַחֲמָן הוּא יִתְבָּרַךְ בַּשָּׁמַיִם וּבָאָרֶץ: הָרַחֲמָן הוּא יִשְׁתַּבַּח לְדוֹר דּוֹרִים. וְיִתְפָּאַר בָּנוּ לָעַד וּלְנֵצַח נְצָחִים. וְיִתְהַדַּר בָּנוּ לָעַד וּלְעוֹלְמֵי עוֹלָמִים: הָרַחֲמָן הוּא יְפַרְנְסֵנוּ בְּכָבוֹד: הָרַחֲמָן הוּא יִשְׁבֹּר עֻלֵּנוּ מֵעַל צַוָּארֵנוּ וְהוּא יוֹלִיכֵנוּ קוֹמְמִיּוּת לְאַרְצֵנוּ: הָרַחֲמָן הוּא יִשְׁלַח לָנוּ בְּרָכָה מְרֻבָּה בַּבַּיִת הַזֶּה וְעַל שֻׁלְחָן זֶה שֶׁאָכַלְנוּ עָלָיו: הָרַחֲמָן הוּא יִשְׁלַח לָנוּ אֶת אֵלִיָּהוּ הַנָּבִיא זָכוּר לַטּוֹב וִיבַשֶּׂר לָנוּ בְּשׂוֹרוֹת טוֹבוֹת יְשׁוּעוֹת וְנֶחָמוֹת:

"ברכת אורח" בעמ' הבא

הָרַחֲמָן הוּא יְבָרֵךְ אֶת (אָבִי מוֹרִי) בַּעַל הַבַּיִת הַזֶּה וְאֶת (אִמִּי מוֹרָתִי) בַּעֲלַת הַבַּיִת הַזֶּה. אוֹתָם וְאֶת בֵּיתָם וְאֶת זַרְעָם וְאֶת כָּל אֲשֶׁר לָהֶם.

עץ יוסף

על שלחן זה. אף שמסדרין דפין משלחן לשלחן כדרך שעושין בסעודות גדולות. דלא מיקרי ב' שולחנות רק כשיש ב' שולחנות ממש ועל כל אחד יושב בעל הבית בפני עצמו רק שמזמנין ביחד יברך 'על שולחנות אלו שאכלנו עליהם'. וה"ה כשעושין ב' שולחנות ממש בסעודה גדולה. או בעל הבית אחד שאוכל עם בני ביתו על שני שולחנות ממש דמברך 'על שולחנות אלו שאכלנו עליהם' (א"ר): ואין לברך בעל הבית אף שדר אצלו אלא כשאוכל על שולחנו ואוכל מלחמו. **איתא** בירושלמי דברכות,[ב] את לרבות בעל הבית. (א"ר):[ג] **כתב** במעבר יבק המתפלל על אביו או על רבו אין לומר בתחנתו רפא נא לאדוני אבי או אבא מורי או רבי ואלופי. כי שלמה אמר בדברו לפני ה', דוד אבי, שאין גבהות לפני המקום, ואוריה נתחייבה הריגה על שאמר בפני דוד ואדוני יואב. אך מותר לומר אבי או רבי סתם ולא יוסיף, ע"כ. ותמהני על שאומרים כאן אבי מורי:[ג*] **בכל מכל כל.** כולם בדגש (א"ר): **כשיש חתונה** אומר את החתן ואת הכלה ואת אחינו ורבותינו וכל היושבין והמסובין כאן. ובכל בו כתב דאומרים הרחמן הוא יתמוך ויסעוד ויכלכל וירחמי' מעלה מעלה החתן והכלה הנעימה וכל רבותי המסובין בכאן כמו שנתברכו וכו':[ד*] **יברך את בעל הבית וכו'.** כתב מטה משה (סי' ש"ג) אפילו בבית [עכו"ם][ד] יאמר הרחמן הוא יברך את בעל הבית הזה, **דקאי** על בעל הסעודה. והמג"א כ' בסי' קצ"ג ס"ק ט' דאפשר דאם אוכלין במלון ביום דרך עראי דלא הוי קביעות בבית [עכו"ם] ואין מזמנים:[ה] **אותנו ואת כל אשר לנו.** כשיש [עכו"ם] בבית יאמר אותנו כולנו יחד בני ברית, ומש"כ מג"א (סי' קפט, סק"א) בשם הט"ז שיאמר דוקא 'אותנו בני ברית כולנו יחד' אין קפידא כיון שאומר תוך

עיון תפלה

הרחמן. כתב אבודרהם, ואומר הרחמן כל אחד ואחד כרצונו וכרצון שאלתו ואינו חשוב הפסקה בין ברהמ"ז לבורא פה"ג שהרי תקנו לאורח לברך לבעה"ב (ברכות מו.), עכ"ל.[ו] כלומר מאחר שכבר תקנו חכמים להפסיק לברכת בעה"ב לא הוי עוד הפסק אם יוסיפו עוד תפלות ובקשות אחרות, אבל היכא דלא מצינו תקנת חכמים להפסיק בשביל איזה דבר אין ה"נ דאסור להפסיק ולפיכך היה מהרש"ל ז"ל מוחה באלה האנשים האומרים פיוטים בין הלל הגדול ונשמת לבין ברכת בורא פה"ג על כוס רביעי בליל פסח, כמ"ש הב"ח בטור או"ח סוס"י קפ"ט. והוספות אלו כבר נעשו בימי הגאונים הקדמונים ז"ל כנראה מתוך דברי הכל בו בסי' צ"ט שהביא בשם תשובות הגאונים לענות אמר אחר הרחמן. ונראה שהיתה כונת המסדרים לסדר בתחלה שלשה הרחמן לכבודו של מקום ב"ה, **הוא ימלך, הוא יתברך, הוא ישתבח,** ואח"כ סדרו בקשות אחרות לצרכי האדם, וזהו ע"ד אמרם (ברכות לב.) לעולם יסדר אדם שבחו של מקום ואח"כ יתפלל: **הוא ימלוך עלינו לעולם ועד.** כ"ה בסוף ברכה שלישית לק"ש של ערבית: **ויתפאר בנו.** עש"ה (ישעי' מט, ג) ישראל אשר בך אתפאר: **ישבר עול גליות.** עש"ה (ויקרא כו, יג) ואשבר מוטות עלכם: **יוליכנו קוממיות.** עש"ה (שם, שם) ואולך אתכם קוממיות: **הוא ישלח לנו את אליה הנביא.** שנא' (סוף מלאכי) (הנני) [הנה אנכי] שולח לכם את אליה הנביא:

מקורות, ציונים, והערות

א. חיי אדם (כלל מז), ועי' ערוך השלחן קפט סעי' ז, ועי' בהו"ב. ב. פסקא זו ("איתא בירושלמי וכו'") הוא גם בא"ר והוא מאבודרהם. ויש כאן העתקה בטעות שאינו מירושלמי אלא מאבן ירחי. ודרש מפס' "ואכלת ושבעת **את** וגו'" את לרבות בעל הבית, ע"ש. והובא כאן בעץ יוסף כדי לבאר טעם שתקנו חז"ל "הרחמן הוא יברך את בעה"ב", ועי' בהו"ב. ג. א"ר סי' קפז אות א, ג*. עי' בהו"ב. ד*. א"ר (שם) ועי' עיון תפלה. ד. מפני הצנזור נכתב "עובד מזלות" ועשינו תיקון. ה. כת"י בשמים ראש. ועי' בהו"ב. ו. המקור לזה הוא הטור (קפ"ט). ועי' בפרישה (סק"ט), ועי' בהו"ב.

הָרַחֲמָן הוּא יְבָרֵךְ אֶת (אָבִי מוֹרִי) **בַּעַל הַבַּיִת הַזֶּה וְאֶת** (אִמִּי מוֹרָתִי) **בַּעֲלַת הַבַּיִת הַזֶּה. אוֹתָם וְאֶת בֵּיתָם וְאֶת זַרְעָם וְאֶת כָּל אֲשֶׁר לָהֶם.**

(ואם סמוך על שלחן עצמו יאמר: הָרַחֲמָן הוּא יְבָרֵךְ אוֹתִי וְאֶת אִשְׁתִּי וְאֶת זַרְעִי וְאֶת כָּל אֲשֶׁר לִי), **אוֹתָנוּ וְאֶת כָּל אֲשֶׁר לָנוּ. כְּמוֹ שֶׁנִּתְבָּרְכוּ אֲבוֹתֵינוּ אַבְרָהָם יִצְחָק וְיַעֲקֹב, בַּכֹּל. מִכֹּל. כֹּל. כֵּן יְבָרֵךְ אוֹתָנוּ כֻּלָּנוּ יַחַד בִּבְרָכָה שְׁלֵמָה. וְנֹאמַר אָמֵן** (ואם יש אחרים עמו יאמר וְאִמְרוּ אָמֵן):

ברכת האורח), אם הוא אוכל על שלחן אחרים יברך לבעה"ב: א)

יְהִי רָצוֹן שֶׁלֹּא יֵבוֹשׁ בַּעַל הַבַּיִת בָּעוֹלָם הַזֶּה וְלֹא יִכָּלֵם לָעוֹלָם הַבָּא. וְיִצְלַח מְאֹד בְּכָל נְכָסָיו. וְיִהְיוּ נְכָסָיו וּנְכָסֵינוּ מוּצְלָחִים וּקְרוֹבִים לָעִיר. וְאַל יִשְׁלוֹט שָׂטָן לֹא בְּמַעֲשֵׂה יָדָיו וְלֹא בְּמַעֲשֵׂה יָדֵינוּ. וְאַל יִזְדַּקֵּק לֹא לְפָנָיו וְלֹא לְפָנֵינוּ שׁוּם דְּבַר הִרְהוּר חֵטְא וַעֲבֵירָה וְעָוֹן מֵעַתָּה וְעַד עוֹלָם:

עץ יוסף

תוך כדי דיבור, ואדרבה לדבריו הוי כמו חזרה (א"ר סי' קפז, מאת הכל בו): ב) **[ונאמר אמן.]** ואם יש אחרים עמו יאמר 'ואמרו אמן' כמו בסוף ברהמ"ז (מ"מ). כי לשון אמרו היא אזהרה למברכים לכב' בעה"ב כמו בסוף לכב' המקום, עושה שלום במרומיו וכו' ואמרו אמן. ג) אבל המג"א בסי' קפט (סק"א) כתב דאין יכול לגזור ואמרו אמן. משא"כ בעושה שלום שהוא [שבחו] של הקב"ה וכל ישראל מצווים, לכן יאמר 'ונאמר אמן.' ד) וכתב הפמ"ג בא"א, ואם יחיד מברך בעצמו הרחמן הוא יברך אותי ואת כל אשר לי כמו שנתברכו וכו' איך יסיים ונאמר אמן או ואמרו אמן, שאין עמו מסובין. אלא יאמר מלת אמן לחוד, עכ"ל: ה)

דובר שלום

ישלח לנו ברכה מרובה בבית הזה ועל שלחן זה שאכלנו עליו. נוסח זה לא יכולתי להבינו. מה ענין שמבקשים שתהיה הברכה דוקא בבית הזה ועל שלחן זה.., הלא עיקר הברכה שיצליחו במעשהו ובאסמיו, וברמב"ם ליתא. ויתכן ליישבו ע"ד שנא' בפ' בחקותי "ואכלתם לחמכם לשובע וישבתם בטח בארצכם". והכוונה שתהיו שבעים לחם, פרנסתכם מצויה, ולא תצטרכו לנוד רגליכם בארץ אחרת לבקש פרנסה, רק תשבו לבטח בארצכם. זהו עצמו מה שאומרים כאן, 'ישלח לנו ברכה מרובה בבית **הזה**' שלא נצטרך לבקש פרנסתינו חוץ מבתינו, שנאכל לחמנו לשובע **על שלחן זה שאכלנו עליו.** **ויתכן עוד,** שהיא ברכה מתוקנת לאורחים שמברכים לבעל הבית שישלח ברכה מרובה בבית הזה והשלחן שאכלנו עליו, היינו ברכה להצלחת בעה"ב. ולפי שנהנה מבעה"ב בשני אלה, האחת שהכניסו לביתו ונותן לו מקום ללין, והשני שהאכילו על שלחנו, לכן מברכו בשני אלה. **ישלח ברכה מרובה בבית הזה**, בשביל שאספו לביתו, **ועל שלחן זה שאכלנו עליו**, בשביל שהאכילו על שלחנו:

עיון תפלה

זכור לטוב. (ברכות ג.) הלשון הזה רגילים חז"ל לצרף לשמו של האיש הגדול אשר עשה טוב בעמו, טוב כללי הנוגע לכלל האומה. כמו (שבת יג:) ברם זכור אותו האיש לטוב וחנניה בן חזקיה שמו שאילמלא הוא נגנז ספר קהלת, ובב"ב (כא.) ברם זכור אותו האיש לטוב ויהושע בן גמלא שמו, שאילמלא הוא נשתכחה תורה מישראל, ובע"ז (ח:) ברם זכור אותו האיש לטוב ור' יהודה בן בבא שמו, שאילמלא הוא נשתכחו דיני קנסות מישראל. ואליהו הנביא מלבד הישועות הגדולות אשר עשה לישראל בימיו עתיד הוא להיות המבשר על הגאולה האחרונה, ועליו אומרים ביחוד זכור לטוב. ובירושלמי (מגילה פ"ג ה"ח) צריך לומר חרבונה זכור לטוב, משום דאמרינן באסתר רבה פרשה יו"ד פסוק והמלך קם בחמתו, מה עשה אליהו זכור לטוב, נדמה לחרבונה: **הרחמן הוא יברך וגו'.** היא ברכת בעל הבית הנזכרת בגמ' (ברכות מו.): **בכל מכל כל.** באברהם נאמר (בראשית כד, א) וה' ברך את אברהם בכל, ביצחק נאמר (שם כז, לג) ואכל מכל, ביעקב נאמר (שם לג, יא) וכי יש לי כל (מטה יהודה):

אחרית לשלום

ישלח לנו את אליהו הנביא זכור לטוב. בפ' שמות ביארנו, דשליחות המתייחס להבוי"ת המה רק לטובה. זהו שמבקשים אשר הבורא יתברך ישלח לנו את אליהו הנביא ובהיות הוא המשלח יהיה לטובה, ויבשר לנו בשורות טובות: **כמו שנתברכו וכו' כן יברך אותנו כולנו יחד.** האבות נתברכו כל אחד בברכה מיוחדת כל אחד בלשון מיוחד, אבל לא בכל הלשונות. ומבקשים אנחנו אשר 'יברך אותנו כולנו יחד', בכל השלשה לשונות שנתברכו האבות, היינו 'ברכה שלמה' בכל הלשונות:

מקורות, ציונים, והערות

א. ע"פ מש"כ בקונטרס עבודת התפלה (מאת הר' מאיר בירנבוים שליט"א, ברהמ"ז) שמתי 'ברכת אורח' כאן.
ב. כת"י בשמים ראש. ובביאור דברי המג"א (בסוף עמ' מט) עי' הוספות וביאורים. ג. כת"י בשמים ראש. והוא העתקה מס' אור חדש. ד. מש"כ "ואם יש אחרים וכו'" ע"כ הוא העתקה מא"ר סוף סי' קפז (חוץ מדברי האור חדש). ה. יש שכתב שאפילו אוכל לבדו אומר "ונאמר אמן", עי' הוספות וביאורים.

בַּמָּרוֹם יְלַמְּדוּ עֲלֵיהֶם וְעָלֵינוּ זְכוּת שֶׁתְּהֵא לְמִשְׁמֶרֶת שָׁלוֹם. וְנִשָּׂא בְרָכָה מֵאֵת יְיָ. וּצְדָקָה מֵאֱלֹהֵי יִשְׁעֵנוּ. וְנִמְצָא חֵן וְשֵׂכֶל טוֹב בְּעֵינֵי אֱלֹהִים וְאָדָם:

לשבת: **הָרַחֲמָן הוּא יַנְחִילֵנוּ יוֹם שֶׁכֻּלּוֹ שַׁבָּת וּמְנוּחָה לְחַיֵּי הָעוֹלָמִים:**

לראש חדש: **הָרַחֲמָן הוּא יְחַדֵּשׁ עָלֵינוּ אֶת הַחֹדֶשׁ הַזֶּה לְטוֹבָה וְלִבְרָכָה:**

ליום טוב: **הָרַחֲמָן הוּא יַנְחִילֵנוּ יוֹם שֶׁכֻּלּוֹ טוֹב:**

לראש השנה: **הָרַחֲמָן הוּא יְחַדֵּשׁ עָלֵינוּ אֶת הַשָּׁנָה הַזֹּאת לְטוֹבָה וְלִבְרָכָה:**

לסוכות ושמיני עצרת: **הָרַחֲמָן הוּא יָקִים לָנוּ אֶת סֻכַּת דָּוִד הַנּוֹפֶלֶת:** [א]

בסעודת ברית מילה, אומרים כאן "הרחמן" המיוחד לברית מילה, הובא לקמן.

עץ יוסף

ברכה מאת ה'. יש אומרים מעם ה' לא **'מאת',** והנכון שלא לשנות לשון הפסוק (תהלים כד, ה) ולומר מאת ה'.[ב] וידקדק בדיבורו שלא להבליע האל"ף: (א"ר) יאמר ומצא חן ולא ונמצא חן:[ג] **הוא ינחילנו יום שכולו שבת.** הטעם שמתפללים בשבת בראשית על יום שכולו שבת משום ששבת בראשית הוא רמז לעוה"ב יום שכולו שבת. והוא אחד מששים בעוה"ב כדאי' במס' ברכות לכן כל אדם חייב ביום השבת להזכיר את יום שכולו שבת ולהתפלל עליו (תורת חיים):[ד]

עיון תפלה

במרום ילמדו עליהם (על אדוני הבית הזה) **ועלינו** (האורחים המסובים) **זכות שתהא** (לנו) **למשמרת שלום** (לשמור את שלום הבית, ובתו"כ פ' בחקותי פס' ונתתי שלום בארץ שמא תאמרו הרי מאכל הרי משתה אם אין שלום אין כלום ת"ל ונתתי שלום בארץ): **ונשא ברכה.** עש"ה (תהלים כד, ה) ישא ברכה מאת ה' וגו': **ונמצא חן.** עש"ה (משלי ג, ד) **וּמְצָא** חן ושכל טוב וגו'. והיסב הלשון למדברים בעדם על אדוני הבית והמסובים: **יום שכולו שבת.** לשון המשנה שלהי מס' תמיד, ושם כתוב **ליום** בלמ"ד כפי הראוי שם, אבל כאן אין לומר בלמ"ד: **הוא יקים לנו וגו'.** עש"ה (עמוס ט, יא) ביום ההוא אקים את סכת דוד הנופלת:

דובר שלום

ינחילנו יום שכולו שבת ומנוחה לחיי העולם הבא. ענין מה שמתואר זמן העתיד 'יום שכולו שבת' ע"פ הפשט, יתכן ע"פ מאמר חז"ל (שבת ל:) עתידה א"י שתוציא גלוסקאות וכלי מילת, והנה בזה"ז מוכרח האדם לעשות מלאכה בששת ימי המעשה בעבודת האדמה להוציא לחם מן הארץ, ובכל עבודה ועמל להוציא כלי מלבושיו וכאלה. אך לעתיד כשתוציא א"י מעצמה גלוסקאות וכלי מילת **ושלא** יצטרך האדם לשום תחבולה לצרכיו, אז ינוח לו מכל עמל ויגיעה גם בימי המעשה, ויתואר אז הזמן **יום שכולו שבת** בלי עמל ויגיעה, ואז יבלו אותו הזמן לתועלת הנפש, ותהיה מנוחתם **מנוחה** בשביל תועלת **חיי עולמים** היינו שלימות הנפש: **ינחילנו יום שכולו טוב.** תואר זמן העתיד 'ליום שכולו טוב' יתכן ע"פ מאמר חז"ל (פסחים נ.) בזה"ז על הרעות מברך דיין האמת ועל הטובות מברך הטוב והמטיב, אבל לעתיד לבא כולו הטוב והמטיב, יעויין בחידושי אגדות (מהרש"א) ואיי הים[ה] משכתבו בזה. זהו שמכונה אותו זמן **יום שכולו טוב** שיכירו שכל מעשיו של הקב"ה אך טובים המה ולא תאונה בהם שום רעה:

אחרית לשלום

ומנוחה לחיי העולמים. מזכיר מלת 'לחיי' לפי שאמרו חז"ל (ברכות מה.) צדיקים אין להם מנוחה, שנאמר (תהלים פד, ח) ילכו מחיל אל חיל. אך יש הבדל בין 'עולם הבא' ובין 'חיי עולם הבא', ד'עולם הבא' הוא עולם הנשמות אחר המות, שם אין להם מנוחה לצדיקים, ו'חיי עולם הבא' הוא זמן התחיה דאז יהיה מנוחה לצדיקים, זהו **'מנוחה לחיי העולמים'**:

מקורות, ציונים, והערות

א. עי' הוספות וביאורים, <u>הוספה מכת"י</u>. ב. והטעם לאלו האומרים "מעם ה'" הוא מפני שחוששים שלא ידקדקו היטב באמירת "מאת" ויבלע האל"ף וע"כ אומרים "מעם". ועי' בפי' מהר"ן שפירא שדעתו לומר "מעם" ה' ואף שזה שינוי מלשון הקרא, וע"ש שכתב דיש שאין אומרים ונשא וכו' כלל וכלל (מפני החשש שמא יבלע האל"ף). ג. כן הובא בבאר היטב קפז סק"א. וע"ע מש"כ כאן בעיון תפלה. ד. תורת חיים סנהדרין (צט.). ה. עי' דברי המהרש"א ואיי הים בהוספות וביאורים.

הָרַחֲמָן הוּא יְזַכֵּנוּ לִימוֹת הַמָּשִׁיחַ וּלְחַיֵּי הָעוֹלָם הַבָּא:

בחול - **מַגְדִּיל**[א*](ביום שיש בו מוסף[ב*]אומר מִגְדּוֹל) **יְשׁוּעוֹת מַלְכּוֹ וְעֹשֶׂה חֶסֶד לִמְשִׁיחוֹ לְדָוִד וּלְזַרְעוֹ עַד עוֹלָם: עֹשֶׂה שָׁלוֹם בִּמְרוֹמָיו הוּא יַעֲשֶׂה שָׁלוֹם עָלֵינוּ וְעַל כָּל יִשְׂרָאֵל וְאִמְרוּ אָמֵן:**

יְראוּ[*] **אֶת יְיָ קְדֹשָׁיו כִּי אֵין מַחְסוֹר לִירֵאָיו: כְּפִירִים רָשׁוּ וְרָעֵבוּ וְדוֹרְשֵׁי יְיָ לֹא יַחְסְרוּ כָל טוֹב: הוֹדוּ לַייָ כִּי טוֹב כִּי לְעוֹלָם חַסְדּוֹ:**

*) היו"ד נקראת בשו"א נע והרי"ש במלאפו"ם והאל"ף נחה (עי' מטה יהודה, וכ"כ הרד"ק).

עץ יוסף

הרחמן הוא יזכנו ויחיינו ויקרבנו לימות המשיח ולחיי וכו' (אבודרהם). אבל במטה משה ואור חדש כתבו הרחמן הוא יזכנו לימות המשיח ולחיי עוה"ב. וכתב הא"ר וז"ל, ולא ידעתי היכן מוצאה לשנות נוסחת האבודרהם כי מביא קרא לכולם, ע"כ: **מגדיל ישועות מלכו.** כתב אבודרהם, דבשבת שהוא מלך גדול נגד החול אומרים 'מגדול' מלא בוי"ו, וחולם בוי"ו הוא מלך גדול. ובחול אומרים 'מגדל' חסר יו"ד, וחירי"ק בלא יו"ד הוא מלך קטן. ועוד מגדיל הוא בתהלים ועדיין לא היה דוד מלך. ומגדול הוא בנביאים וכבר היה מלך, ע"כ. וכתבו אחרונים [א] דיו"ט ור"ח דינו כשבת, וסי' "חדש ושבת קרוא מקרא" [ב] ר"ל כמו שכתוב בנביאים:[ג] [ד] **עושה שלום.** גדול השלום שאין חותם כל התפלות אלא שלום:[ה] **במרומיו.** העליונים צריכים שלום כמשה"כ (איוב כה, ב) המשל ופחד עמו וגו', והשלום מכריע ביניהם: **הוא יעשה שלום עלינו.** עאכ"ו אנו התחתונים בעלי המחלוקת ומקור הפירוד שצריכים שלום: **ואמרו אמן.** אף ביחיד אומרו. כלפי המלאכים המלוים אותו (יעב"ץ).[ו] ועיין מ"ש לעיל: [ז]

ענף יוסף

יראו את ה' וכו'. הזהיר ואמר אתם קדושי עליון הקרובים אל ה' כמ"ש (במדבר טז, ה) ואת הקדוש והקריב אליו, לא תהיה יראה זולתי. והטעם 'כי אין מחסור ליראיו'. שמי שאינו ירא אלא אותו יתברך לבד לא יאונה לו כל מחסור מצרכי הזמן. גם לא יירא משנאת אדם עליו. וכן אמר במקום אחר (תהלים קיח, ו) ה' לי לא אירא מה יעשה לי אדם. לא כן הרשעים כי תמיד הם חפצים יותר ממה שיש להם, א"כ בעיניהם הם כרשים ואביונים. וגם אם מלאו בטנם מכל מאכל אשר יאכל, מ"מ המה רעבים כי בטן רשעים תחסר ולא תדע שבעה. אבל מי שהם דורשי ה' תמיד לא יחסרו כל טוב מפני שהם שמחים בחלקם שהשיגו, ובמעט מאכלם כאילו שולחנם נחת מלא דשן ובתיהם מלאים עושר ולא נעדר להם מן הקטן ועד הגדול: **הודו לה' כי טוב.** פי' תנו הוד ותודה לה', כי טוב ה'. **כי לעולם חסדו,** כי חסד ה' הוא דבר המתקיים [עד] עולם, ולא כן חסד בשר ודם: (מגדל דוד, תהלים ק, ה): [ח]

עיון תפלה

יזכנו לימות המשיח. לשון הגמ' (ברכות יב:) להביא לימות המשיח, ובסנהדרין (צ.) תניא ר"א אומר ימות המשיח ארבעים שנה, ועי' מש"כ בזה בבאורנו לתפלת המנחה בשבת פיסקא אתה אחד בד"ה תפארת גדולה.[ט] וכתב הרוקח בסי' של"ז, מה שחותמין ברהמ"ז במשיח לפי שכתוב (תהלים קלב, טו) צידה ברך אברך אביוניה אשביע לחם, וכתיב בתריה, שם אצמיח קרן לדוד ערכתי נר למשיחי, עכ"ל: **מגדיל ישועות מלכו.** (שם יח, נא), הקב"ה מגדיל ישועות מלך המשיח. ובשבת ויו"ט ור"ח נהגו לומר מגדול ישועות מלכו (ש"ב כב, נא) ישועת מלך המשיח היא לנו מגדול עוז להשגב ולהתבצר בתוכו מפני כל צרינו. ובילקוט שמואל רמז קס"ד בשם מדרש שחר טוב (בשוח"ט הלשון משונה הרבה והעתקתיו בעיון תפלה לשמונה עשרה של חול בפיסקא אתה גבור ד"ה ומצמיח ישועה עיי"ש) כתוב אחד אומר מגדיל וכתוב אחד אומר מגדול ר' יודן אמר לפי שאין ישועתה של אומה זו באה בבת אחת אלא מתגדלת והולכת, ומהו מגדול שנעשה לה מלך המשיח כמגדל גדול שנא' (משלי יח, י) מגדל עוז שם ה' בו ירוץ צדיק ונשגב, ע"כ, לפיכך אומרים בימות החול שהם דמיון ימי הגלות **מגדיל** על בנין הישועה שהקב"ה עוסק בבנינה והולך ומגדילה תמיד, אבל בשבת ויו"ט שהם דמיון ימות המשיח אומרים **מגדול** על גמר הישועה שכבר נתגדלה כלל צרכה ונעשית כמגדול עוז: **עושה שלום.** בסוף מס' דרך ארץ בפרק השלום ר' יהושע דסכנין בשם ר' לוי אמר גדול השלום שכל הברכות

מקורות, ציונים, והערות

א*. עי' בהוס' וביאורים, הוספה מכת"י. ב*. וכן בסעודת מלוה מלכה. א. עי' אלי' רבה. ודעת הפמ"ג (נועם מגדים) דגם בחוה"מ אומרים מגדול. ב. ישעי' א, יג. ומפס' זה יש לדייק דכתובים אינם קרויין מקרא. ג. פסקא זו העתקה מאלי' רבה (קפז, א). (**הערה "ד" בעמוד הבא**) ה. אבודרהם. ו. מ"במרומיו" ע"כ הוא העתקה מיעב"ץ בסדור בית יעקב. ז. עמ' נ ד"ה ונאמר אמן. ח. ומצאתי כ' בשם של"ה "כי חסד אדם אינו אלא לפי שעה אבל חסדי ה' הם לעולם בלי הפסק". ט. עי' בהוס' וביאורים.

פּוֹתֵחַ אֶת יָדֶךָ וּמַשְׂבִּיעַ לְכָל חַי רָצוֹן*): בָּרוּךְ הַגֶּבֶר אֲשֶׁר יִבְטַח בַּיְיָ וְהָיָה יְיָ מִבְטַחוֹ: נַעַר הָיִיתִי גַּם זָקַנְתִּי וְלֹא רָאִיתִי צַדִּיק נֶעֱזָב וְזַרְעוֹ מְבַקֶּשׁ לָחֶם: יְיָ עֹז לְעַמּוֹ יִתֵּן יְיָ יְבָרֵךְ אֶת עַמּוֹ בַשָּׁלוֹם:

*) **עי' בהוספות וביאורים, הוספה מכת"י.**

ואחר ברכת המזון **יברך על הכוס** וישתה ממנו רביעית כדי להתחייב בברכה אחרונה, [**הוספה מכת"י**] משום שספק אם לברך ברכה אחרונה די בכזית ששתה או אם צריך רביעית שלם, ולכן כוס אחר שאינו של ברכה יכול לשתות פחות מכזית אם ירצה ולא יתחייב בברכה אחרונה אבל כוס של ברכה שצריך לשתות מלא לוגמיו דהוא יותר מכזית ויש ספק אם נתחייב בברכה [אחרונה] ע"כ לצאת מידי ספק צריך לשתות רביעית שלם (סוף סי' ק"צ אות ה') ובכל משקין הדין כן שאין לברך ברכה אחרונה על פחות מרביעית (א"ר שם): [**ע"כ מכת"י**] ואם רצה לחלוק כבוד לרבו או לאביו להשקותו קודם שיטעום הרשות בידו.[א] ויזהר לשגר כוס לאשתו ולאנשי ביתו. גם כל המסובים יזהרו לשתות מכוס של ברכה כמובא בזוה"ק פ' וירא דף ק"ד ע"א וז"ל בעי ליה לבר נש למשתי מההוא כסא דברכה בגין דיזכה לההיא ברכה דלעילא:[ב]

בָּרוּךְ אַתָּה יְיָ אֱלֹהֵינוּ מֶלֶךְ הָעוֹלָם בּוֹרֵא פְּרִי הַגָּפֶן:

עץ יוסף

כתוב אבודרהם ואומר פסוק כפירים רשו ורעבו וגו' ואומר ברוך הגבר אשר יבטח בה' וגו' ואומר ה' עוז לעמו יתן וגו'.[ג] והא"ר כתב בשם האחרונים שיש לומר פסוק נער הייתי גם זקנתי וגו':[ד] **כפירים רשו.** במצות: **ורעבו.** בתורה, שהתורה הוא לחם, אבל דורשי ה' **לא יחסרו כל טוב,** ש'טוב' הוא התורה. ו'כל טוב' הן המצות (הגר"א משלי ו, יא):

עיון תפלה

והתפלות חותמין בשלום. ק"ש חותמין בשלום, ופרוס סכת שלומך (ובחול סמוך לחתימה ושמור צאתנו וגו' ולשלום). ברכת כהנים, חותמין בשלום, וישם לך שלום, כל הברכות חותמין בשלום עושה השלום. ובמדבר רבה פ' י"א סי' ז' וריש פ' כ"א בלשון אחר, עיי"ש. ובברכת המזון שייך השלום כדתניא בתו"כ ריש בחקותי שמא תאמרו הרי מאכל וכו' (והעתקתי לעיל) ושלמה אמר (משלי טו, יז) טוב ארוחת ירק ואהבה שם משור אבוס ושנאה בו, ואמר עוד (שם יז, א) טוב פת חרבה ושלוה בה מבית מלא זבחי ריב:

ענף יוסף

פותח את ידך וכו'. אתה יתברך פותח את ידך ומשביע לכל חי רצון פי' לכל חי לפי רצונו ותאותו (מלודת דוד): **ברוך הגבר אשר יבטח בה'.** בהחלט בלתי פניה אל תחבולה אנושית. וכשיעשה כן אז והיה ה' מבטחו ויהיה מושגח מה' השגחה שלמה: **ולא ראיתי צדיק.** שיאמר שהוא נעזב מהשגחת הבורא עליו אף שהוא בדוחק גדול שזרעו מבקש לחם, שמ"מ הוא אומר שזהו מהשגחת הבורא עליו לטוב למרק עון ולהסר פשע: **ה' עוז לעמו יתן.** לעתיד, על כל העולם. ולא שיצטרכו למלוך ולמשול בעולם על ידי מעוז זרועם. כי אם אדרבה ה' יברך את עמו בשלום (אלשיך):

דובר שלום

יזכנו וחיינו ויקרבנו לימות המשיח וכו'. הגאולה שהיא 'בעתה' אינה מתיחסת לנו, שאין באה מצד מעשינו, שאנחנו עומדים על עמדנו והגאולה באה אלינו. אך הגאולה של 'אחישנה', הבאה מצד כשרון מעשינו, היא מתיחסת לנו, שאנחנו מתקרבים אליה תוך זמנה. זהו שאנו מבקשים 'שיזכנו **ויקרבנו** לימות המשיח' שאנחנו נתקרב אליה מצד כשרון מעשינו, היינו גאולה של 'אחישנה':

אחרית לשלום

מגדול ישועות מלכו. ההבדל בין 'מגדיל' ובין 'מגדול' איתא בילקוט (שמואל קסד) כתוב אחד אומר 'מגדיל' וכתוב אחד אומר 'מגדול, לפי שאין ישועתה בבת אחת, אלא מגדלת והולכת, וזהו 'מגדול' שעושה מלך המשיח כמגדול, יעו"ש. לכן בשבת המרמז על זמן העתיד יום שכולו שבת אומרים 'מגדול'. וכולל עוד ע"פ דאיתא בשער הניקוד לר"י ג'קטליא, דנקודת החול"ם הוא קודש קדשים, ומרמז לעולם העליון, יעו"ש. לכן בשבת שהוא מתכונת עולם העליון אומרים מגדול בחול"ם:

מקורות, ציונים, והערות

<u>המשך הערות מעמוד הקודם</u> **ד.** ובמטה יהודה כתב וז"ל, ונתנו סימן לדבר דכתיב 'שבת וחדש קרא מקרא', כלומר בשבת וחודש יש לקרות פסוק מגדול הכתוב בנביאים שקורין מקרא ולא מגדיל הכתוב בכתובים, עכ"ל, והוא העתקה מס' אור חדש (ומקורו הוא ממה"ר נתן שפירא). ומצאתי שבא לרמז מה שהובא בגמ' (שבת קטו.) דבשבת ויו"ט אין ללמוד בכתובים וע"כ אומרים בשוי"ט מש"כ בנביאים דוקא. ובחול אומרים מכתובים. **וע"ע בהוספות וביאורים.** <u>ע"כ הערות מעמוד הקודם</u> **א.** ויש לעי' בזה דלכאורה הוי הפסק להמברך. ועי' בשו"ע הרב (סי' ק"צ, ה) שכ' דיכול ליתן מכוס הברכה מעט לתוך כוסות השומעין קודם שתייתו (כדי שיטעמו מכוס שאינו פגום) ואין זה נחשב הפסק כיון שהוא לצורך שתיית המסובים. וע"ע בלבוש (סי' ק"צ) ובאלי' רבה (אות ב). וע' במעדני אשר (לונצר) ח"ג סי' עא (עמ' רה). **ב.** מן "ויזהר לשגר" עד "דלעילא" הוא מיסוש"ה. **ג.** בפי' הברכות והתפלות לר"י בר יקר מבאר הטעם לאמירת פסוקים אלו, עי' **בהוספות וביאורים.** **ד.** הוא מס' אור חדש דיני ברה"מ אות כה.

בשמים ראש: כתיב בתורה ואכלת ושבעת וברכת וזהו מ"ע מן התורה לברך אחר אכילת לחם לכו"ע. ולדעת הרבה פוסקים גם על ז' מינים. וכיון שמצינו מ"ע דאורייתא לברך אחר הנאתו, תקנו אכנה"ג לברך על כל דבר שאכל ברכה אחרונה. והם ג'. ברהמ"ז וברכה אחת מעין ג' ובורא נפשות. והנה ברהמ"ז נתבאר לעיל וברכה אחת מעין ג' שמברכין אחר שתיית רביעין יין ואחר אכילת פירות משבח.

א"י ואחר מעשה קדירה מחמשת מיני גדן, זו היא נוסחא:

בָּרוּךְ אַתָּה יְיָ אֱלֹהֵינוּ מֶלֶךְ הָעוֹלָם עַל

על תבשיל הנעשה מחמשת מיני דגן:	על היין:	על פירות משבח א"י:	אכל מחמשת מיני דגן וגם שתה יין:
הַמִּחְיָה וְעַל הַכַּלְכָּלָה	הַגֶּפֶן וְעַל פְּרִי הַגֶּפֶן	הָעֵץ וְעַל פְּרִי הָעֵץ	הַמִּחְיָה וְעַל הַכַּלְכָּלָה וְעַל הַגֶּפֶן וְעַל פְּרִי הַגֶּפֶן

וְעַל תְּנוּבַת הַשָּׂדֶה וְעַל אֶרֶץ חֶמְדָּה טוֹבָה וּרְחָבָה שֶׁרָצִיתָ וְהִנְחַלְתָּ לַאֲבוֹתֵינוּ לֶאֱכֹל מִפִּרְיָהּ וְלִשְׂבּוֹעַ מִטּוּבָהּ, רַחֵם (נָא) יְיָ אֱלֹהֵינוּ עַל יִשְׂרָאֵל עַמֶּךָ וְעַל יְרוּשָׁלַיִם עִירֶךָ וְעַל צִיּוֹן מִשְׁכַּן כְּבוֹדֶךָ וְעַל מִזְבְּחֶךָ וְעַל הֵיכָלֶךָ, וּבְנֵה יְרוּשָׁלַיִם עִיר הַקֹּדֶשׁ בִּמְהֵרָה בְיָמֵינוּ וְהַעֲלֵנוּ לְתוֹכָהּ וְשַׂמְּחֵנוּ בְּבִנְיָנָהּ וְנֹאכַל מִפִּרְיָהּ וְנִשְׂבַּע מִטּוּבָהּ וּנְבָרֶכְךָ עָלֶיהָ בִּקְדֻשָּׁה וּבְטָהֳרָה: בשבת: וּרְצֵה וְהַחֲלִיצֵנוּ בְּיוֹם הַשַּׁבָּת הַזֶּה: בר"ח: וְזָכְרֵנוּ לְטוֹבָה בְּיוֹם רֹאשׁ הַחֹדֶשׁ הַזֶּה: ביו"ט: וְשַׂמְּחֵנוּ[א] בְּיוֹם חַג (פלוני) הַזֶּה: בראש השנה: וְזָכְרֵנוּ לְטוֹבָה בְּיוֹם הַזִּכָּרוֹן הַזֶּה:

כִּי אַתָּה יְיָ טוֹב וּמֵטִיב לַכֹּל וְנוֹדֶה לְּךָ עַל הָאָרֶץ וְעַל

על תבשיל הנעשה מחמשת מיני דגן:	על היין:	על פירות משבח א"י:	אכל מחמשת מיני דגן וגם שתה יין:
הַמִּחְיָה*. בָּרוּךְ אַתָּה יְיָ עַל הָאָרֶץ וְעַל הַמִּחְיָה*:	פְּרִי הַגֶּפֶן. בָּרוּךְ אַתָּה יְיָ עַל הָאָרֶץ וְעַל פְּרִי הַגֶּפֶן:	הַפֵּרוֹת. בָּרוּךְ אַתָּה יְיָ עַל הָאָרֶץ וְעַל הַפֵּרוֹת:	הַמִּחְיָה* וְעַל פְּרִי הַגֶּפֶן. בָּרוּךְ אַתָּה יְיָ עַל הָאָרֶץ וְעַל הַמִּחְיָה* וְעַל פְּרִי הַגֶּפֶן:

*ויש מוסיפין: וְעַל הַכַּלְכָּלָה:

עץ יוסף

ושמחנו וכו' ונאכל מפריה וכו'. (כת"י) להבין תפילה זו שתיקנו לנו קדמונינו הקדושים וכי לאכול מפריה אנחנו צריכים כל כך לבקש מהקב"ה, אפשר הכוונה עפמ"ש בשם המקובלים בעת שהיה א"י בקדושתו ומזבח בנוי על תלה קדושת פירות א"י וטעמה היה גדול מקדושת המן וטעמו, ובשביל זה לא ירד המן בא"י רק במדבר מ' שנה כי לא היו צריכין בא"י לקדושת המן: ב)

ענף יוסף

כתב [שיירי] כה"ג ראיתי לרב מהר"א[ג] שהיה נוהג לברך על היין ושתה מעט ואח"כ היה אומר למסובין 'בשמחתכם'[ד] וגומר לשתות משום שאין להקדים כבוד בשר ודם לכבוד שמים. ולי נראה שאין בכך כלום, משום דגדול כבוד הבריות שדוחה את לא תעשה שבתורה, עכ"ל. (ועי' אלי' רבה סי' קעד, סוף אות י"ז): **ברכה מעין שלש.** ברכה זו היא כוללת מעין ג' ברכות שבברהמ"ז. דהיינו נגד ברכת 'הזן את הכל' אומרים כאן על הגפן או על המחיה או על העץ. ונגד ברכה שניה שהיא 'על הארץ ועל המזון' אומרים כאן ועל ארץ חמדה טובה וכו'. ונגד ברכה ג' שהיא 'בונה ירושלים' אומרים כאן ובנה

מקורות, ציונים, והערות

א. ויש גורסין: "וזכרנו לטובה ביום וכו'". וע"ע בהוספות וביאורים. ב. ס' שער החצר סי' קס"ט מאת הר"ר דוד בן שמעון, מגדולי הרבנים והמקובלים בירושלים. נדפס בש' תרכ"ב. וע"ע ב"ח סי' ר"ח. ג. מהר"א – מה"ר אשטרוק אבן שנג'י. (חי בתחלת המאה-16 (בערך), בבולגריה). ד. והיא כמו שאנו אומרים "לחיים".

בדיעבד שטעה ובירך על היין וסיים על הגפן ועל פרי הגפן ולא הזכיר על הארץ יצא (סי' ר"ח מג"א ס"ק י"ז ועי' בנ"י). וכתב בחיי אדם (כלל נ סעי' ד) וז"ל, ונ"ל דאם מברך על היין ברכת על העץ ועל פרי העץ בדיעבד יצא:

ברכה אחרונה - בורא נפשות

ברכת בנ"ר מברכין על כל דבר מאכל או משקה.[א] חוץ מז' מינים שנשתבחה בהן א"י. וזה נוסחא:

בָּרוּךְ אַתָּה יְיָ אֱלֹהֵינוּ מֶלֶךְ הָעוֹלָם בּוֹרֵא נְפָשׁוֹת רַבּוֹת וְחֶסְרוֹנָן עַל כָּל מַה שֶּׁבָּרָא(תָ) לְהַחֲיוֹת בָּהֶם נֶפֶשׁ כָּל חָי. בָּרוּךְ חֵי הָעוֹלָמִים:

סדר ברכת הנהנין

בשמים ראש: כתיב לה' הארץ ומלואה. וא"כ הכל הוא כמו הקדש. וכמו שאסור ליהנות מהקדש כ"א לאחר פדיון. והנהנה בלא ברכה כאלו מעל בקדשי ה'. ולפיכך תקנו אנשי כנה"ג לברך על כל דבר ודבר שנהנין ממנו. וכמו שחייב אדם לברך בכל יום ויום לפי ענינו כדכתיב ברוך ה' יום יום ודרשו חז"ל דר"ל בכל יום ויום תן לו מעין ברכותיו. דודאי אין מהראוי לברך בשבת ברכות הראויות לפסח וכיוצא בו. כן צריך לברך על כל דבר ודבר *) ברכתו הראויה לו. ולכן תקנו חז"ל לברך על כל מין ומין לפניו. והם ששה. המוציא, במ"מ, בפה"ג, בפה"ע, בפה"א, שהכל. "ואע"פ שברכת שהכל נהיה היא כוללת הכל שמודה לה' שהוא ברא הכל. ולכן בדיעבד על כל דבר ודבר אפילו על פת ויין אם טעה ובירך שהכל יצא. לא יאמר אדם למה לי טורח זה ללמוד דיני ברכות אלא כל דבר שאסתפק אברך שהכל. אסרו חז"ל דבר זה ואמרו שמחויב לילך אצל חכם וילמוד הברכות. ואסור ליהנות מעוה"ז עד שיודע בבירור איך לברך בפרט על כ"ד אם לא במקום שיש פלוגתא בין הפוסקים ואי אפשר להכריע": אין מברכין ברכה אלא על דבר שיש בו ממש והגוף נהנה ממנו. ולכן אין מברכין על קול ערב ולא על רחיצה וסיכה שאין נכנסין לגוף:

*) כתיב (דברים לב ב-ג) עלי עשב. כי שם ה' אקרא. מכאן שמברכין על כל מין ומין (בעל הטורים)

ברכה על היין סַבְרִי**) מָרָנָן וְרַבָּנָן וְרַבּוֹתַי: **) עי' ענף יוסף **בעמ' נ"ז** בענין "סברי וכו'"

בָּרוּךְ אַתָּה יְיָ אֱלֹהֵינוּ מֶלֶךְ הָעוֹלָם בּוֹרֵא פְּרִי הַגָּפֶן[א*)]:

על דבר שאין גידולו מן הארץ כמו בשר דגים גבינה חלב ביצים ודבש, וכן על כל מיני משקה (חוץ מן היין), מברך:

בָּרוּךְ אַתָּה יְיָ אֱלֹהֵינוּ מֶלֶךְ הָעוֹלָם שֶׁהַכֹּל נִהְיָה בִּדְבָרוֹ:

עץ יוסף

בורא נפשות רבות. היינו בהמות ועופות ושאר דברים: **וחסרונם.** פ' מה שצריך לבהמות ועופות:[ב] **בורא נפשות רבות וחסרונן.** כלומר ברא הנפשות וכל מה שהם חסרות: **על כל מה שברא וכו'.** פי' על כל שאר הדברים שברא בעולם שלא היו הנפשות חסרות מהם כל כך אם לא בראם שאינם אלא להתענג בהם נפש כל חי (אבודרהם):[ג] **חי העולמים.** [ע"ש (דניאל יב, ז) וישבע בחי העולם.][ד] ולא לעולמים ולא בעולמים לפי שהם מורים זמן וגבול ומקום. והה"א היא הפלגת ההויה שאין לה תחלה וסוף (אבודרהם):[ה] **ובספר נתיבות עולם** כתב, בורא נפשות רבות, פי' דברים שתולה בהם נפש האדם נקראו נפש כדכתיב (דברים כד) כי נפש הוא חובל מפני שתולה בו חיותו נקרא נפש, ולכך אמר בורא נפשות רבות כנגד הדברים שברא השי"ת בעולם שתלוי בהם נפש האדם לגמרי, ואח"כ אמר וחסרונן, היינו דבר שאם לא היה אותן הדברים היה האדם חסר, ואמר על כל מה שברא[ת] להחיות בהם נפש כל חי היינו שאר דבר שאף אם לא היו לא היה כאן חסרון, רק שהם על [צד] היותר טוב, עכ"ל:[ו]

ענף יוסף

ירושלים. ונגד 'הטוב והמטיב' שהיא ברכה ד' בברכת המזון אומרים כאן ג"כ 'כי אתה ה' טוב ומטיב'. ואע"פ שיש לברכה זו מעין ד' ברכות, נקראת מעין ג'. לפי שעיקר ברכת המזון מן התורה הם רק ג' ברכות והטוב והמטיב היא מדרבנן (חיי אדם, כלל נ אות ג): **צריך לומר** נהיה בסג"ל שהוא לשון בינוני. וכן הן כל הברכות. ולא בקמ"ץ תחת היו"ד שהוא לשון עבר (סי' ר"ד מג"א ס"ק י"ד):[ז] **הקשה ה"ר אשר מלוניי"ל** למה בכל הברכות מברכין בורא ובזו נהיה. יאמר גם כן בזו שהכל 'ברא' ותירץ כיון שתקנו מטבע ברכה זו על דבר שאין גדולו מן הארץ כגון בעלי חיים והיוצא מהן אין לומר בורא שעיקר בריאתנו לא לכך היתה. וראיה לדבר אדם הראשון שלא הותר לו בשר באכילה. ועוד כיון שתקנו מטבע זה על יין שהחמיץ וחומץ ופת שעפשה ותבשיל

עיון תפלה

בורא נפשות רבות וחסרונן. בורא בעלי חיים רבים וכל צרכיהם הדרושים להם למלא בהם חסרונם כדי שיוכלו להתקיים. ורב שמואל בן חפני גאון בספרו שערי הברכות שער ג' גורס וְדֵי חסרונן על כל מה שברא וכו': **על כל מה שברא.** בורא נפשות רבות וחסרונן תאר להשם, ה' הבורא נפשות רבות וחסרונן יהיה ברוך, על מה יהיה ברוך ? על כל הדברים אשר ברא בעולמו להחיות בהם נפש כל חי, כן הוא שעור הלשון הזה. ועי' תוס' (ברכות לז.) ד"ה בורא, ובפרישה לטור או"ח סי' ר"ז סעי' ב'. וכתב הטור שם "וי"א בורא נפשות רבות וחסרונן על כל מה שבראת וגו'" וכתב ע"ז הב"י "כלומר ומלת וחסרונן דבוק עם על כל מה שבראת - בא"י בורא נפשות רבות ומה שחסר לנפשות הוא מוטל על הדברים שבראת", עכ"ל,

מקורות, ציונים, והערות

א. חוץ מן היין. א*. עי' בהערות בעמוד הבא. ב. ע"פ כת"י. ג. פ' לב, אות ד. ד. הוספה ע"פ מש"כ באבודרהם. ה. פ' ח אות ז. ו. ע"פ כת"י. ז. ועי' מג"א סי' קס"ז ס"ק ח' שכ' דדעתו שצ"ל נהיה בקמ"ץ וע"ש בא"א. וכ"כ היעב"ץ וברכי יוסף וחתם סופר. וע"פ הגר"א וח"א וערוה"ש בסגו"ל. ועי' בהוס' וביאורים.

סדר ברכת הנהנין

בשמים ראש: על חמשת מיני דגן שנשתבח א"י שהם חטים שעורים שבולת שועל שקורין (האבער) שיפון שקורין (קארין) כוסמין (המין הזה אינו מצוי במדינותינו). אם תתש אותם במכתשת והסיר קליפתם כמו שעורים שקורין (גאגעלעך) ונתמעך ונדבק יחד ע"י הבישול. וכן כל מיני גרויפין גערשטני או האבערני גרויפין שידוע שהם נחלקים ע"י הכתישה ולא נשארו שלימים. וכן (קאשע) של דגן לפי שנחלקו ע"י כתישה אפילו לא נדבקו יחד ע"י הבישול. וכן כל מיני מאכל שעושה מקמח של ה' מינים הנזכרים ובשלן במים או בשאר משקים. ואפי' אותן שבלילתן עבה רק מחותך העיסה לפרורים קטנים כמו (לאקשין (פארפיל) וכדומה שאין בכל אלו תאר לחם ואין בכל חתיכה כזית. ומכ"ש אם בלילתן רכה אפילו אכל הרבה כדי שביעה מברך תחלה:

על חמשת מיני דגן:

בָּרוּךְ אַתָּה יְיָ אֱלֹהֵינוּ מֶלֶךְ הָעוֹלָם בּוֹרֵא מִינֵי מְזוֹנוֹת:

על כל פרי העץ מברך:

בָּרוּךְ אַתָּה יְיָ אֱלֹהֵינוּ מֶלֶךְ הָעוֹלָם בּוֹרֵא פְּרִי הָעֵץ:

על פירות האדמה והם כל מיני ליפתן וירקות ועשבים שזורעין ע"י בני אדם מברכין:

בָּרוּךְ אַתָּה יְיָ אֱלֹהֵינוּ מֶלֶךְ הָעוֹלָם בּוֹרֵא פְּרִי הָאֲדָמָה:

עיון תפלה

וכ"ה בנוסח הספרדים. ובמחזור ויטרי דף ל"ח ע"ב על כל מה שברא להחיות מהם נפש כל חי ברוך אתה ה' חי העולמים (החתימה בשם הזכירו התוס' בשם ירושלמי וכ"כ הטור שכך היה נוהג הרא"ש ז"ל, וכ"כ הר"ד אבודרהם ז"ל שכן הוא בסדר רב סעדיה גאון, אבל הרמב"ם בפירוש המשנה (פ"ז מ"ח) חותם ברוך אל חי העולמים, ובקובץ תשובותיו הנדפס בליפסיאה סי' צ"ח כתב שאין חתימה לברכה זו). ובגמ' (לז. ולח:) בורא נפשות רבות וחסרונן על כל מה שברא ותו לא, והייתי סבור שהתלמוד קיצר ולא הביא נוסח כל הברכה וסמך על היודע, וכן משמע מדברי התוס' (לז. ד"ה בורא) והרא"ש סי' ח' שהם השלימו מה שחיסר התלמוד עיי"ש, אבל בשאילתות דרב אחאי גאון פ' יתרו סי' נ"א והרמב"ם בפי' המשנה שם מעתיקים בורא נפשות רבות וחסרונן על כל מה שברא ברוך חי העולמים (ברמב"ם אל חי) נראה שזוהי אצלם כל הברכה כולה ולא גרסי כלל להחיות בהם נפש כל חי. ובירושלמי ריש פרק ו' (ה"א) דברכות אמר ר' יצחק רובה רבי כשהיה אוכל בשר או ביצה היה מברך לבסוף בא"י אמ"ה אשר ברא נפשות רבות להחיות בהם נפש כל חי בא"י חי העולמים, נראה שאין זו נוסחא חדשה בברכת בנ"ר שלנו כאשר חשב בעל סדור עבודת ישראל, אלא רבי היה מחשיב דברים הבאים מבעלי חיים יותר משאר מאכלים כי הא דאמר רב חסדא (שבת קמ:) אנא בעתירותי לא אכלי ירקא דאמינא היכא דעייל ירקא ליעול בשרא וכוורי ומפני חשיבותם היה קובע להם ברכה מיוחדת. בתחלה היה אומר בורא מיני נפשות כדאמר התם ולבסוף היה אומר אשר ברא נפשות רבות (בעלי חיים הנאכלין) להחיות בהם נפש כל חי, ולקח אותה מנוסח בנ"ר שלנו והסיעה לכונה אחרת מן האוכלים לנאכלים, אבל כשהיה אוכל דברים שאינם באים מבע"ח כגון פרי עץ ופרי אדמה וכיו"ב בל"ס היה מברך ברכת בנ"ר שלנו, עיי"ש היטב. ובש"ס כת"י מינכען משנת ק"ג שהו"ל הרב רנ"ר [א] ז"ל בס' דקדוקי סופרים הגירסא בברכות שם על כל מה שבראת, וכ"ה בעירובין (יד:) ר' טרפון אומר בורא נפשות רבות וחסרונן על כל מה שבראת, וכ"ה במכילתא בשלח פסוק ויבואו בני ישראל בתוך הים ביבשה וכבר היו ר' טרפון וזקנים יושבין וכו' למדנו רבנו השותה מים לצמאו כיצד הוא מברך אמר להם בורא נפשות רבות וחסרונן על כל מה שבראת חי העולמים (אולי חסרה כאן מלת ברוך), וכ"ה בראב"ן סי' ק"צ ובאור זרוע סי' קפ"ג ובכל בו סי' פ"ז. ובסדורי התימנים הנוסח בורא נפשות רבות על כל מה שברא חי העולמים, נראה שכונתם לומר על כל מה שברא הקב"ה שהוא חי העולמים:

ענף יוסף

שעברה צורתו ונובלות, שכל אלו אינן תיקון הבריאה אלא השחתה והפסד הבריאה אין לומר בהם בורא. ולפיכך תקנו לומר נהיה ולא תקנו לומר היה. והמשכיל יבין, עכ"ל: שברא. כן גרס האבודרהם, וספר הבהיר (דפוס שקלאוו דף כ"א ע"ב בסופו). וכן כתב הגר"א בביאוריו (סי' ר"ז סי' סק"ד) שהעיקר לומר שברא, ולא שבראת. וגם הכריע העיקר לסיים בשם. וכן הוא בירושלמי בשם. וכן חותם בשם בסדור רבינו סעדיה גאון וכן היה נוסח הרא"ש. גם צ"ל חי העולמים בציר"י [ב] (סי' ר"ז):

מקורות, ציונים, והערות

הערה מעמוד הקודם: א*. הערה מהמו"ל (דפוס ראשון, תרע"ה): (בורא פרי הגפן). בתנחומא הישן פ' פקודי סוף סי' ב' איתא לפי שהיוצא ליסקל משקין אותו יין טוב וחזק כדי שלא יצטער מן הסקילה, לכן כשיש ביד שליח צבור כוס של קדוש או של הבדלה והוא אומר סברי מרנן אומרים הקהל לחיים. כלומר כי לחיים יהא הכוס, עכ"ל ע"ש. ומטעם זה נהגו על כל כוס משקה שישתו לומר להמסובים לחיים ועונים לחיים טובים ולשלום. ע"כ. (ע"ע בענף יוסף עמ' נד, וגם בעמוד הבא (נ"ח).) א. רב רפאל נתן נטע רבינוביץ ז"ל. ב. ובענין אמירת "חי" בציר"י עי' סידור צילותא דאברהם בפי' עמק ברכה בדבריו בברוך שאמר (באריכות) וגם בברכת בנ"ר.

האוכל פרי חדש בפעם הראשונה מברך (אחר אמירת בורא פרי העץ):

בָּרוּךְ אַתָּה יְיָ אֱלֹהֵינוּ מֶלֶךְ הָעוֹלָם שֶׁהֶחֱיָנוּ וְקִיְּמָנוּ וְהִגִּיעָנוּ לַזְּמַן הַזֶּה:

היוצא בימי ניסן וראה אילנות שמוציאין פרח צריך לברך:

בָּרוּךְ אַתָּה יְיָ אֱלֹהֵינוּ מֶלֶךְ הָעוֹלָם שֶׁלֹּא חִסַּר בְּעוֹלָמוֹ כְּלוּם וּבָרָא בוֹ בְּרִיּוֹת טוֹבוֹת וְאִילָנוֹת טוֹבוֹת לֵיהָנוֹת בָּהֶם בְּנֵי אָדָם:

ענף יוסף

[ברשות מרנן ורבנן ורבותי.] כתב הב"י בסי' קס"ז וז"ל כתב בשבלי הלקט מצאתי בשם רבינו האיי שנים שבאו לאכול המברך נוטל רשות מחבירו ואומר לו ברשות מורי. והוא עונה ברשות שמים. שכך שנינו בברכות דף נ"ה ראה קראתי בשם בצלאל אמר הקב"ה למשה הגון לפניך בצלאל וכו' כך בסעודה בני ההסיבה בוחרים החשוב שבהם לברך והוא אומר ברשות רבותי כלומר זה איני יודע אם אתם מסכימים שהקב"ה מסכים עמכם. והם משיבים ברשות שמים. כלומר לכך אנו מסכימים שיסכימו מן השמים שנאה והגון אתה לפנינו ומברך ובוצע. בא להם יין בתוך המזון א"צ לומר ברשות מורי שהרי כל אחד מברך לעצמו לפי שאין בית הבליעה פנוי. לכך הוא אומר סברי מורי כדי שיניחו אכילתם ויתנו דעת לשמוע הברכה ויענו אמן. וא"ת הרי קידוש והבדלה שבית הבליעה פנוי ולמה אמר סברי מורי. יש לומר שלא תחלוק בברכת היין. זה הכלל אין מסבירין אלא על היין ואין מרשין אלא על הפת. מ"מ לחם שהוא רשות שאם רצה שלא לאכול הרשות בידו לפיכך נוטל רשות כדי שיסכימו כולם דעתם. אבל ברכת המזון וקידוש והבדלה שהם חובה אין צריך לומר רשות אלא סברי מורי כלומר תנו דעתכם לברכה כדי לצאת ידי חובתכם. והם עונים לחיים. וכן יין שבתוך הסעודה א"צ ליטול רשות שהרי מכיון שיש בהם לאכול א"א בלא שתיה ולפיכך צ"ל סברי מורי שהיין גורם שכרות ומפני הפחד הוא אומר כך והם עונים לחיים עכ"ל. והב"ח כתב בסי' קע"ד וז"ל כתוב בתוך הגהת מהרש"ל וז"ל מצאתי מפני מה אומרים סברי מרנן על היין. לפי שבשעה שהיו דנין ב"ד היו משקין אותן יין ע"ד תנו שכר לאובד ויין למרי נפש. וכן היו משקין האבלים יין כדאמרינן לא נברא יין אלא לנחם בו אבלים. לכך אמרינן סברי מרנן שיהא לחיים. ולכך הם חייבים לענות לענות לחיים ולא למות ע"כ. ומהר"מ מ"ץ כתב הטעם מה שאומרים סברי מרנן על היין ולא על הלחם ולא על השכר משום שהיין הביא קללה לעולם בימי נח שנשתכר ונתארר בנו כנען ע"כ אומרים סברי. כלומר תבינו שבדעתי לשתות ובדעתכם אני אשתה שלא יזיק על כן רגילין להשיב אחריו לחיים ע"כ. וז"ל הגהות שו"ע בסי' קע"ד וכן כל מקום שמברכין על היין. משום ברכת היין שבתוך הסעודה אין אומרים ברשות אלא סברי עכ"ל. וזה כדברי הב"י שאמר דבקידוש והבדלה ובברכת המזון אע"ג דבית הבליעה פנוי אומרים סברי שלא לחלק בברכת היין. מדברי כולם נשמע דכל מקום שמברכין על היין אומרים סברי מרבנן ואפילו אינו בתוך הסעודה. ולפ"ז אף כשמברכין ברכת אירוסין וברכת נישואין בחופה לפני בית הכנסת אומרים גם כן סברי מרנן. וכן ראיתי ממורי הרב הגדול מהר"ר הירש שור ז"ל ושכך קיבל מהגדולים וכך אני נוהג עכ"ל של הב"ח. וכתב בא"ר ובמדינותינו לא נהיגי כן בחופה ומילה וקידוש בבהכ"נ. ונראה משום דבבהכ"נ היה לגנאי כשהיה אומר להם סברי כלומר תנו דעתכם דמסתמא מכוונים. וכן בחופה. משא"כ בבית אף בקידוש והבדלה של מצוה שאין מכוונים כל כך והם טרודים צ"ל סברי ע"כ. ובד"מ בסי' קס"ז הביא בשם א"ז כשבא לבצוע אומר ברשות מורי מדת ענוה היא אע"פ שהוא חשוב יותר מכולם שלא יהא נראה כמראה עצמו שהוא חשוב. והם עונין ברשות שמים. וא"צ כ"א ליטול רשות. וכשבא לברך על היין אם מברך תיכף ומיד אחר הבצוע קודם שהתחילו לאכול א"צ לומר סברי דהא בלאו הכי סוברין ומצפין. אלא היכא שהתחילו לאכול שאין בית הבליעה פנוי צריך לומר סברי מורי שימנעו מלאכול ויכוונו לבם לשמוע הברכה ויענו אמן אחריו וכו', ע"ש.

(המשך ענף יוסף עי' לעיל בעמ' נ"ד.)

זימון לברית מילה:

בִּרְשׁוּת אֵל אָיוֹם וְנוֹרָא. נוֹדֶה לְשִׁמְךָ בְּתוֹךְ אֱמוּנַי. בְּרוּכִים אַתֶּם לַיְיָ. נודה: בִּרְשׁוּת מִשְׂגָּב לְעִתּוֹת בַּצָּרָה. אֵל נֶאְזָר בִּגְבוּרָה. אַדִּיר בַּמָּרוֹם יְיָ. נודה: בִּרְשׁוּת הַתּוֹרָה הַקְּדוֹשָׁה. טְהוֹרָה הִיא וְגַם פְּרוּשָׁה. צִוָּה לָנוּ מוֹרָשָׁה. מֹשֶׁה עֶבֶד יְיָ. נודה: בִּרְשׁוּת הַכֹּהֲנִים וְהַלְוִיִּם. אֶקְרָא לֵאלֹהֵי הָעִבְרִיִּים. אֲהוֹדֶנּוּ בְּכָל אִיִּים. אֲבָרְכָה אֶת יְיָ. נודה: בִּרְשׁוּת מָרָנָן וְרַבָּנָן וְרַבּוֹתַי. אֶפְתְּחָה בְּשִׁיר פִּי וּשְׂפָתַי. וְתֹאמַרְנָה עַצְמוֹתַי. בָּרוּךְ הַבָּא בְּשֵׁם יְיָ. נודה: ברשות מרנן ורבותי נברך וכו':

הרחמן לברית מילה, אחר "בעיני אלהים ואדם" יאמר זה:

הָרַחֲמָן הוּא יְבָרֵךְ אֲבִי הַיֶּלֶד וְאִמּוֹ, וְיִזְכּוּ לְגַדְּלוֹ וּלְחַנְּכוֹ וּלְחַכְּמוֹ, מִיּוֹם הַשְּׁמִינִי וָהָלְאָה יֵרָצֶה דָמוֹ, וִיהִי יְיָ אֱלֹהָיו עִמּוֹ. אמן:

הָרַחֲמָן הוּא יְבָרֵךְ בַּעַל בְּרִית הַמִּילָה, אֲשֶׁר שָׂשׂ לַעֲשׂוֹת צֶדֶק בְּגִילָה, וִישַׁלֵּם פָּעֳלוֹ וּמַשְׂכֻּרְתּוֹ כְּפוּלָה, וְיִתְּנֵהוּ לְמַעְלָה לְמָעְלָה. אמן:

הָרַחֲמָן הוּא יְבָרֵךְ רַךְ הַנִּמּוֹל לִשְׁמוֹנָה, וְיִהְיוּ יָדָיו וְלִבּוֹ לָאֵל אֱמוּנָה, וְיִזְכֶּה לִרְאוֹת פְּנֵי הַשְּׁכִינָה, שָׁלֹשׁ פְּעָמִים בַּשָּׁנָה. אמן:

כשהמוהל מברך יתן הכוס של ברכה לאחר לומר זה הרחמן:

הָרַחֲמָן הוּא יְבָרֵךְ הַמָּל בְּשַׂר הָעָרְלָה, וּפָרַע וּמָצַץ דְּמֵי הַמִּילָה, אִישׁ הַיָּרֵא וְרַךְ הַלֵּבָב עֲבוֹדָתוֹ פְּסוּלָה. אִם שְׁלָשׁ אֵלֶּה לֹא יַעֲשֶׂה לָהּ. אמן:

הָרַחֲמָן הוּא יִשְׁלַח לָנוּ מְשִׁיחוֹ הוֹלֵךְ תָּמִים, בִּזְכוּת חֲתַן לַמּוּלוֹת דָּמִים, לְבַשֵּׂר בְּשׂוֹרוֹת טוֹבוֹת וְנִחוּמִים, לְעַם אֶחָד מְפֻזָּר וּמְפֹרָד בֵּין הָעַמִּים. אמן:

הָרַחֲמָן הוּא יִשְׁלַח לָנוּ כֹּהֵן צֶדֶק אֲשֶׁר לֻקַּח לְעֵילוֹם, עַד הוּכַן כִּסְאוֹ כַּשֶּׁמֶשׁ וְיָהֲלוֹם, וַיָּלֶט פָּנָיו בְּאַדַּרְתּוֹ וַיִּגְלוֹם, בְּרִיתִי הָיְתָה אִתּוֹ הַחַיִּים וְהַשָּׁלוֹם. אמן:

הרחמן הוא יזכנו לימות המשיח וכו':

דובר שלום

ברשות התורה הקדושה. טהורה וכו' משה מורשה. משה עבד ה'. התורה היא קדושה ונעלמת בונותיה הפנימיות. והיא גלויה ומפורשת מצד המצות המעשיות. והסבה לזה שמקורה מה' שהוא הקדוש לכן יש בה קדושה נעלמת. וניתנה ע"י משה לכן יש בה ענינים מפורשים. זהו ברשות התורה הקדושה שהיא נעלמת. וכמ"כ טהורה היא וגם פרושה שמפורשת בחלקי המעשה, והסבה לשניהם לפי שצוה לנו משה מורשה לכן היא פרושה. ולפי שמשה עבד ה' שמקורה מן השם הקדוש לכן היא קדושה ונעלמה: **אשר שש וכו'.** אמרו חז"ל כל מצוה שקבלו עליהם בשמחה עדיין עושין אותה בשמחה, זו מצות מילה. זהו אשר שש לעשות צדק של המילה בגילה ושמחה. לכן ישלם ה' פעלו על גוף המצוה. ותהי משכורתו כפולה על השמחה אשר שש לעשות צדק בגילה: ישלח לנו משיחו וכו' בזכות חתן למולות דמים. ע"ד שאנ' (זכרי' ט, ט–יא) הנה מלכך יבוא לך וגו' גם את בדם בריתך שלחתי אסיריך מבור אין מים בו. ואחז המליצה הולך תמים לפי שנא' במילה (בראשית יז, א), התהלך לפני והיה תמים: ישלח לנו כהן צדק וכו' החיים והשלום. הפייטן יסד דבריו ע"פ דאיתא בפסיקתא את מוצא שני נביאים עמדו להם לישראל משבטו של לוי משה ראשון ואליהו אחרון וכו' הכי שמיחסו לאליהו משבט לוי לכן מכנהו כאן כהן צדק. ומתארו בריתי היתה אתו החיים והשלום דנאמר במלאכי בשבט לוי. וכן מפורש במס' ב"מ ולא כהן הוא מר. אך בא"ר איתא נחלקו בבהמ"ד אלו אומרים אליהו משל גד ואלו אומרים שהוא משל בנימין א"ל רבותי למה אתם חולקים עלי אני מבני בניה של רחל אמרו לו ולאו כהן כאתה ולא כן אמרת להצרפית עשה לי משם עוגה קטנה א"ל אותו תינוק משיח בן יוסף הוא ורמז רמזתי לו שאני יורד תחלה לבבל ואח"כ יבא משיח. הרי שלא היה כהן ולא היה משבט לוי, יעו"ש. והמה מדרשות חלוקות. ויתכן דמכנהו כהן משבט לוי לפי שאמרו חז"ל פינחס זה אליהו ומצד נשמת פינחס הוא כהן משבט לוי: ומה שסידר הפייטן הרחמן של אליהו אחרי הרחמן של מישח, ומודעת שאליהו יבוא קודם משיח, יתכן לפי שיבואו שני משיחים, בן יוסף ובן דוד, יתכן שיבא אליהו אחר משיח בן יוסף וקודם משיב ב"ד. אך לפי מה דאיתא בא"ר מבואר דיבא קודם משיח בן יוסף. וגם בזה יש להעיר דכאן מכנה (המשך בתחילת תקון תפלה)

בָּרוּךְ אַתָּה יְיָ אֱלֹהֵינוּ מֶלֶךְ הָעוֹלָם בּוֹרֵא פְּרִי הַגָּפֶן:

בָּרוּךְ אַתָּה יְיָ אֱלֹהֵינוּ מֶלֶךְ הָעוֹלָם אֲשֶׁר קִדְּשָׁנוּ בְּמִצְוֹתָיו, וְצִוָּנוּ עַל הָעֲרָיוֹת, וְאָסַר לָנוּ אֶת הָאֲרוּסוֹת. וְהִתִּיר לָנוּ אֶת הַנְּשׂוּאוֹת לָנוּ, עַל יְדֵי חֻפָּה וְקִדּוּשִׁין.

בָּרוּךְ אַתָּה יְיָ, מְקַדֵּשׁ עַמּוֹ יִשְׂרָאֵל עַל יְדֵי חֻפָּה וְקִדּוּשִׁין:

עץ יוסף

על העריות. שנא' (ויקרא כ, ז) והתקדשתם והייתם קדושים. קדש עצמך במותר לך ולא בעריות [א]. ואמרינן בירושלמי (יבמות פ"ב ה"ד) א"ר יהודה בן פזי למה סמך הכתוב פ' עריות לקדושים תהיו, ללמדך שכל מי שהוא פרוש מן העריות נקרא קדוש, שכן השונמית אמרה לאישה (מ"ב ד, ט) הנה נא ידעתי כי איש אלהים קדוש [הוא] וגו' (עי' ברכות י:): **וצונו על העריות.** ר"ל וצונו על הרחקת העריות או צונו לפרוש מן העריות. ודומה לו (דברים ד, כג) ועשיתם פסל תמונת כל אשר צוך ה' אלהיך, כלומר צוך שלא לעשות: **ואסר לנו את הארוסות.** פירש"י (כתובות ז: ד"ה ואסר) מדרבנן הוא שגזרו על הייחוד פנויה, ואף ארוסה לא התירו עד שתיכנס לחופה ובברכה כדאמרינן (כלה פ"א ה"א) כלה בלא ברכה אסורה לבעלה כנדה (ע"כ רש"י). ואע"פ שאיסור זה הוא מדרבנן צריך לברך עליו, כמו שמברכין על נר חנוכה ומקרא מגילה שהם מדרבנן [ב]. והר"א ברבי יצחק אב"ד [ג] פירש ואסר לנו הארוסות מדכתיב חופה באורייתא, מדדרשינן (כתובות מח:) כי יהיה נערה בתולה מאורסה (דברים כב, כג) בתולה ולא בעולה מאורסה ולא נשואה. ואמרינן מאי נשואה, אילימא נשואה ממש היינו בתולה ולא בעולה, אלא נשואה שנכנסה לחופה ולא נבעלה. ש"מ דארוסה אכתי מיחסרא מסירה לחופה, וכיון דבעינן מסירה לחופה ש"מ לא קניא ליה לגמרי. הילכך הויא ליה כארוסת אחר לגביה ואסירא ליה כדין אשת איש: **את הנשואות לנו.** (פירש) [כלומר] נשותינו הנשואות לנו (רש"י כתובות שם): **על ידי חופה וקידושין.** פי' ע"י ברכת חופה שהיא גומרת את הקידושין, [ד] ואע"פ שהחופה היא באחרונה הקדים להזכירה לפי שבה היא ניתרת ועליה אנו סומכין. וחופה הוא לשון כיסוי, ונקראת כן על שם שחופה אותה בטליתו. ובעל העיטור פי' חופה היא שמוסרה האב ומכניסה לבית בעלה בבית שיש בו חדוש, כגון אלו הסדינין שקורין קורטינא"ש סביבות הכותלים. ויש שעושין סוכה בוֶרד והדס כפי המנהג, ומתיחדים בה שניהם. והאומר חופה הוא הסודר שחופין בו ראשיהם בשעת ברכה לאו מילתא היא וכו' (אבודרהם): [ה] ובספר אהבת יהונתן' כתב וז"ל, והמהרש"א בח"א (כתובות ז:) כתב דקאי על מתן תורה שהם קידושין לישראל [ו] כמ"ש חז"ל בפסוק (דברים לג, ד) תורה צוה לנו משה מורשה אל תקרי מורשה אלא מאורסה (ברכות נז.). והחופה כתב הוא ז"ל דהוא השראת השכינה במשכן. ובספרים אחרים ראיתי דבמעמד הר סיני דכתיב (שמות יט, יז) ויתיצבו בתחתית ההר מלמד שכפה עליהם ההר כגיגית (שבת פח.) הוא ממש ענין יחוד החופה. ובזה שייך לשון חופה וקידושין שכתבו המפרשים, היינו במקום שהקידושין נעשים תחת החופה, וכן היה במעמד הר סיני שקבלו התורה בעמדם תחת הר סיני, עכ"ל ת: [ט]

ענף יוסף

צ"ל בכל פעם '**בקידושין**' והבי"ת רפויה. כ"כ בעל העיטור והרי"ף והח"מ, ועי' באבודרהם (פ' מ"א):

דובר שלום

וצונו על העריות וכו'. שינוי המליצה דאצל העריות אמר 'וצונו' ואצל הארוסות אמר 'ואסר לנו'. דהוראת צווי כשהוא בקישור 'על' מורה על מניעת החלטית כמו (ישעי' ה, ו) על העבים אצוה מהמטיר. והוראת 'אסר' מורה על אסור שיש כח להתירו. לכן נאמר תמיד בעניני נדר 'לאסר אסר על נפשו', לפי שיכולים להתיר האסור ע"פ חכם. לכן אמר אצל עריות שהן אסור עולם לשון 'וצונו'. ואצל הארוסות שיש היתר לאיסורן ע"י חופה וקידושין לשון 'אסר':

עיון תפלה

אשר קדשנו במצותיו וצונו על העריות. על דבר העריות, כלמור לפרוש עצמנו מן העריות, וכלל בזה בין עריות דאורייתא ובין עריות דרבנן כגון שניות ועיקר הברכה לא על מצות הפרישה מן העריות כי לא מצאנו ברכה על שב ואל תעשה, אלא על מצות קדושי אשה שנזכרת אח"כ **והתיר לנו את הנשואות ע"י חופה וקדושין**, וכ"כ

מקורות, ציונים, והערות

א. כ"כ בפי' התפילות והברכות לר"י בר יקר ח"ב עמ' לו. ב. המשך ג"כ דברי רש"י בקצת שינוי לשון. ג. הר' אברהם ב"ר יצחק הנקרא הראב"ד השני (חמיו של הראב"ד בעל ההשגות). ד. עי' אבודרהם הוצאת רא"ם הערה 20. ה. מתחילת העמוד ע"כ הוא מאבודרהם. ו. על הפטרת במדבר ודרוש לשבועות. ז. פי' דברכת מקדש עמו ישראל וכו' הוא רמז למתן תורה שהיה כעין חופה וקידושין. ח. ובאהבת יהונתן כתב שזה דברי הפלאה כתובות דף ז: ט. פסקא זו (מספר אהבת יהונתן) הוא מכת"י ערוגת הבושם.

ושותה החתן עם הכלה ואח"כ מקדש אותה בטבעת שאין בה אבן, מפני שאפשר שתסמוך הכלה דעתה על האבן שתשוה יותר משהיא סבורה והוא להו קדושין בטעות ואינה מקודשת. הטבעת תהיה של החתן ולא שאולה, לכן המסדר קדושין ישאל על זה, כי לפעמים לוקחים טבעת ממי שאין הטבעת שלו, או מאשה אפילו בשלה, שמה שקנתה אשה קנה בעלה. ואין מועיל מה שנותנת במתנה. ואף אחרים העומדים שם צריכין להזכיר אם אין המסדר מדקדק על זה:

צריך לצוות את החתן שיאמר בעצמו תיבת 'לי', שאם יאמר המסדר תיבת 'לי' קודם החתן יש לחוש לספק קדושין כאלו המסדר קדשה לו וצריכה ממנו גט:

וכשבא החתן לקדש את הכלה יאמר:

הִנְנִי בָאתִי לְקַיֵּם מִצְוַת קִדּוּשִׁין כַּאֲשֶׁר צִוְּתָה הַתּוֹרָה, לְשֵׁם יִחוּד קוב"ה ע"י הַהוּא טָמִיר וְנֶעְלָם:

ואח"כ מקדש להכלה בטבעת ואומר:

הֲרֵי אַתְּ מְקֻדֶּשֶׁת לִי בְּטַבַּעַת זוּ כְּדַת מֹשֶׁה וְיִשְׂרָאֵל:

וקורין הכתובה, ואח"כ מברכין על כוס שני בפה"ג ושש ברכות אלו:

בָּרוּךְ אַתָּה יְיָ אֱלֹהֵינוּ מֶלֶךְ הָעוֹלָם בּוֹרֵא פְּרִי הַגָּפֶן:

עץ יוסף

מקודשת לי. פי' מזומנת ומוכנת לי ולא לאחרים ע"י טבעת זו. והוא מלשון (שמות יט, י) וקדשתם היום: **כדת משה וישראל.** כלומר וזה הזמון שתהיה מזומנת לי יהיה 'כדת משה וישראל'. '**כדת משה**' הוא בזמן שהאשה טהורה ולא בזמן שהיא נדה. '**וישראל**' ר"ל וכדת שהנהיגו בנות ישראל שאפילו רואות טפת דם כחרדל יושבות עליו ז' ימים נקיים: **כתב** השל"ה (פ' שופטים אות יג) מי שעולה לגדולה או למעלה אז מתגרה בו השטן ומקטרג וע"כ תקנו לשבור הכוס בשעת החופה כדי לתת למדת הדין חלקה. וע"י כן ועולתה קפצה פיה,[א] ע"כ. והרוקח (סי' שנג) כתב הטעם לפי שנא' (תהלים ב, יא) עבדו את ה' ביראה וגילו ברעדה, במקום גילה שם תהא רעדה:[ב]

דובר שלום

הרי את וכו'. מה שנהגו לקדש דוקא בטבעת ולא בחפץ אחר השוה פרוטה, וכמ"כ גם בין האומות המנהג לתת טבעת בנשואין, יתכן לפי שהטבעת היא תכונה הבלתי נגבלת בקצה וגבול, שהיא מתעגלת בכל אופניה. לכן בכריתות הברית שבין איש ואשה שהיא ברית עולם לאין סוף מקדשין בטבעת שאין לה קץ וסוף, כדאיתא בזה"ק [פ' לך] לך, ויעזקהו כהאי עיזקא דאסתחר לכל סטרין:

עיון תפלה

הרמב"ם בספר המצות מצוה רי"ג 'מ"ע לבעול בקדושין וכו' והיא מצות קדושין', עכ"ל, וכ"כ הרמב"ן בתשובה הובאה באבודרהם הלכות ברכות דף קל"ה ע"א 'מפני שהקדושין והחופה מצות עשה', עכ"ל. אבל הרא"ש כתב בפ"ק דכתובות (אות יב) וז"ל, יש מקשין על ברכה זו למה אין מברכין אקב"ו לקדש את האשה, ועוד היכן מצינו ברכה כזאת שמברכין על מה שאסר לנו הקב"ה [וכו'] ונ"ל כי ברכה זו אינה ברכה על עשיית המצוה כי פריה ורביה היא עשיית המצוה, ואם לקח פלגש (בלא חופה וקדושין רק ע"י יחוד בעלמא שיחדה לעצמו) וקיים פו"ר אינו מחויב לקדש אשה וכו' לפיכך לא נתקנה ברכה במצוה זו, ואפי' נושא אשה לשם פו"ר כיון שאפשר לקיים מצות פו"ר בלא קדושין, וברכה זו נתקנה לתת שבח להקב"ה אשר קדשנו במצותיו והבדילנו מן העמים וצונו לקדש אשה המותרת לנו ולא אחת מן העריות, והזכירו בה איסור ארוסה והיתר נשואה בחופה וקדושין שלא יטעה אדם לומר שהברכה של קדושין נתקנה להתירה לו, לכן הזכירו חופה לומר דדוקא ברכת החופה (ברכת נשואין) היא המתרת את הכלה, ולהכי נמי הקדימו חופה לקדושין לומר והתיר לנו את הנשואות על ידי חופה שאחר ברכת הקדושין (וכן פי' הר"ן ע"י חופה וקדושין שקדמו), עכ"ל.[ג] והר"ן כתב וז"ל, ודאי אין ברכה זו ברכת המצוה ממש שאי אפשר לברך כפי מה שראוי בברכת המצות שאין לברך בשעת קדושין [אשר קדשנו וצונו על הקדושין] משום דאין מברכין על מצוה שאין עשייתה גמר מלאכתה (סוגיא דמנחות מב:) כי הא, דאכתי מחסרה מסירה לחופה. ובשעת כניסה לחופה נמי א"א לו לברך על קדושין וחופה כיון שכבר קדש מזמן מרובה, וכשבא לקדש ולכנוס כאחת ג"כ לא ראו לתקן לו ברכה בפ"ע כדי שיהא טופס ברכה שוה לכל, וכיון דברכת מצוה ממש לא הוי אעפ"כ לא רצו להוציא מצוה זו בלא ברכה כלל ותקנו לברך [בה] על קדושתן של ישראל והיינו שהקב"ה בחר בהם וקדשן בענין זווג באסור להם ובמותר להם והיינו שצונו על העריות, וכדי שלא יטעה השומע לומר שבקדושין אלו בלבד הותרו המותרות הוצרכו לומר **ואסר לנו את הארוסות** בלאו

מקורות, ציונים, והערות

א. איוב ה, טז. ב. עי' בהוספות וביאורים הוספה מכת"י. ג. בפי' הר"ן על הרי"ף, סוגיא דכתובות ז:

בָּרוּךְ אַתָּה יְיָ אֱלֹהֵינוּ מֶלֶךְ הָעוֹלָם שֶׁהַכֹּל בָּרָא לִכְבוֹדוֹ:

בָּרוּךְ אַתָּה יְיָ אֱלֹהֵינוּ מֶלֶךְ הָעוֹלָם יוֹצֵר הָאָדָם:

בָּרוּךְ אַתָּה יְיָ אֱלֹהֵינוּ מֶלֶךְ הָעוֹלָם אֲשֶׁר יָצַר אֶת הָאָדָם בְּצַלְמוֹ בְּצֶלֶם דְּמוּת

עץ יוסף

שהכל ברא לכבודו. ע"ש הכתוב עושה שלום ובורא את הכל [א] ופירש"י (כתובות ח.) ברכה זו נתקנה לאסיפת העם הנאספים שם לגמול חסד לכבוד המקום זכר לחסדיו שנהג עם אדם הראשון שנעשה לו שושבין ונתעסק בו. ומשעת אסיפה היה ראוי לברך ברכה זו, אלא מכיון שיש שם ברכה על הכוס תקנו לסדרה עליו. והרמ"ה פי' שנתקנה ברכה זו כדי להזכיר סבת הזווג, שהוא עיקר יצירת העולם התחתון שלא נברא אלא לפריה ורביה שנא' (ישעי' מה, יח) לא תהו בראה לשבת יצרה. וזהו כבודו של מקום. שאין כבוד הבורא נודע אלא ע"י בריאותיו שנא' (שם מג, ז) כל הנקרא בשמי ולכבודי [וגו'].[ב] בראתיו, כנגד 'שהכל ברא לכבודו'. יצרתיו, כנגד 'יוצר האדם'. אף עשיתיו, כנגד 'אשר יצר את האדם':[ג] **יוצר האדם.** ברכה זו נתקנה כנגד יצירת אדם הראשון עד שלא ניטלה ממנו הצלע: **אשר יצר את האדם בצלמו.** [ברכה] זו נתקנה כנגד יצירת אדם וחוה. שאף יצירת האדם לא נגמרה אלא לאחר שנגמרה יצירת חוה. שהרי כשנלקח ממנו הצלע נשתנית בריאתו ממה שהיתה קודם לכן. ולפיכך ברכה זו פותחת בברוך ואינה נקראת סמוכה לחברתה לפי שממנה מתחיל לדבר בענין זווג שהוא עיקר ברכות אלו [ד] וב' ברכות ראשונות הן מטבע קצר ולפיכך פותחות בברוך ואין חותמות בברוך:[ה] **אשר יצר את האדם בצלמו.** שנא' (בראשית א, כו) נעשה אדם בצלמנו. וכתיב (שם ט, ו) בצלם אלהים עשה את

עיון תפלה

דלא תסור ולהזכיר היתירן דהיינו ע"י חופה וקדושין, עכ"ל. וגי' הרמב"ם (פ"ג מהל' אישות הכ"ד) **אשר קדשנו במצותיו והבדילנו מן העריות,** וכן הוא גי' התימנים, ומצאנו לשון הבדלה בעריות שנא' בפרשת עריות (ויקרא כ, כג-כד) ולא תלכו בחקות הגוי וגו' כי את כל אלה עשו וגו' אשר הבדלתי אתכם מן העמים. ורב האי גאון בתשובה גורס **ואסר לנו את הארוסות והתיר לנו על ידי חופה וקדושין,** וכתב 'דאין מנהג בישיבה לומר את הנשואות', עכ"ל. וז"ל רבינו יצחק בעל העטור בברכת חתנים שער ה', **'והתיר לנו את הנשואות על ידי חופה וקדושין בא"י המקדש עמו ישראל על ידי חופה וקדושין',** ובסוריא מברכין **'ואסר לנו את הארוסות והתיר לנו על ידי חופה וקדושין'** (כגרסת רב האי), ובעל מתיבתא אומר **'והתיר לנו נשואותינו על ידי חופה בקדושין בא"י מקדש ישראל',** וספרים אחרים **'ואסר לנו כל הקרובות והרחוקות'** (קאי אלנכריה) **'הארוסות והנשואות** (לאחרים) **על ידי חופה וקדושין בא"י מקדש ישראל'.** ומסתברא כבעל מתיבתא דאמר ע"י חופה **בקדושין** (בבי"ת), דהא קדושין קודם חופה הן, ולפי שהיא בי"ת הסמוך (לאותיות אהו"י) נהגו לומר וקדושין (כי הבי"ת הרפה קרובה לוי"ו), עכ"ל. ובספר נחלת שבעה (סי' י"ב סו"ס ח') כתב, בין למנהג פולין בין למנהג אשכנז עכשיו החופה קודמת לקדושין ולכן שפיר אנו אומרים ע"י חופה וקדושין, עכ"ל. והב"ח קיבל מרבותיו על פי הר"ן שרבינו תם הגיה בנוסח הברכה 'והתיר לנו את נשותינו הנשואות לנו, וכ"כ בדרישה (טור אבן העזר סי' ל"ד), ובעל נחלת שבעה (שם סעיף ו') רוצה לומר שכן משמע מלשון רש"י (כתובות ז:) שכתב, והתיר לנו את נשותינו הנשואות לנו ע"י חופה וקדושין, עכ"ל, אבל מהא דאשכחן שתלמידיו רבינו שמחה במחזור ויטרי והראב"ן (דפוס פראג דף קכ"ח ע"א) לא גרסי תיבת 'לנו' בלא ספק כך שמעו מפי רבם רש"י ז"ל, ובכתובות לא כתב כך אלא בדרך פירוש ולא בדרך גירסא. וכן הוא גרסת כל הראשונים בלי תיבת לנו. ובצדה לדרך (מאמר ג' כלל א') **ואסר לנו הארוסות והתיר לנו הנשואות ע"י חופה וקידושין** (בלי תיבת **את**) **בא"י מקדש ישראל על ידי חופה וקדושין** (בלי תיבת עמו). ולענין החתימה כתב רבינו ירוחם בחלק חוה וז"ל, ויש שחותמין 'מקדש ישראל על ידי חופה וקדושין', וטעות הוא בידם שאין קדושת ישראל תלויה בזה, ובגמ' בגרסאות המדויקות כן הוא 'מקדש ישראל' לבד, וכן העידו שהרי"ף כתב בכתב ידו 'מקדש ישראל על ידי חופה וקידושין' ואח"כ מחקו וכתב 'מקדש ישראל' לבד, וכן כתב הרמב"ם וכן כתב רבינו האי בתשובה, גמרא הוא

מקורות, ציונים, והערות

א. אין פסוק כזה, עי' אבודרהם הוצאת רא"ם הערה 136. ב. סוף הפסוק: "בראתיו יצרתיו אף עשיתיו". ג. אבודרהם. ד. עי' אבודרהם הוצאת רא"ם הערה 146. ה. כ"כ בתוס' כתובות שם ד"ה שהכל.

תַּבְנִיתוֹ וְהִתְקִין לוֹ מִמֶּנּוּ בִּנְיַן עֲדֵי עַד. בָּרוּךְ אַתָּה יְיָ יוֹצֵר הָאָדָם:
שׂוֹשׂ תָּשִׂישׂ וְתָגֵל הָעֲקָרָה בְּקִבּוּץ בָּנֶיהָ לְתוֹכָהּ בְּשִׂמְחָה.
בָּרוּךְ אַתָּה יְיָ מְשַׂמֵּחַ צִיּוֹן בְּבָנֶיהָ:
שַׂמֵּחַ תְּשַׂמַּח רֵעִים הָאֲהוּבִים כְּשַׂמֵּחֲךָ יְצִירְךָ בְּגַן עֵדֶן מִקֶּדֶם.
בָּרוּךְ אַתָּה יְיָ מְשַׂמֵּחַ חָתָן וְכַלָּה:

עץ יוסף

האדם. ור"ל על צורת הנפש שנאצלת מכבוד הבורא. והוסיף עוד ופירש 'בצלם דמות תבניתו', שב אל האדם. ור"ל דמות [תבניתו][א] שהוא צורת גופו צר אותו בצלמו, שהוא צורת הנפש. וכל זה פי' לדחות הכפירה הרעה שתעו בה רבים שאמרו שעל תואר תבנית אדם נאמר שנברא בצלמו:[ב] [ג] **והתקין לו ממנו.** מגופו מצלעותיו, תקנה עשה לו הקב"ה שנא' (בראשית ב, יח) לא טוב היות האדם לבדו אעשה לו עזר כנגדו: **בנין.** שנא' (שם כב) ויבן ה' אלהים את הצלע: **עדי עד.** כלומר בנין נוהג לדורות. והטעם שע"י שניהם מתקיים מין האדם:[ד] **שוש תשיש.** ברכה זו נתקנה כנגד שמחת ירושלים העתידה. שנמשלה לזווג חתן וכלה כמו שנא' (ישעיה סב, ה) ומשוש חתן על כלה ישיש עליך אלהיך. והטעם שהקדימו ברכה זו קודם ברכת זווג חתונה, משום שנא' (תהלים קלז, ו) תדבק לשוני לחכי אם לא אזכרכי אם לא אעלה את ירושלים על ראש שמחתי. וגם עיקר ברכה זו משום (ברכה) [פסוק] זו נתקנה:[ה] **ותגל העקרה.** ע"ש (ישעי' נד, א) רני עקרה: **בקבוץ בניה לתוכה.** ע"ש (שם סב, ה) כי יבעל בחור בתולה יבעלוך בניך. וכתיב (שם נד, א) כי רבים בני שוממה. ואמר **'בקבוץ בניה'** ע"ש הכתוב ברני עקרה, 'וברחמים גדולים אקבצך': **בשמחה.** ע"ש (שם א) פצחי רנה וצהלי: **בא"י משמח ציון בבניה.** כדאמרינן בתנחומא[ו] במה עתיד הקב"ה לנחמה בקבוץ בניה לתוכה בשמחה (אבודרהם): **שמח תשמח.** ברכה זו היא דרך

עיון תפלה

בידינו 'מקדש ישראל' לבד. וכן חותמין בשתי ישיבות מימות הראשונים עד עכשיו, ותוספת זה שאתם מוסיפים גריעות היא דאין קדושת ישראל תלויה בכך, עכ"ל: **שהכל ברא לכבודו.** כתב רש"י ז"ל (כתובות ח. ד"ה שמח תשמח) ברכה זו אינה מסדר ברכת הזווג, אלא לאסיפת העם הנאספים שם לגמול חסד זֵכֶר לחסדי המקום שנהג עם אדם הראשון שנעשה לו שושבין ונתעסק בו, ואסיפה זו כבוד המקום היא (שבמקום גדולתו שם ענותנותו להתעסק בשושבינות ביציר כפיו, וכוון בזה לתרץ קושיא אמאי לא תקנו לברך ברכה זו על כל אסיפה גדולה של בני ישראל לאיזו מטרה שתהיה, כמו להלוית המת או כדתניא (ברכות נח.) הרואה אוכלסי ישראל אומר ברוך חכם הרזים, אמאי לא תקנו לברך ג"כ שהכל ברא לכבודו, כלומר ברוך שברא כל המחנה הזה לספר כבודו כמו שנא' (ישעיה מג, ז) כל הנקרא בשמי ולכבודי בראתיו ? על זה אמר שאסיפה זו כבוד המקום היא יותר מכל אסיפות שבעולם, אבל האסיפה להלוית המת איננה מזכרת כ"כ כבוד ענותנותו של הקב"ה מה שנתעסק בעצמו בקבורתו של מרע"ה, כי שם היה מפני ההכרח כדי להעלים קבורתו מעיני כל חי) וברכה זו לכך נתקנה, ומשעת אסיפה היא ראויה לברך אלא מכיון שיש ברכה על הכוס הזקיקוה לסדרה עליו מידי דהוה אברכת בשמים וברכת על האור במוצאי שבת [וכו'] ור' חייא מכנסן הואיל ויש שם כוס, עכ"ל. ורבינו יצחק בעל העטור (בחלק שני ברכת חתנים שער ד') כתב, 'שהכל ברא לכבודו' כנגד ולכבודי בראתיו שיהיו הכל מקלסין אותי, 'יוצר האדם' כנגד יצרתיו, 'ברוך אשר יצר' עד סוף הברכה כנגד עשיתיו (כי שם מדבר בגמר תקון בריאתו שהתקין לו אשה), עכ"ל. וכ"כ האבודרהם בשם הרמ"ה[ז] שכל הברכות האלה נתקנו על הזווג, וברכת 'שהכל ברא לכבודו' נתקנה כדי להזכיר סבת הזווג שהוא עיקר יצירת העולם התחתון שלא נברא אלא לפו"ר שנא' (ישעי' מה, יח) לא תהו בראה לשבת יצרה, וזהו כבודו של מקום שאין כבוד הבורא נודע אלא ע"י בריאותיו, עכ"ל: **יוצר האדם.** גם על ברכה זו כתב רש"י ז"ל (שם בסו"ד) שאינה מברכות הזווג, כי נתקנה על יצירה ראשונה של אדה"ר וביצירה הראשונה אכתי נקבה לא הואי, אלא מתוך שאנו מברכין על יצירה השניה תקנו אף על הראשונה שהיא עיקר ותחילתו: **אשר יצר את האדם בצלמו.**

מקורות, ציונים, והערות

א. כ"כ באבודרהם דפוס ראשון. ב. ובאבודרהם מוסיף וז"ל, כמו שביאר זה הענין הרמב"ם בתחילת מורה הנבוכים (ח"א פ"א), עכ"ל. ועי' שם בהערה 150. ג. הכל ע"כ הוא העתקה מאבודרהם. **המשך בעמוד הבא**

בָּרוּךְ אַתָּה יְיָ אֱלֹהֵינוּ מֶלֶךְ הָעוֹלָם. אֲשֶׁר בָּרָא שָׂשׂוֹן וְשִׂמְחָה. חָתָן וְכַלָּה. גִּילָה רִנָּה. דִּיצָה וְחֶדְוָה. אַהֲבָה וְאַחֲוָה. וְשָׁלוֹם וְרֵעוּת. מְהֵרָה יְיָ אֱלֹהֵינוּ יִשָּׁמַע בְּעָרֵי יְהוּדָה וּבְחוּצוֹת יְרוּשָׁלָיִם. קוֹל שָׂשׂוֹן וְקוֹל שִׂמְחָה. קוֹל חָתָן וְקוֹל כַּלָּה. קוֹל מִצְהֲלוֹת חֲתָנִים מֵחֻפָּתָם וּנְעָרִים מִמִּשְׁתֵּה נְגִינָתָם. בָּרוּךְ אַתָּה יְיָ מְשַׂמֵּחַ חָתָן עִם הַכַּלָּה:

עץ יוסף

בקשה, לבקש רחמים על חתן וכלה שהם רעים אהובים זה לזה, לשמחה בזווגם ולהצליחם במעשה ידיהם כשמחת זיווג אדם הראשון בג"ע. וברכה זו היא דרך שבח והודאה למקום על יצירת השמחה והזיווג בעולם לשעבר, ולצעוק לעתיד לבא על שמחת ירושלים. ולפיכך חותם באותה ברכה ראשונה 'משמח חתן וכלה', מפני שהיא דרך בקשה וצריך לבקש רחמים על שניהם. ואם היה חותם 'משמח החתן עם הכלה' לא היה במשמע שמחה אלא לחתן בלבד שישמח בכלה, אבל אינו במשמע לשמח הכלה עם החתן. אבל ברכת אשר ברא ששון ושמחה וכו' היא דרך שבח והודאה על שמחת הזיווג [ע"כ] חותם 'משמח חתן עם הכלה' שמשמע החתן לבדו שישמח על עסקי הכלה. שכן כתיב (ישעי' סב, ה) ומשוש חתן על כלה וגו'. ועוד מפני שהבתולה יש לה צער בתולים:[א] **אשר ברא ששון ושמחה.** משום דשייכא בריאה בחתן וכלה, אמר לשון בריאה בששון ושמחה.[ב] וברכה זו היא פותחת בברוך מפני שהיא נאמרה יחידית ברוב ימי המשתה כשאין שם פנים חדשות, ולפיכך אינה נקראת סמוכה והוצרכה לפתוח בברוך: **מהרה וכו' ישמע וכו'.** פסוק הוא (ירמיה לג, י–יא): **ונערים ממשתה נגינתם.** ואינו אומר ובחורים כמו שהוא לשון הכתוב לפי [שמנגינת הנערים לא יבא לעולם הפסד ותקלה אלא] (ש)מנגינת הבחורים באה חרבה לעולם שנא' (איכה ה, יד) זקנים משער שבתו, מה טעם, משום דבחורים

עיון תפלה

שנא' במעשה בראשית, ויברא אלהים את האדם בצלמו בצלם אלהים ברא אותו. וענין 'צלם אלהים' ביארו הראשונים ז"ל שהוא כח החכמה והבינה והדעת שנתנו וכח הבחירה החפשית, שעל פיהם יוכל להפוך את גשמיותו לעצם אלהי: **בצלם דמות תבניתו.** רב סעדיה גאון ז"ל גורס 'ובצלם' בוי"ו. וז"ל הרדב"ז הובא בשיטה מקובצת (כתובות ח.)[ג] יש לדקדק דבשלמא צלם הוי מלה דקה אבל תבנית היא מלה גסה (משרש בנה חבור חלקים נפרדים לבנין) ולא (יתכן) [שייך] לאומרה אלא בדבר חומרי לא בהקב"ה, לכך יש מי שמחק הגירסא. ויש לישב דתבניתו על האדם חוזר, כלומר, ובצלם דמות הבוי"ת היא תבניתו של האדם, עכ"ל. ושעור המאמר לפי זה אשר יצר את האדם בצלמו, ובצלם דמות (יָצַר) תבניתו, ואפשר למצוא בלשון המאמר כונה עמוקה. והריטב"א פירש וז"ל, פירוש בצלמו שהוא צלם דמות תבניתו של אדם, כי לגבי הקב"ה אומר צלם שהוא לשון הראוי להאמר על צורה בלא גוף וכו', ועל האדם שהוא גוף אומר תבנית [שאינו נאמר לעולם אלא על דבר שאינו רוחני כדכתיב (דברים ד, יח) תבנית כל רומש באדמה], עכ"ל.[ד] ולפי"ז עיקר כוונת המאמר כמו שאמרו רבותינו (ר"ה י"א.) כל מעשה בראשית בקומתן נבראו בצביונן נבראו, פרש"י בטעם כל אחד וא' ובדפוס כל א' וא' וזהו אמרו אשר יצר את האדם בצלמו (של הקב"ה, ולא זו בלבד אלא גם) בצלם דמות תבניתו (של האדם כפי התבנית הראוי לאדם, באופן שאלו היה הקב"ה שואל את פיו באיזה תבנית אתה בוחר לְהִנָּצֵר, היה בוחר בלי ספק באותה התבנית שנוצר בה). ויש מן המפרשים האחרונים שגורעין ומוסיפין, גורעין את הוי"ו מן והתקין ומוסיפין אתה בצלם ומסדרין את המאמר כך ובצלם דמות תבניתו (של האדם) התקין לו ממנו בנין עדי עד. כלומר שתקין לו אשה הדומה לו, אבל אני לא מצאתי כך בשום סדור קדמון בעולם: **והתקין לו ממנו.** מגופו מצלעותיו (רש"י): **בנין עדי עד.** בנין נוהג לדורות, וחוה קרי לה בנין על שם ויבן את הצלע (רש"י): **שוש תשיש.** ברכה זו נתקנה כנגד שמחת ירושלים העתידה שנמשלה לזווג חתן וכלה כמו שנא' ומשוש חתן על כלה ישיש עליך אלהיך (ישעיה סב, ה). והטעם שהקדימו ברכה זו קודם ברכת זווג חתונה משום שנא'

מקורות, ציונים, והערות

<u>המשך מעמוד הקודם</u> ד. עי' אבודרהם הערה 154. ה. עי' ישורון חלק כ"ג עמ' קטז. ו. פסיקתא דרב כהנא בנספחים אות ה ד"ה קול. ז. ובאבודרהם הערה 139 כתב שהובא בשיטמ"ק (כתובות דף ח) בשם תלמידי רבינו יונה בשם הר"ר מאיר הלוי ז"ל. <u>ע"כ מעמוד הקודם</u>. א. הכל ע"כ העתקה מאבודרהם. ב. עי' בפי' התפילות והברכות לר"י בר יקר. ג. עשינו תיקונים ע"פ דפוס מוסד הר"ק. ד. כ"כ בשיטמ"ק שם.

עץ יוסף

מנגינתם. כלומר מנבלים את פיהם בפריצות. (אבל מנגינת הנערים לא יבא לעולם הפסד ותקלה): **ואמרינן** בפ"ק דברכות (ו: עם שינויים) א"ר חלבו אמר רב הונא כל הנהנה מסעודת חתן ואינו משמחו עובר בחמשה קולות הנאמרות כאן. פי' הרי זה מבזה חמשה קולות שנתבשרו בהן ישראל (ע"פ רש"י שם ד"ה עובר). ואם משמחו מה שכרו אמר רבי יהושע בן לוי זוכה לתורה שנתנה בחמשה קולות שנא' (שמות יט, טז) ויהי קולות וברקים וענן כבד על ההר וקול שופר חזק מאד, וכתיב (שם יט) ויהי קול השופר הולך וחזק מאד משה ידבר והאלהים יעננו בקול, ע"ש. והטעם בזה כי המחזיק יד החתן ומשמחו (שעושה) [שעוסק] במצות פריה ורביה שממנו יצאו מקיימי התורה. וזו היא כוונת הנשואין להוליד בנים ולגדלם לתלמוד תורה. ועל כן יש בנשואים חמשה קולות כנגד חמשה קולות שניתנה בהם התורה, [ולכן] זוכה לתורה מדה כנגד מדה (אבודרהם): (כל הפי' על 'אשר ברא' הוא העתקה מאבודרהם.)

עיון תפלה

(תהלים קלז, ו) תדבק לשוני לחכי אם לא אזכרכי אם לא אעלה את ירושלים על ראש שמחתי (אבודרהם): **ותגל העקרה.** זו ירושלים עש"ה (ישעיה נד, א) רני עקרה לא ילדה. ובסדור רב עמרם ובסדורי הספרדים והתימנים ובמחזור ויטרי ובר"ף וברמב"ם (פ"ב מהל' ברכות הי"א) ובאבודרהם ורבינו ירוחם ותגל עקרה בלי ה"א: **בקבוץ בניה לתוכה.** זו קבוץ גליות. ובמחזור ויטרי הגירסא בתוכה בבי"ת: **משמח ציון בבניה.** לשון בעל העטור (חלק שני ברכת חתנים שער ד') ברכת שמח תשמח, מנהגא דידן לחתום '**משמח עמו ובונה ירושלם**' (עי' ברכות מט. דמושיע ישראל ובונה ירושלים תרי מילי נינהו ? ואפשר לומר דתשועת ישראל יכולה להיות גם בזולת בנין ירושלים שהרי אפשר לישראל להושע מאויביהם ועדיין ירושלים לא נבנית, לפיכך תרי מילי נינהו ואין חותמין בשתים, אבל 'שמחת ישראל' אי אפשר להיות אלא ע"י בנין ירושלים כמו שנא' (ישעיה לה, י) ופדויי ה' ישובון (לירושלים הבנויה) ובאו ציון ברנה (אז) ושמחת עולם על ראשם, (שם נא, ג) כי נחם ה' ציון נחם כל חרבותיה וישם מדברה כעדן וגו', ואח"כ, ששון ושמחה ימצא בה, ונאמר (שם נו, ז) והביאותים אל הר קדשי ואח"כ ושמחתים בבית תפלתי), איכא נמי סוגיא גבן דחתמי הכי ומר רב סעדיה הכי כתיב בסודרא הילכך מאן דאמר הכי לא תהדריניה, עכ"ל: **רעים האהובים.** הם החתן והכלה. ובאבודרהם ורבינו ירוחם ובצידה לדרך ובסדור רב עמרם ובסדורי הספרדים רעים אהובים בלי ה"א. וברמב"ם (הל' ברכות פ"ב הי"א) וכן בשאילתות דרב אחאי (סי' ט"ז) הגירסא רעים ואהובים: **כשמחך יצירך בגן עדן מקדם.** זה אדם הראשון שנעשה לו שושבין, ובב"ר (פ"ח סי' י"ג) נטל הקב"ה כוס של ברכה וברכן, מיכאל וגבריאל הם היו לו שושבינין, ושם (פ' י"ח סי' א') משקשטה בכ"ד מיני תכשיטין אח"כ הביאה לו. ובסדורי התימנים הגירסא **כשמחך יצירך מקדם בגן עדן.** ובסדור רב עמרם כשמחך יצירך מקדם בא"י: **משמח חתן וכלה.** כלומר שמשמח את החתן בפני עצמו ואת הכלה בפני עצמה, כי עדיין לא נגמרו הברכות כולן ואסור להם לשמוח ביחד משום דכלה בלא ברכה אסורה לבעלה דהיינו כל ברכות הנשואין, אבל באחרונה שכבר נגמרו כל הברכות חותם **משמח חתן עם הכלה**, כי אז הותר להם לשמוח ביחד *): **אשר ברא ששון ושמחה חתן וכלה.** אצל עשר הלשונות הנזכרות כאן צריכים לצרף במחשבה מלת הקשור **של**, אשר ברא ששון ושמחה **של** חתן וכלה וכן גילה רנה דיצה וחדוה **של** חתן וכלה אהבה ואחוה ושלום ורעות **של** חתן וכלה. ועשר לשונות הללו כנגד עשר החופות שעשה הקב"ה לאדם וחוה בגן עדן (ב"ר פרשה י"ח סי' א' ובב"ב עה.) – ועשר לשונות הללו הם בגמרא ובר"ף ורמב"ם וסמ"ג, אבל בסדור רב עמרם **גילה ורנה ודיצה אהבה ואחוה שלום ורעות**, ובסדורי התימנים **גילה ורנה אהבה ואחוה שלום ורעות**, ובאחדים מסדורי הספרדים חסרות שתי התיבות **רנה וחדוה** אבל בהרבה מהם באו עשר הלשונות בשלמות כמו בנוסחא דילן. – ודיצה פרש"י (איוב מא, יד) לשון שמחה, ור"ע ספורנו פרשו לשון שחוק, ובתרגום יונתן על המקרא שישו אתה משוש (ישעיה סו, י) דוצו עמה דִיץ, וכן אגילה בישועתך (תהלים ט, טו) מתורגם אדוץ בפורקנך: **ישמע בערי יהודה וגו'.** מלשון הכתוב (ירמיה לג, י–יא). ובסדורי התימנים הגירסא מערי יהודה ומחוצות ירושלם במ"ם, ובשיטה מקובצת (כתובות ח.) כתב שכן היא גרסת הרמב"ם, אבל בדפוסי הרמב"ם שלפנינו הגירסא בבי"ת גם בהל' אישות וגם בהל' ברכות: **קול**

*) ורש"י פירש (כתובות ח. ד"ה משמח חתן וכלה) וז"ל, לפי ששמחת ברכה הראשונה לא בשמחת חתונה אנו אומרים שהרי תפלה היא שמתפללים ומברכין שיהיו שמחים בהצלחה כל ימיהם, לפיכך אין לחותם בה 'משמח חתן עם הכלה' דמשמע איש באשתו, אלא ברוך ה' משמח את שניהם לעולם, בסיפוק מזונות וכל טוב. ובאחרונה שבח שמשבח להקב"ה שברא חתונת דיבוק איש באשה ע"י שמחה וחדוה לפיכך יש לחתום 'משמח חתן עם הכלה' שהוא לשון שמחת איש באשה, [עכ"ל] (ככתוב ומשוש חתן על כלה): (הגה"ה בסדור אוצר התפלות)

קודם ברכת המזון לנשואין אומרים זה:

דְּוַי הָסֵר וְגַם חָרוֹן. וְאָז אִלֵּם בְּשִׁיר יָרוֹן. נְחֵנוּ בְּמַעְגְּלֵי צֶדֶק. שְׁעֵה בִּרְכַּת בְּנֵי יְשֻׁרוּן בְּנֵי אַהֲרֹן:

בִּרְשׁוּת מָרָנָן וְרַבָּנָן וְרַבּוֹתַי. נְבָרֵךְ אֱלֹהֵינוּ שֶׁהַשִּׂמְחָה בִּמְעוֹנוֹ. (וְ)שֶׁאָכַלְנוּ מִשֶּׁלּוֹ:[א*]

ועונין: **בָּרוּךְ אֱלֹהֵינוּ שֶׁהַשִּׂמְחָה בִּמְעוֹנוֹ (וְ)שֶׁאָכַלְנוּ מִשֶּׁלּוֹ וּבְטוּבוֹ חָיִינוּ.**

עץ יוסף

שהשמחה במעונו. ר"ל שהשמחה שאנו משמחים לחתן ולכלה לא ממנו היא[א], כי השמחה 'במעונו', על שם שאין לפניו עצבות שנא' (דהי"א טז, כז) עוז וחדוה במקומו. וכתב בעל העטור ואבן הירחי שלכך תקנו שהשמחה 'במעונו' ולא במכונו ולא בזבולו, משום דאמרינן בחגיגה (פ' אין דורשין, דף יב:) ז' רקיעין הם. וילון, רקיע, שחקים, זבול, מעון, מכון, ערבות. ומפרש שם, מעון שבו כתות של מלאכי השרת אומרות שירה לפני המקום. והשירה היא השמחה לפני המקום כמו שנא' (שופטים ט, יג) החדלתי את תירושי המשמח אלהים ואנשים. לפיכך אומרים 'שהשמחה במעונו'[ב] (אבודרהם):

ענף יוסף

השיר דוי הסר וכו'. מחברו **דונש** שכן חתום שמו בראשי החרוזות, והוא במשקל יתד ושתי תנועות בפלס 'דרור יקרא לבן עם בת' אשר חבר גם המחבר הזה. ולפי שנתקלקל השיר ראיתי לתקנו כפי מה (שהיו) [שהיה] מיישר אליו המחבר, וזה תקונו. **דוי** הסר וגם חרון, ואז אלם בשיר ירון, **נחני** מעגלי צדק, **שעה** ברכת בני אהרן. 'דוי הסר', הוא מלשון ערש דוי (תהלים מא, יד). 'ואז אלם בשיר ירון', עשה"כ וְתָרֹן לשון אלם (ישעי' לה, ו). 'נחנו במעגלי צדק', עשה"כ ינחני במעגלי צדק (תהלים כג, ג). והענין מבואר (שם) [גם] בלא בי"ת המשמשת. 'שעה ברכת בני אהרן', ירצה (שיקוים בנוי) [שיקיים בנו] ברכת כהנים שאומרים בני אהרן. ובכל נוסחאות מצאתי שעה ברכת בני ישרון, ולא אוכל (לכוין) [לכוון] בזה על ענין המאמר (שערי תפלה)[ג]:

עיון תפלה

מצהלות וגו'. ברבינו ירוחם הגירסא קול **מצהלות חופות חתנים מחפתם** וגו', ובספר חופות חתנים להגאון ר' רפאל מילדולה בדיני קדושין (סי' ו') הביא גרסת רבינו ירוחם באופן אחר קול **מצהלות חופות חתנים ממשתה ונערים מנגינתם**, וכן הוא גי' הספרדים ואבודרהם, ומפרש 'חופות חתנים ממשתה' משום דאמרינן אין חופה בלא סעודה. וגרסת בעל צדה לדרך **חופות חתנים במשתה** בבי"ת. וגי' רב עמרם בסדורו **קול מצהלות חופות חתנים ממשתה נערים ומנגינתם.** וגרסתנו **ונערים ממשתה נגינתם** צריכים לפרש בדרך ההפוך ונערים מנגינת מִשְׁתֵּהֶם. וגרסת הרמב"ם (פ"ב מהל' ברכות הי"א) **ונערים מנגינתם** בלי תיבת 'ממשתה' וכן הוא גרסת התימנים **קול מצהלות חתנים מחופתם ונערים מנגינתם: משמח חתן עם הכלה.** כן הוא הנוסחא בגמרא. ורב עמרם גאון ובעל הלכות גדולות חותמין גם כאן 'משמח חתן וכלה'. ורבינו ירוחם ובעל צדה לדרך ובסדורי הספרדים ואבן הירחי במנהיג (חלק ב' סי' קי"א) ובתניא רבתי (סי' ל"א) ובמחזור רומא חותמין משמח הֶחָתָן עם הכלה בה"א: **ברכת הזמון בסעודת נשואין.** נזכרת בכתובות (ח.). וגרסת סדורינו **שהשמחה במעונו ושאכלנו משלו** בוי"ו, ולפי גירסא זו הכי פירושה, 'ברוך אלהינו' בשביל 'שהשמח במעונו' 'וברוך הוא' בשביל 'שאכלנו משלו'. אבל במחזור ויטרי גורס שאכלנו בלי וי"ו, ופירושה לפי גירסא זו, אלהינו אשר השמחה במעונו ברוך הוא בשביל שאכלנו משלו. ובמנהיג (סי' ק"ז) ג"כ בלי וי"ו, **נברך שהשמחה במעונו על המזון שאכלנו משלו.** וז"ל שם (סי' ק"ח), קבלתי מרבותי בצרפת שלכך נהגו לומר 'שהשמחה במעונו' ולא בזבולו או במכונו או בלשון אחר, לפי מה ששנינו בחגיגה (פ' אין דורשין) שבעה רקיעין הם וכו' מעון שבו מלאכי השרת אומרות שירה, לכך אומרים 'שהשמחה במעונו', עכ"ל: **דוי הסר.** חתום בראשי החרוזים **דונש**, הוא דונש בן לברט הלוי המדקדק והמשורר הידוע בעל

מקורות, ציונים, והערות

א*. יש גורסין 'ושאכלנו' משלו. וכן הוא בהרבה סדורים ישנים. אמנם עי' בערוה"ש (אבה"ע) שמביא מש"כ המהרש"ל ביש"ש שטעות הוא וצ"ל 'שאכלנו', וכן דעת רוב אחרונים ופוסקים. (וע"ע בסדור ר' שבתי סופר מפרעמישלא, הגדה של פסח, עמ' רנט, שמאריך בזה.) א. 'לא ממנו היא' פי' לא מאתנו היא. ב. ועי' לקמן (בעמוד אחר זה) שאנו מבארים כוונת פי' זה ועוד פירושים על 'שהשמחה במעונו', ע"ש. ג. ס' שערי תפלה להמדקדק המפורסם ר' זלמן (כ"ץ) הענא, ועשינו תיקונים כפי הנדפס בספרו (ע"פ דפוס ראשון).

עיון תפלה

מחלוקתו של מנחם בן סרוק, הם אבות המדקדקים וחוקרי השרשים אשר הניחו אבן היסוד לתורת לשון הקודש בבית ר' חסדאי בן יצחק ן' שפורט הנשיא הספרדי בדור האחרון של הגאונים. השיר הזה הוא על משקל יתד ושתי תנועות, ולפיכך צריכים להגיה 'מעגלי' בלי בי"ת ובסופו בני אהֲרֹן בשו"א פשוט תחת הה"א ואז יהיה המשקל מיושר: **דוי.** כאב, לה"כ (תהלים מא, ד) ה' יסעדנו על ערש דוי. וכנגד התחלת ברכת הזמון 'שהשמחה במעונו' הקדים לבקש מהקב"ה להסיר דוי וחרון ואז תהיה השמחה שלמה. וגם **אלם בשיר ירון**, עש"ה (ישעי' לה, ו) ותרן לשון אלם: **נחני מעגלי צדק.** עש"ה (תהלים כג, ג) ינחני במעגלי צדק: **שעה ברכת בני אהרן.** פנה לברכתם של הכהנים בני אהרן, כמו (בראשית ד, ד) וישע ה' אל הבל ואל מנחתו, שקבלה ברצון. ולפי שבסעודה גדולה כסעודת נשואין אי אפשר שלא ימצא שם כהן, ובלא ספק מכבדים אותו בברכת המזון כמו שנא' (ויקרא כא, ח) קדוש יהיה לך, ודרשו רבותינו (גיטין נט:) לברך ראשון בסעודה, לפיכך אמר פנה לברכת המזון של הכהן, וקבל אותה ברצון: א

א. וי"ג 'שעה ברכת ישרון כברכת בני אהרן' (עי' סדור ווילנא החדש, תשנ"ד).

טעם לאמירת "שהשמחה במעונו" דוקא בסעודת נישואין ושבע ברכות

אעתיק כאן מה שמצאתי בספר נוה צבי (תשע"ד, מאת ר' צבי אלימלך נויגרשל שליט"א)

הסביר רבי יוסף אלבו (ספר העקרים, מאמר ג, טו) מאמר הכתוב ישמח ה' במעשיו, כלומר, שרצה בקיומם. וכן שהשמחה במעונו, ר"ל שעיקר הקיום הוא בעליונים שהם קיימים באיש לא בתחתונים שאינם קיימים אלא במין. ועל כן אומרים אותה בשעת הזיווג לפי שהשמחה בכל דבר תהיה מצד ההתמדה והקיום, והעצב בהפסד וההעדר. כלומר, מברכים בשעת הנישואין אשר ענינם ההתמד והמשך הקיום שהשמחה במעונו, כי בזה מתקיים הרצון האלוהי הרוצה בקיום מעשיו ישמח ה' במעשיו.

ונלענ"ד פי' בדרך הפשט.

חז"ל אומרים (סוטה יז.) דריש רבי עקיבא איש ואשה זכו שכינה ביניהם לא זכו אש אוכלתם. בית בישראל הוא מקום השראת שכינה, הוא מעון של הקב"ה בעולם הזה. הקמת בית בישראל היא אמירה 'זה אלי ואנוהו', אעשה לו נוה. הקב"ה מבקש דירה בתחתונים. אמר רב שמואל בר אמי מתחילת בריאתו של עולם נתאוה הקב"ה שותפות בתחתונים (בראשית רבה סוף פ' ג'. פי' מהרז"ו, להצטרף ולהתחבר ולשכון ביניהם.) וכן אמר רבי שמואל בר נחמן בשעה שברא הקב"ה את העולם נתאוה שיהיה לו דירה בתחתונים וכו' (תנחומא פ' נשא סעי' טז). על כן בעת נישואין אנו מברכים שהשמחה במעונו שמתקיים רצונו של מקום להיות לו 'דירה בתחתונים'. (ע"כ מס' נוה צבי)

ומצאתי בשימ"ק (כתובות ח.) בשם תלמידי רבינו יונה, וז"ל, לשון ברכה זו כלפי הבורא אמר. ור"ל נברך לבורא שהשמחה שלימה במעון שלו שאין לו עצב ולא דאגה, עכ"ל. ובשימ"ק שם כתב בשם פירושי הגאונים, וז"ל, נראה בעיני דהא דנקט 'מעון' טפי משחק, לפי שהיו מלה"ש במעון והיו מביאין לאדם סעודתו ביום שמחתו כשנשא חוה כדאמרי' בחגיגה (יב:). לכך כשנושאין את האשה אומרים 'שהשמחה במעונו', ע"כ.

ובס' צדה לדרך (לרבינו מנחם בן אהרן בן זרח, תלמיד רבינו יהודה בן הרא"ש, מאמר ג' כלל ראשון ועמ' ס"ח) כ', ואל כוונה זו כוונו לומר בבית חתנים כל שבעת ימי המשתה 'נברך שהשמחה במעונו' כי כשם שצריך אדם שיודה לשם ויברך אותו קודם שיהנה, כדי שיתעורר ויכוין הנאותיו לעבודת השם, כן צריך לו בכל מצותיו שישים כוונתו בהם לדעת דרכיו. וכאשר ישמח למצות הנשואין יעלה על ראש שמחתו ירושלם, ויתן בלבו שהשמחה השלמה היא בירושלם ששם מעונו, כמו שכתוב בפסוק שמחתי באומרים לי בית ה' נלך. והנה השמים לא יכלכלוהו אף כי הבית הזה, אבל ידיעת דרכיו וידיעת שמו הוא ביתו באמת, וכן השמחה השלמה הוא בו לבדו, כמו שכתוב נגילה ונשמחה בך. והכוונה הזאת היא המבוקשת בכל המצות, שהם לשמירת התורה שבה תשלם צורת נפש האדם שהוא צלמו, שעליה נכתב בצלם אלקים ברא אותו, עכ"ל.

ובערוך השלחן (אה"ע סי' סב אות מ) כתב, מה שאומרים לשון 'מעונו', מפני שמשם מברך הקב"ה את ישראל כדכתיב השקיפה ממעון קדשך וכו', ע"ש.

תקון תפלה

על סדר ברכת המזון

הוצאה חדשה מתוך

"סדור אוצר התפלות"

עם תיקונים הוספות וביאורים

השלמה ל"דובר שלום" לעיל עמ' נח

דובר שלום

משבט לוי, יעו"ש. והמה מדרשות חלוקות. ויתכן דמכנהו כהן משבט לוי לפי שאמרו חז"ל פינחס זה אליהו ומצד נשמת פינחס הוא כהן משבט לוי: **ומה שסידר הפייטן הרחמן של אליהו אחרי הרחמן של מישח,** ומודעת שאליהו יבוא קודם משיח, יתכן לפי שיבואו שני משיחים, בן יוסף ובן דוד, יתכן שיבא אליהו אחר משיח בן יוסף וקודם משיב ב"ד. אך לפי מה דאיתא בא"ר מבואר דיבא קודם משיח בן יוסף. וגם בזה יש להעיר דכאן מכנה את אליהו בשם כהן צדק. ובמסכת סוכה (נב:) קחשיב ארבעה חרשים משיח בן דוד ומשיח בן יוסף אליהו וכהן צדק. הרי דאליהו אינו כהן צדק. ונוכל לומר בזה עפ"י מה דאיתא במדרש שוחר טוב מזמור מ"ג אמרו ישראל בגאולה ראשונה כתיב (תהלים קה, כו) שלח משה עבדו אהרן אשר בחר בו, שלח לנו אף שנים כנגדם וכו' אמר הקב"ה (מלאכי ג, כג) הנה אנכי שולח לכם את אליה הנביא, הרי אחד. והשני הן עבדי אתמך בו בחירי רצתה נפשי (ישעי' מב, א), הרי שמלבד אליהו יבוא עוד בחיר ה' נגד אהרן. ואם אמנם כי נעלם ממנו מי הוא, יתכן לומר עפ"י מה דאיתא בתרגום יונתן על מאמר שלח נא ביד תשלח הוא פינחס כהנא דעתיד למיתי בסוף יומיא. והוא השני. ולפ"ז הכל על נכון. דבתחלה חשיב **ישלח לנו משיחו** ואח"ז **ישלח לנו כהן צדק** הוא פינחס דאתי בסוף יומיא אחר משיח, **אשר לוקח לעילום,** שנתגלגל באליהו, **בריתי היתה אתו החיים והשלום,** ע"ד שנאמר (במדבר כה, יב) הנני נותן לו את בריתי שלום, וכמו ששלום הוא ברכה אחרונה בברכת כהנים ובתפלת י"ח, כן יבא הכהן צדק באחרונה:

הזן את העולם וכו׳. נוסח הרמב״ם, בא״י אמ״ה הזן וכו׳ וברחמים ומפרנס לכל כאמור פותח את וכו׳ רצון ומכין מזון וכו׳ נודה לך ה׳ אלהינו ונברכך מלכנו כי הנחלת את אבותינו (הנוסחא הזאת ביחס הפעול נכונה יותר מן הנוסחא ביחס שאליו, כי כן הוא במקרא (ירמיה ג, יח) הארץ אשר הנחלתי את אבותיכם, ועוד במקומות הרבה) ארץ וכו׳ ורחבה ברית ותורה (כתב הטור בסי׳ קפ״ז, [וז״ל], וא״א הרא״ש ז״ל לא היה אומר אלא על שהנחלת לאבותינו ארץ חמדה טובה ורחבה ועל שהוצאתנו מארץ מצרים, שהרי אומר אח״כ על בריתך שחתמת בבשרנו ועל תורתך שלמדתנו, ודי בפעם אחת, עכ״ל. וכ״כ המרדכי בסוף מכילתין (ברכות סי׳ ריז) שהאומר ברית ותורה לא חש לקימחיה. שלא רצה הגמ׳ לומר שיזכור התיבות ממש אלא מעניינם, שעל בריתך היינו ברית ועל תורתך היינו תורה, עכ״ל.) על שהוצאתנו מארץ מצרים וכו׳ עבדים על תורתך שלמדתנו על חקי רצונך שהודעתנו על כלם ה׳ אלהינו אנו מודים לך ומברכים את שמך כאמור ואכלת ושבעת וכו׳ (צע״ג על מה שב המקרא הזה בברכה זו שלא נזכר בה מזון לפי הנוסחא הזאת ?). רחם ה׳ אלהינו וכו׳ כבודך ועל הבית וכו׳ עליו ומלכות דוד משיחך תחזיר למקומה בימינו ובנה ירושלם בקרוב כאשר דברת בא״י בונה ברחמיו את ירושלים (ולא כתב כאן אמן, ובהל׳ ברכות פ״א הלכה ט״ז כל העונה אמן אחר ברכותיו ה״ז מגונה והעונה אחר ברכה שהוא סוף ברכות אחרונות הרי זה משובח כגון אחר בונה ירושלם דבהמ״ז ואחר ברכה אחרונה של ק״ש של ערבית וכן בסוף כל ברכה שהיא סוף ברכות אחרונות עונה בה אמן אחר עצמו, עכ״ל). בא״י אמ״ה האל וכו׳ גואלנו קדושנו קדוש יעקב המלך הטוב והמטיב שבכל יום ויום גומלנו חן וחסד ורחמים וכל טוב. הרחמן ישתבח לדור דורים, הרחמן יתפאר לנצח נצחים, הרחמן יזכנו לימות המשיח ולבנין ביהמ״ק ולחיי העוה״ב, מגדול ישועות וכו׳ כפירים רשו וכו׳ הודו לה׳ כי טוב וכו׳. ואין בו סיום עושה שלום. ובהלכות ברכות פרק ב׳ ה״ה, ואומר בשבת א״א רצה והחליצנו (ה׳ אלהינו) במצותיך ובמצות יום השביעי הגדול והקדוש הזה כי יום זה גדול וקדוש הוא מלפניך נשבת בו וננוח בו באהבה וכו׳ אלהינו ואל תהא עלינו צרה ורעה ויגון ואנחה ביום מנוחתנו, עכ״ל:

ונוסח מחזור ויטרי סי׳ פ״ג, נברך שאכלנו משלו, ברוך הוא שאכלנו משלו ובטובו חיינו, ברוך משביע רעבים ברוך משקה צמאים ברוך הוא ברוך שמו (כתב הגאון בעל תוי״ט בספר לחם חמודות על הרא״ש פ״ז סעי׳ כ״ח, אני ראיתי נוסח זה בספר הרוקח סי׳ רפ״ג וקשיא לי כיון דלא נזכר בגמ׳ למה לא יהיה הוספה וכל המוסיף גורע,

עכ"ל. ובטור סי' קפ"ז, ויש שמוסיפין ואומרים ברוך משביע לרעבים ברוך משקה לצמאים בא"י אמ"ה הזן וכו' ואין לאמרו שאינו ממטבע הברכה והמוסיף גורע, עכ"ל): **בא"י אמ"ה הזן** וכו' **וברחמים נותן לחם** וכו' **ואל יחסר לנו לעולם ועד** וכו' **כי הוא זן ומפרנס לכל כאמור פותח** וכו' **רצון ומכין מזון** וכו' **את הכל. נודך ה'** וכו' **ורחבה ברית ותורת חיים ומזון על שהוצאתנו** וכו' **עבדים על בריתך** וכו' **שלמדתנו על חקי רצונך שהודעתנו** וכו' **ומפרנס אותנו בכל יום** וכו' **על כלם ה' אלהינו אנו מודים לך ומברכים אותך ויתברך שמך** וכו'. **רחם ה' אלהינו עלינו ועל כל ישראל** וכו' **שמך עליו ועלינו אלהינו אבינו רועינו רְעֵנוּ** וכו' **צרותינו ואל נא תצריכנו** וכו' **הַלְוָאוֹתָם** (כמו משפחותם שמותם אבותם קצור מן משפחותיהם שמותיהם אבותיהם) **ולא נבוש לעולם ועד ותבנה ירושלים עיר הקדש במהרה בימינו בא"י בונה ירושלם אמן** (ובדף נ"ג נוסח רצה בשבת **רצה והחליצנו** וכו' **צרה ויגון ביום מנוחתנו והראנו בנחמות ציון ובבנין ירושלם עירך** וכו' **ובעל הנחמות כאמור** (ישעיה סו, יג) **כאיש אשר אמו תנחמנו כן אנכי אנחמכם ובירושלם תנחמו, ותבנה ירושלם** וכו'. וכתב שם בעל המחזור וז"ל, לכך אומרים בשבת רצה והחליצנו לפי שהוא לשון מנוחה, אמר ר' אליעזר בן יעקב הלשון הזה (יחליץ) משמש שלש לשונות, ישזיב יזיין ינוח, ישזיב כמה דתימא חלצה נפשי, יזיין כמה דאיתמר ועצמותיך יחליץ (כעין זה בויק"ר סו"פ ל"ד ובילקוט ישעיה רמז שנ"ו, ומסיק שם במדרש מכאן קבעו חכמים לומר רצה והחליצנו בשבת, ועי' אור זרוע סי' קצ"ט, ובילקוט תהלים רמז תשע"ח ורמז תתס"ז מכאן קבעו חכמים וכו' עכ"ל). **בא"י אמ"ה** וכו' **אדירנו גואלנו קדושנו** וכו' **יום ויום הוא מיטיב עמנו הוא גמלנו** וכו' **יגמל בעדנו** (אולי מפרש את המקרא (תהלים קלח, ח) ה' **יגמר** בעדי כמו **יגמל** בלמ"ד בחלוף אותיות הגזילה למג"ד כמו מזרות כמו מזלות) **לעד לחן לחסד וְרֶוַח והצלה והצלחה וברכה וחיים ושלום וכל טוב. הרחמן הוא ימלך** וכו', **הרחמן הוא ישתבח** וכו' **ויתהדר לעולם ולעולמי עולמים, הרחמן הוא יתברך** וכו' **הרחמן הוא יברכנו ממעון קדשו, הרחמן הוא ישלח ברכה במעשה ידינו, הרחמן הוא ישלח ברכה בבית זה** וכו', **הרחמן הוא יפרנסנו בכבוד ולא בביזוי בנחת ולא במנוד** (אולי ר"ל בנדידות) **בהיתר ולא באיסור, הרחמן הוא ידרשנו לטוב** (בלשון הזה השתמש הפייטן בסוף תפלת מוסף לר"ה ויוה"כ היום תדרשנו לטובה) **וילמדנו לקח טוב וישלח לנו את אליה הנביא זכור לטוב ויבשרנו בשורות טובות ויצליחנו בכל דרכינו לטובה, הרחמן הוא יוליכנו קוממיות לארצנו, הרחמן הוא ירבה גבולנו בתלמידים** (תפלת ר' אלעזר בתר דמסיים צלותיה ברכת טז:), **הרחמן הוא ירים קרננו למעלה וישפיל כל שונאינו למטה למטה, הרחמן הוא יְרַפְּאֵנוּ ויעזרנו ויסמכנו כרוב רחמיו וחסדיו הרבים, הרחמן** וכו' (ברכה לבעה"ב) **כמו שנתברכו** וכו' **כן יתברכו**

יחד (בעה"ב השייכים לו) וכו' **אמן ממרום ילמדו עליו ועלינו** וכו' **שלום ישא ברכה** וכו', **הרחמן הוא יחיש לנו גואל ויבנה חומות אריאל ויקבץ נפוצות יהודה וישראל ויזכנו לשני ימות המשיח ולחיי העוה"ב מגדול ישועות** וכו' **עושה שלום** וכו':

ונוסח רבינו יצחק אור זרוע בחלק ראשון סי' קצ"ט, **הזן את** וכו' **בטובו בחסד וברחמים נותן לחם** וכו' **כי הוא זן ומפרנס לכל ומכין מזון** וכו' (והוא מעיר על זה ואינו אומר תמיד לא חָסֵר לנו אל לא חָסֵר לנו כך פירש רבינו שמואל בן רבינו מאיר זצ"ל וקאי על המקרא לא חָסַרְתָּ דבר (דברים ב, ז) עכ"ל). **נודך ה'** (והוא מעיר על זה שכך צריך לומר **נודך** ולא נודה לך כמו שכתב רש"י ז"ל עכ"ל. וכ"ה בתוס' פסחים קד: סוד"ה חוץ) וכו' **שלמדתנו ועל חיים וחסד ומזון שחוננתנו ועל כלך ה' אלהינו אנו מודים לך ומברכיך לך** (עי' תוס' ברכות מט: ד"ה נברך ומש"כ לעיל בהערה) **ויתברך שמך** וכו' **אשר נתן לך וזכר לנו מהרה את ברית אבותינו ונקמנו מהרה משונאינו ובישועתך תָּרִים ותגביה קרננו** (נגד הגזרות והשמדות והגרושים שהיו סביב לזמנו על שהושפלה קרן ישראל עד עפר) **וכל החיים יודוך סלה בא"י** וכו'. **רחם ה' אלהינו עלינו ועל ישראל עמך** (ראה מה שכתבנו בסוף תפלת י"ח בעיון תפלה פיסקא אלהי נצור ד"ה עלינו ועל כל ישראל) וכו' **שמך עליו אבינו רענו זוננו פרנסנו כלכלנו הרויחנו הַרְוַח לנו ה' אלהינו מכל שונאינו ואל תצריכנו** וכו' **הלואתם אלא לידך הקדושה והמלאה והרחבה ולא נבוש לעולם ועד** וכו' **בונה ירושלם.** ונוסח ברכה זו בשבת **נחמנו ה' אלהינו בציון עירך ושמחנו מלכנו בבית בחירתך בבית הגדול והקדוש** וכו' (כפי נוסחו) **וְהַרְוַח לנו ה' אלהינו מכל צרותינו ואל תצריכנו** וכו' (כפי נוסחו) **לעולם ועד רצה והחליצנו** וכו' **וקדוש הוא מלפניך** וכו' **וברצונך** וכו' **אלהינו ואל תהי צרה יגון ואנחה** וכו' **והראנו בנחמת ציון ובירושלים עיר קדשך** וכו' **הנחמות ומלכות בית דוד משיחך תחזירנה למקומה ותבנה ירושלם בימינו בא"י מנחם ציון ובונה ירושלם** (כחתימת ברכת בונה ירושלם בשמונה עשרה בתשעה באב, ובאבודרהם הלכות ברכות דף קכ"ב א' חותם מנחם עמו ישראל בבנין ירושלים. והרא"ש בפ' שלשה שאכלו סי' כ"ב כתב בשם רבינו יונה מנחם ציון בבנין ירושלם עיי"ש. והקשה האבודרהם ז"ל בשם חידושי דב"ש[א] וכי בשבת מנודה הוא או אבל שצריך נחמה יותר משאר ימים ? ומתרץ מפני ששבת ויו"ט הם ימי עונג ושמחה, תקנו להזכיר בהם נחמה זכר לחרבן הבית וחרבן ירושלים, משום שנאמר [תדבק לשוני לחכי אם לא אזכרכי] אם לא אעלה את ירושלים על ראש שמחתי, ודוקא ברמז לבד מפני עגמת נפש. והראב"ד כתב שמפני שהעולם הבא הוא נחמה לישראל, ודומה לשבת, לפיכך מזכיר בו נחמה. ויש אומרים שנחמת ציון עתידה להיות בשבת, לפיכך מזכיר בו

א. באבודרהם הוצאת רא"ם פ"א הערה 12 כ' דנ' שזה דוד בן שמואל שהוא בעל ספר הבתים, עיי"ש.

נחמה). **בא"י** וכו' **אדירנו גואלנו** וכו' **הטוב והמיטיב שבכל יום ויום מיטיב עמנו לחן לחסד רֶוַח ורחמים הצלחה וברכה וישועה ונחמה וכל טוב:**

ונוסח התימנים, **בא"י אמ"ה הזן את העולם כלו בְּטוּב בחן בחסד ברחמים וְטוּבוֹ הגדול לא חָסַר לנו ואל יֶחְסַר לנו לעולם ועד כי הוא זָן וּמְזִין** (זָן בעצמו מְזִין ע"י אחרים) **ומפרנס לכל כאמור פותח וכו'** (כמו ברמב"ם ומחזור ויטרי) **בא"י הזן ברחמיו את הכל. נודה לך וכו'** (כמו בנוסח הרמב"ם רק בווי"ן ועל שהוצאתנו וכו' ועל תורתך וכו' ועל חקי וכו' ועל כלם וכו'). **רחם וכו'** (כנוסח הרמב"ם רק בנטיות קלות, ומלכות בית דוד, ובנה את ירשלם עירך כאשר דברת). **בא"י האל וכו'** (כנוסח הרמב"ם רק בשני שנוים קלים, **בוראנו קדושנו, הוא גומלנו**). **הרחמן וכו'** (כמו ברמב"ם רק בנטיות קלות, לדורי דורים, ואחר לנצח נצחים הרחמן יפרנסנו בכבוד, מַגְדִּיל ישועות), ונוסח הזכרת שבת אצלם **או"א רצה והחליצנו במצותיך ובמצות יום המנוח השביעי הזה נשבת בו וננוח בו כמצות רצונך ואל תהי צרה ויגון ביום מנוחתנו ובנה וכו':**

ונוסח הספרדים (ברכת הזמון) **ברוך שאכלנו משלו ובטובו הגדול חיינו, ברוך הוא וברוך שמו וברוך זכרו לעולמי עד.** (ברכת המזון) **בא"י אמ"ה הַזָּנֵנוּ ולא ממעשינו המפרנסנו ולא מצדקותינו המעדיף טובו עלינו הזן אותנו ואת העולם כלו בטובו בחן בחסד בְּרֶוַח וברחמים נותן לחם וכו' חסדו וטובו הגדול תמיד לא חָסַר לנו ואל יֶחְסַר לנו מזון תמיד לעולם ועד כי הוא זן ומפרנס לכל ושלחנו ערוך לכל והתקין מחיה ומזון לכל בריותיו אשר ברא ברחמיו וברוב חסדיו כאמור פותח וכו'. על ארצנו ועל נחלת אבותינו נודה לך ה' אלהינו, על שהנחלת וכו' ורחבה ברית ותורת חיים ומזון על שהוצאתנו וכו' ועל חקי רצונך שהודעתנו ועל חיים ומזון שאתה זן ומפרנס אותנו, ועל הכל ה' אלהינו אנו מודים לך ומברכים את שמך כאמור ואכלת וכו' רחם וכו'** (כמו באור זרוע) **עירך ועל הר ציון משכן כבודך ועל היכלך ועל מעונך ועל דבירך ועל הבית וכו'** (כמו באור זרוע) **הַרְוַח לנו מהרה מכל צרותינו ואל תצריכנו ה' אלהינו לידי מתנות וכו' הלואתם שמתנתם מְעוּטָה** (בתמונת בינוני פעול שלא נמצא, ובעברית מְעֻטָּה כמו על כן יהיו דבריך מְעַטִּים (קהלת ה, א), ובתלמוד (ב"ב ט.) אין נזקקין לו למתנה מרובה אבל נזקקין לו למתנה מֻעֶטֶת) **וחרפתם מְרֻבָּה אלא לידך המלאה והרחבה העשירה והפתוחה שלא נבוש בעוה"ז ולא נכלם לעוה"ב** (לשון הגמ' ברכות מו.) **ומלכות בית דוד משיחך תחזירנה למקומה במהרה בימינו,** (בשבת מוסיפין) **רצה וכו' הוא מלפניך נשבת בו וננוח בו באהבה כמצות חקי רצונך ואל תהי צרה ויגון ביום מנוחתנו והראנו בנחמת ציון במהרה בימינו כי אתה הוא בעל הנחמות, והגם שאכלנו ושתינו חרבן ביתך הגדול והקדוש לא שכחנו, אל תשכחנו לנצח ואל תזניחנו**

שאכלנו ושתינו חרבן ביתך הגדול והקדוש לא שכחנו, אל תשכחנו לנצח ואל תזניחנו לעד כי אל מלך גדול וקדוש אתה, ותבנה ירושלם עירך במהרה בימינו בא"י בונה ברחמיו בנין ירושלם, אמן, בחיינו ובחיי כל קהל בית ישראל תִּבָּנֶה עיר ציון ברנה וְתִכּוֹן עבודת הקדש בירושלם וארמון על משפטו ישב בקרוב כבראשונה (ואת האריכות מבארת כונת האמן). **בא"י אמ"ה לעד, האל וכו' גואלנו קדושנו וכו' ויום הוא מיטיב לנו הוא היטיב לנו הוא ייטיב לנו הוא גומלנו הוא גמלנו הוא יגמלנו** (סדר ההטבות והגמולות כסדר ה' מֶלֶךְ ה' מָלָךְ ה' יִמְלֹךְ ראה מה שכתבנו בזה בעיון תפלה לשמונה עשרה ברכה ראשונה בד"ה אלהינו ואלהי אבותינו) **לעד חן וחסד ורחמים וְרֶוַח והצלה וכל טוב. הרחמן הוא ישתבח על כסא כבודו - הוא ישתבח בשמים ובארץ - הוא ישתבח בנו לדור דורים - הוא קרן לעמו ירים - הוא יתפאר בנו לנצח נצחים - הוא יפרנסנו בכבוד ולא בביזוי בהתר ולא באסור בנחת ולא בצער - הוא יתן שלום בינינו - הוא ישלח ברכה והצלחה בכל מעשה ידינו - הוא יצליח את דרכינו - הוא ישכור עול גלות מהרה מעל צוארנו - הוא יוליכנו מהרה קוממיות לארצנו - הוא ירפאנו רפואה שלמה - הוא יפתח לנו את ידו הרחבה - הוא יברך כל אחד ואחד ממנו בשמו הגדול כמו שנתברכו וכו' אותנו יחד ברכה שלמה וכן יה"ר ונאמר אמן, הרחמן הוא יפרוש עלינו סכת שלומו - הוא יטע תורתו ואהבתו בלבנו ותחיה יראתו על פנינו לבלתי נחטא.** (לשבת) **הרחמן הוא ינחילנו עולם שכלו שַׁבָּת מנוחה לחיי העולמים.** (ליו"ט) **הרחמן הוא ינחילנו יום שכלו טוב ליום שכלו ארוך ליום שצדיקים יושבים ועטרותיהם בראשיהם ונהנים מזיו השכינה.** אח"כ הם אומרים ברכת האורח לבעה"ב באריכות. **הרחמן הוא יְחַיֵּינוּ ויזכנו ויקרבנו לימות המשיח ולבנין ביהמ"ק ולחיי העוה"ב מגדול וכו' כפירים רשו וכו' נער הייתי וכו' כל היום חונן וכו'** (תהלים לז, כו) **מה שאכלנו יהיה לשבעה מה ששתינו יהיה לרפואה** (אולי צ"ל לרויה) **ומה שהותרנו יהיה לברכה כדכתיב** (מ"ב ד, מד) **ויתן לפניהם ויאכלו ויותירו כדבר ה' ברוכים אתם לה' וכו' ברוך הגבר אשר יבטח וכו' ה' עוז לעמו יתן וכו':**

וכתב רבינו יצחק אור זרוע בספרו ח"א סי' פ"ט "בירושלמי תני אסור לאדם לתבוע צרכיו בשבת, ר' זעירא שאול לר' חייא בר בא, מהו מימר רענו פרנסנו (בבהמ"ז). א"ל טופס ברכות כך הוא, וע"ז אנו סומכין שאנו מתפללין בשבת 'אלהי נצור לשוני מרע' הא נמי טופס תפלה כך הוא הואיל ותקנו והנהיגו העולם לאמרו אין כאן בית מיחוש", עכ"ל, וכ"כ בסי' קצ"ט "ואומר הרחמן בשבת כמו בחול ואין בו משום שואל צרכיו בשבת כדברי רבינו אפרים זצ"ל, עכ"ל:

יעלה ויבא:

בסדור רב עמרם, (דף לב: ומד: ומט.) יעלה ויבא יגיע יראה וירצה וכו' זכרוננו וזכרון אבותינו וזכרון ירושלים עירך וזכרון משיח בן דוד עבדך וזכרון כל עמך ישראל לפניך לפליטה לטובה לחן לחסד ולרחמים ביום וכו' לרחם בו עלינו ולהושיענו זכרנו וכו' לחיים בדבר ישועה וכו' והושיענו כי אל מלך חנון ורחום אתה. ונוסח הרמב"ם, יעלה ויבא יגיע יראה וירצה ישמע ויפקד ויזכר לפניך זכרוננו זכרון אבותינו זכרון ירושלים עירך וזכרון משיח וכו'. ונוסח מחזור ויטרי, יעלה ויבא יגיע יראה וירצה וכו' לחן לחסד לרחמים ולשלום וכו' לחיים טובים בדבר ישועה ורחמים חוס וחננו וחמול ורחם עלינו והושיענו ומלטנו מכל צרה ויגון כי אל מלך וכו'. ונוסח אבודרהם, יעלה ויבא יגיע יראה וירצה ישמע יפקד ויזכר וכו' (כנוסח ר' עמרם) כל עמך בית ישראל לפליטה לטובה לחן לחסד ולרחמים ביום וכו' זכרנו וכו' לחיים טובים בדבר ישועה וכו' וחננו וחמול ורחם עלינו והושיענו כי אל מלך וכו'. ונוסח הספרדים, יעלה וכו' (כנוסח אבודרהם) אבותינו זכרון ירושלים עירך וזכרון משיח בן דוד עבדך וזכרון כל עמך וכו' ולרחמים ביום וכו' (כנוסח רב עמרם) לחיים טובים בדבר ישועה וכו' (כנוסח אבודרהם) והושיענו כי אליך וכו'. ובסדור חסד לאברהם כמו בסדורי כל הספרדים, אלא שאינו גורס לבסוף שתי התיבות וחננו וחמול. ונוסח התימנים, יעלה ויבא יגיע יראה ירצה ישמע יפקד יזכר לפניך זכרוננו זכרון אבותינו זכרון ירושלים עירך זכרון משיח בן דוד עבדך זכרון כל עמך בית ישראל לפניך לפליטה לטובה לברכה לחן לחסד ולרחמים ביום וכו' (כנוסח רב עמרם) לטובה פקדנו בו לברכה הושיענו בו לחיים בדבר וכו' וחננו ורחם עלינו ומלטנו בו מכל צרה ויגון ושמחנו בו שמחה שלמה כי אל וכו'. ונוסח בני רומא, יעלה ויבא יגיע וכו' זכרוננו וזכרון וכו' (כנוסח הספרדים) לפניך לטובה לחן ולחסד ולרחמים ולרצון ביום וכו' זכרנו וכו' לחיים טובים בדבר וכו' ורחמים וחוס וחננו וכו'. וכל אלה הנוסחאות הגורסות בדבר ישועה ורחמים בלי וי"ו נראה שממשיכות את הדברו לשלפניו, זכרנו וכו' פקדנו וכו' בדבר ישועה ורחמים, דומה למה שאנחנו אומרים בסוף תפלת אתה זוכר במוסף לר"ה ופקדנו בפקודת ישועה ורחמים, ומן חוס וחננו דבור בפני עצמו, ולכן הוסיפו בנוסח בני רומא וי"ו וחוס וחננו. ובסדור ספרדי מנהג כפא וקראסוב, יעלה ויבא יגיע יראה וירצה יִשְׁעָה (הם נקדו יִשָׁעָה וטעות הוא כי הקל עומד, וצ"ל יִשְׁעָה) ישמע יפקד ויזכר וכו' (כנוסח ר' עמרם) עמך בית ישראל יעלה לפניך לטובה ולרחמים ביום וכו' (כנוסח אבודרהם) והושיענו, מלטנו מכל צרה ומחלה מיגון ואנחה חננו ועננו והחינו והושיענו כי אליך עינינו וכו' ותחפוץ בנו ותרצנו ותחזינה וכו' ברחמים כמאז וכשנים קדמוניות בא"י המשיב וכו':

על הנסים: (**חנוכה**)

על הנסים. בסדור רב עמרם דף ל״ה, **על הנסים ועל התשועות ועל המלחמות ועל הפרקן** וגו׳. **בימי** וגו׳ **כשעמדה עליהם** וכו׳ **על עמך** (אולי צ״ל **ועל עמך**, ואולי ר״ל – וכונתם היתה על כל עמך) **לְשַׁכְּחָם מתורתך ולהעבירם מחקי רצונך** וגו׳ **ביד מעטים ורשעים ביד צדיקים טמאים ביד טהורים וזדים ביד** וכו׳ **וקבעו שמונה ימים בהלל והודאה לשמך, וכשם שעשית עמהם גם כן עשה עמנו ה׳ אלהינו נסים ונפלאות בעת הזאת ונודה לשמך הגדול סלה,** (ועל כלם וכו׳). ובהגהות מיימניות על סדר התפלה כ׳ וז״ל, ״ורבותינו מצרפת אומרים שאין לומר כשם שעשית לפי שאין תפלה בהודאה וכו׳ עכ״ל. ובמחזור לבני רומא **על הנסים ועל הגבורות ועל התשועות ועל המלחמות ועל הפרקן ועל הפדות שעשית עמנו ועם אבותינו בימים** וכו׳ **כשעמדה עליהם** וכו׳ **הרשעה לְשַׁכְּחָם מתורתך ולהעבירם מחקי רצונך** וכו׳ **גדול וקדוש בעולם ולעמך ישראל עשית תשועה גדולה ואחר כך באו בניך** וכו׳ **בחצרות קדשך וּקְבָעוּם שמונה ימים בהלל והודאה, וכשם שעשית עמהם גם כן עשה עמנו ה׳ אלהינו פלא ונסים בעת הזאת ונודה לשמך הגדול סלה.** וקרוב לזה בסדור מנהג כפא וקראסוב בשנוים קלים, **על הנסים** וכו׳ **ועל הפדות ועל הפרקן** וכו׳ **ובזמן הזה** וכו׳ **ביד מעטים ורשעים ביד צדיקים וטמאים ביד טהורים וזדים** וכו׳ **וקדוש ולעמך** וכו׳ **והודאה,** עד כאן ותו לא. ובסדורי התימנים **על הנסים ועל הגבורות ועל המלחמות ועל התשועות ועל הפדות ועל הפרקן שעשית עמנו ועם אבותינו** וכו׳ **על עמך בית ישראל לבטלם מתורתך ולהעבירם מחקי רצונך** וכו׳ **צרתם ודנת את דינם ורבת את ריבם ונקמת את נקמתם ומסרת** וכו׳ **צדיקים ופושעים ביד עוסקי תורתך ועשית לך שם גדול בעולמך ולעמך ישראל עשית פלא ונסים, כשם שעשית עמהם נסים וגבורתך כך עשה עמנו נסים וגבורות בעת ובעונה הזאת,** (ועל כלם). וגם באור זרוע חלק שני סי׳ שכ״ו מתחיל **על הנסים ועל הגבורות.** ובמחזור ויטרי דף ס״ח, **על הנסים ועל הפרקן** וכו׳ **ועל המלחמות פדות ופרקן שעשית לאבותינו בימים ההם ובזמן הזה** וכו׳ **כשעמדה עליהם מלכות** וכו׳ **על עמך ישראל להשכיחם מתורתך ולהעבירם מחקי רצונך** וכו׳ **חלשים רבים ביד מעטים** וכו׳ **תורתך לך עשית שם** וכו׳ **כהיום הזה ואחר כך באו** וכו׳ **להודות ולהלל לך על רוב נסיך ונפלאותיך, וכשם שעשית להם נסים וגבורות בימים ההם ובזמן הזה כן עשה עמנו ה׳ אלהינו פלא ונסים לטובה בעת הזאת,** (ועל כלם). ובסדורי הספרדים **על הנסים** וכו׳ **התשועות ועל הנפלאות ועל הנחמות שעשית** וכו׳ **ישראל לְשַׁכְּחָם מתורתך ולהעבירם מחקי רצונך** וכו׳ **מעטים ורשעים** וכו׳ **וטמאים** וכו׳ **וזדים** וכו׳ **ולך עשית** (בסדור ליוורנא **לְךָ** בלי וי״ו) וכו׳ **כהיום הזה ואחר כך**

באו וכו' וקבעו שמונה ימים אלו בהלל ובהודאה ועשית עמהם נסים ונפלאות ונודה לשמך הגדול סלה. ובנוסח אבודרהם דף ע"ד ע"א **על הנסים ועל הפרקן ועל התשועות ועל הגבורות ועל הנפלאות ועל הנחמות שעשית עמנו ועם אבותינו בימים** וכו' **מלכות** וכו' **הרשעה על עמך ישראל לְשַׁכְּחָם תורתך** (והעיר שם על זה "שאין לומר מתורתך במ"ם, וכ"ה בסדור רב סעדיה גאון וכן כתב הר"מ מרוטנבורק" עכ"ל, וכ"כ בשלטי הגבורים על הגהות מרדכי פרק שני דשבת בשם אורחות חיים.) **ולהעבירם מחקי רצונך** וכו' **את ריבם ודנת** וכו' **ונקמת** וכו' **ומסרת** וכו' **מעטים ורשעים** וכו' **וטמאים** וכו' **וזדים** וכו' **לך עשית שם גדול** וכו' **ופרקן ואחר כך באו** וכו' **בחצרות קדשך ואמרו הלל והודאה לשמך וקבעו ימי חנוכה אלו להודות ולשבח לפניך.** ואח"כ כתב "כשם שעשית עמהם פלא כן עשה עמנו" כתב הר"ם מרוטנבורק שאין ראוי לומר כשם שעשית עמהם פלא ונס לפי שאין ראוי לומר תפלה בהודאה, ויש אומרים כיון שהוא צריך רבים יכולין לאמרו כמו שאומר וכתוב לחיים, גם בברכת אשר גאלנו של פסח שהיא הודאה אומר כן יגיענו, וגם במודים דרבנן אומר כן תחיינו" עכ"ל. ובשלטי הגבורים על הגהות מרדכי פרק ב' דשבת בשם אורחות חיים "בעל הנסים יש קכ"ד תיבות כמנין יוחנן או קכ"ה כמנין כהנים עם החתימה כשם שעשית להם נס" עכ"ל:

פורים:

על הנסים לפורים. בסדור רב עמרם סדר פורים, **על הנסים על הגבורות ועל התשועות על המלחמות ועל הפדות ועל הפרקן שעשית** וכו' **הרשע ובקש** וכו' **הפרת עצמו** וכו' **והשבות לו גמולו** וכו' **העץ, כשם שעשית עמהם פלא ונסים כן** וכו' (כמו בחנוכה). ובמחזור לבני רומא **על הנסים** וכו' כמו בחנוכה **ובזמן הזה** וכו' **הרשע ובקש להשמיד להרוג לאבד** וכו' **והשבות לו גמולו** וכו' **העץ, וכשם** וכו' (כמו בחנוכה). ובסדורי התימנים **על הנסים ועל הגבורות ועל התשועות שעשית** וכו' (כמו בחנוכה) **בימי מרדכי ואסתר כשעמד המן הרע על עמך בית ישראל ובקש** וכו' ביום אחד ושללם לבז, **ואתה ברחמיך הרבים עמדת להם** וכו' (כמו בחנוכה) **את נקמתם והפרת את עצתו** וכו' **והשבות לו גמולו** וכו' **העץ ועשית לך שם גדול בעולמך ולעמך ישראל עשית** וכו' (כמו בחנוכה) **עמהם פלא ונסים כך עשה** וכו' (כמו בחנוכה). ובמחזור ויטרי דף ס"ח **על הנסים** וכו' (כמו בחנוכה) **בימי** וכו' **הרשע ובקש** וכו' **וקלקלת מחשבתו והשבות לו גמולו** וכו' **העץ, וכשם** וכו' (כמו בחנוכה). ובסודרי הספרדים **על הנסים** וכו' (כמו בחנוכה) **בימי** וכו' **והשבות לו גמולו** וכו' **העץ ועשית עמהם** וכו' (כמו בחנוכה). ובאבודרהם מסיים אחר על העץ **ולך עשית שם גדול וקדוש בעולמך** וכו'. ובסדור מנהג כפא וקראסוב **על הנסים** וכו' (כמו בחנוכה) **בימי** וכו' **המן הרע ובקש**

וכו׳ **ביום אחד ושללם לָבז** וכו׳ **והשבות לו גמולו** וכו׳. ויש להעיר שגם בלשון המדרש במדבר רבה פי״ד סי׳ א׳ שהבאתי לעיל בעיון תפלה הלשון והשיבות **״לו״ גמולו** עיי״ש:

ברכה מעין שלש. נוסח רב עמרם גאון בסוף סדר ההגדה דף מ׳ ע״א **על הגפן** וכו׳ **ורחבה שנתת לעמך ישראל באהבה לאכל** וכו׳ **מטובה רחם על עמך ועל עירך ועל היכלך כי אתה טוב ומיטיב לכל בא״י על הארץ ועל פרי הגפן**, וכן חתם הראב״ד, אבל הרמב״ם בהל׳ ברכות פ״ח הי״ד היה חותם על היין על הארץ ועל הפירות וכ״כ הסמ״ג בשם ר״י. עוד כתב הרמב״ם שם ״ויש מי שמוסיף בברכה שמעין שלש קודם חתימה **כי אל טוב ומיטיב אתה** שהוא מעין ברכה רביעית, ויש מי שאמר שלא תקנו ברכה רביעית אלא בבהמ״ז בלבד״ עכ״ל. ובמחזור ויטרי בדף נ״ג **על הגפן ועל פרי הגפן ועל ארץ חמדה** (כ״ה גם דעת רבינו יונה שאין לומר **תנובת השדה** אלא בחמשת המינים בלבד, אבל הרי״ף והרמב״ם אומרים גם ביין וכ״ה גם בנוסח רב עמרם גאון) וכו׳ **והנחלת את אבותינו** (עי׳ מש שכתבנו בתקון תפלה לבהמ״ז מה שהעירונו על נוסח הרמב״ם) וכו׳ **ולשבוע מטובה להודות לך עליה רחם ה׳ אלהינו עלינו ועל כל ישראל עמך ועל ארצך ועל נחלתך ובנה ירושלם עירך ב״ב ונאכל מפריה** וכו׳ **ובטהרה בא״י על הארץ ועל פרי הגפן.** ובדף ל״ז סי׳ ע׳ על חמשת מיני הפירות הכתובים בתורה **על העץ ועל פרי העץ** (אחר שנהנינו מפרי העץ תקנו חכמים לברך גם על בריאת העץ עצמו מוליד הפרי, ולבסוף גם על בריאת הארץ מולדת העץ **על הארץ ועל פרי העץ**) **ועל ארץ** וכו׳ **ורחבה שהנחלת לאבותינו** וכו׳ **רחם ה׳ אלהינו על ישראל עמך ועל עירך ונחלתך והעלנו בתוכה ושמחנו בה כי אתה טוב ומיטיב לכל בא״י על הארץ ועל פרי העץ.** ובדף רע״ח נוסחא אחרת על היין **על הגפן ועל פרי הגפן ועל תנובת השדה** וכו׳ **ולשבוע מטובה ולהודות לך עליה ועל ברית ותורה שנתת לנו רחם ה׳ אלהינו על עמך ועל ארצך ועל היכלך ועל מקדשך מהרה הקם מלכותך ומלכות בית דוד עבדך ובנה** וכו׳ **ושמחנו בה ונאכל** וכו׳ **ובטהרה כי אתה טוב ומיטיב לכל בא״י על הארץ ועל הפירות.** ונוסח הרמב״ם בפ״ג מהל׳ ברכות הי״ג על חמשת המינים **על המחיה ועל הכלכלה ועל ארץ** וכו׳ **ושהנחלת את אבותינו רחם ה׳ אלהינו עלינו ועל ישראל עמך** (ראה מה שכתבנו בסוף תפלת י״ח בעיון תפלה פיסקא אלהי נצור ד״ה עלינו ועל כל ישראל) וכו׳ **כבודך והעלנו** וכו׳ **בבנינה ונברכך** וכו׳ **ובטהרה בא״י** וכו׳. ורבינו צדקיה בשבלי הלקט סי׳ קס״א גריס בגמ׳ (ברכות מד.) **על המחיה** וכו׳ **והנחלת לאבותינו רחם ה׳ עלינו ועל ישראל עמך** וכו׳ **עירך ועל מקדשך והיכלך ובנה את ירושלים עיר קדשך ב״ב והעלנו בתוכה ונאכל** וכו׳ **ובטהרה**

כי אל טוב ומיטיב אתה בא"י וכו'. וגמ' דילן - ורחבה שהנחלת לאבותינו וכו' עירך ועל מקדשך ועל מזבחך ותבנה ירושלם וכו' (כגי' הנ"ל) והעלנו לתוכה ושמחנו בה כי אתה טוב ומיטיב לכל. ובש"ס כת"י מינכען משנת ק"ג שהו"ל הרנ"ר ז"ל בספר דקדוקי סופרים - ורחבה שנתת לנו ה' אלהינו לאכול וכו' אלהינו על עירך ועל עמך ועל נחלתך ותבנה ירושלם עירך ב"ב והעלנו בתוכה ושמחנו וכו' (כנוסח מחזור ויטרי בדף רע"ח). והלבוש ובעל התוי"ט בד"ה פ"ו דברכות סי' קל"א היו חותמין על חמשת המינים בא"י על הארץ ועל המחיה ועל הכלכלה, וכן הוא בנוסח הר"ד אבודרהם כהל' ברכות שער ב' דף קכ"ד ע"א. ולענין הוספת הטוב והמיטיב בברכה מעין שלש כתב המנהיג בהלכות סעודה סי' ט"ז "ומה שאנו קורין מעין שלש זהו קודם שתקנו הטוב והמיטיב אבל לאחר שתקנו הטוב והמיטיב תקנו כמו כן ברכה אחת מעין ד' בסוף והעלנו בתוכה ושמחנו בה ונברכך אלהים חיים כי אל טוב ומיטיב אתה וכו'" עכ"ל. ונוסח רבינו יצחק אור זרוע בסי' קפ"א בהלכות ברכות - ורחבה ברית ותורה חיים ומזון על שהוצאתנו מארץ מצרים (?) רחם ה' עלינו ועל ישראל עמך ועל עירך ועל נחלתך ועל היכלך ועל מזבחך ועל מקדשך ובנה עירך בימינו ונחמנו בה כי אל טוב וכו' (כנוסח שבלי הלקט). ונוסח רב שמואל בן חפני גאון ז"ל בספר שערי ברכות שער העשירי (נדפס בבית תלמוד חלק שני ונזכר בשבלי הלקט ח"א סי' קנ"ט וק"ס וקס"ה) על העץ ועל פרי העץ ועל ארץ וכו' ורחבה שהנחלת לנו הורשת לעמך ישראל לאכול וכו' עמך ועל נחלתך ובנה ירושלם בקרוב והעלנו בה כי אתה מלך טוב ומיטיב לכל ונאכל מפריה וכו' ובטהרה בא"י על הארץ ועל הפירות. ונוסח בעל הלכות גדולות - הכלכלה ועל ארץ חמדה וכו' והנחלת את אבותינו וכו' מטובה ולהודות לך עליה רחם על עמך ועל עירך ועל היכלך ועל מקדשך ובנה ירושלם עיר קדשך ב"ב ונאכל וכו' ובטהרה בכבוד בא"י על המחיה ועל הכלכלה, ומר רב פיאס הכין הוה חתים על הארץ ועל המחיה וכן הלכה, ואית דאמרי על הארץ ועל מיני מזונות, עכ"ל. ואמרינן בגמרא (ברכות מד.) דיושבי ארץ ישראל חותמין על הארץ ועל פירותיה וכן נוהגין גדולי ארץ ישראל לחתום על הארץ ועל מחיתה. וכתב בספר חידושי אגודה בברכות שם "מכאן הוכיח הר"י (לדעת בעל פאת השלחן הוא ר"י בעל התוס', ואפשר שהוא ר' יהודה החסיד כי כן מצאתי בתוספות ריח"ח לברכות הנדפס מחדש בספר ברכה משולשת לפיכך לא הובא בתוס' שלנו) שגם בברכת המזון צריכים לחתום בא"י על הארץ ועל מזונותיה" עיי"ש, וכן פסק בספ' כפתור ופרח (פרק י'):

הוספות וביאורים

על סדר ברכת המזון

הגהות בהוצאה חדשה של

"סדור אוצר התפלות"

עמ' כו, הערה ו:

ע' בחידושי הרשב"א (ברכות מט:) וז"ל, אמר שמואל לעולם אל יוציא אדם עצמו מן הכלל. פי' שלא יאמר ברכו אלא נברך. והקשו עליו בירושלמי (פ"ז ה"ג) הרי ברכת התורה הרי הוא אומר ברכו. אמר רבי אבין מכיון דהוא אומר המבורך הרי הוא אינו מוציא עצמו מן הכלל, ע"כ. וא"ת והכתיב (תהלים לד, ד) גדלו לה' אתי, י"ל דכיון דאמר אתי הרי הוא כולל עצמו עמהם, עכ"ל הרשב"א.

עמ' כט, הערה ג:

הברכה הראשונה היא ברכת הזן. ברכה זו היא הודאה לה' על שזן את העולם כולו בטובו ונותן לחם לכל בשר ומזמין לכל יצור את צרכיו ומזונותיו, וכמו שאמרו בגמרא הקב"ה יושב וזן את כל העולם כולו **מקרני ראמים עד ביצי כינים** (ע"ז ג). וכן חתימת הברכה היא מאותו ענין – 'הזן את הכל'. בחלק ברכה זו שה' זן את העולם כולו נכללים עם ישראל, שהרי גם הם חלק מהעולם ואף אותם כשאר הנבראים ה' מזין ומפרנס בכל עת ושעה, וזה עיקר תוכן ברכה זו.

אמנם תוספת טובה וברכה נתן ה' לישראל במזונם, וכלשון הברכה כי את העולם כולו ה' זן בטובו, אבל לעמו ישראל שנבחרו להיות לו לנחלתו ה' זן אותם ומפרנסם 'בטובו הגדול'. כלומר, אינה דומה ההנהגה שה' מתנהג עם העולם בהמציאו להם את מזונותיהם, כהרי הנהגתו עם ישראל בזה. דבר זה היה בצורה רחבה ובאופן ניסי על טבעי גלוי לעין כל, בעת שהות ישראל במדבר שאז המטיר להם ה' לחם משמים בבוקר ובשר לאכול בערב, בלא טורח כל שהוא מצידם ובהרחבה יתירה. ורק לישראל התנהג ה' במידה זו, כי לשאר העמים הגם שה' מזמין להם מזונותיהם מכל מקום לא יבואו להם כי אם בזיעה ובטירחה יתירה יאכלו לחמם, והוא האמור בגמרא כנ"ל משה תקן לישראל 'ברכת הזן' בשעה שירד להם המן.

ועל דבר זה שה' מזמין להם לישראל את מזונותיהם ביחס מיוחד של חביבות יותר משאר יושבי תבל אנו מברכים ואומרים, 'בטובו הגדול תמיד לא חסר לנו ואל יחסר לנו מזון לעולם ועד'. כי על ההנהגה המיוחדת הזו שמתנהג עמנו מחמת היותנו עם הנבחר אנו חייבים לו תודה מיוחדת. ובמדבר לא תקנו לברך רק ברכה זו, לפי שאז לא היה להם לישראל רק ענין זה שה' זן אותם בטובו הגדול בהרחבה ובלא טורח:

(ירחון תורה ודעת)

עמ' כט, הערה ח:

ע' בית אלהים למבי"ט, שער היסודות פ' ס"א, וז"ל: ואני חושב כי לא כל נוסח הברכות והתפלות תקנו אנשי כנסת הגדולה, שהרי ברכת המזון אמרו חז"ל משה רבינו תקן ברכת הזן, יהושע תיקן ברכת הארץ, ודוד ושלמה תקנו ברכת בונה ירושלים. ולא לבד ענין הברכה של הזן והארץ ובונה ירושלים, אלא הנוסח עצמו כמו שהיא סדורה אצלנו אפשר שתקנו, כי אין שום מלה באלו הברכות בפרט בהזן והארץ, שלא תיאמר בזמן משה עצמו ובזמן יהושע. ואפי' מימי האבות היו יכולים לומר

ברכת הזן את העולם כולו בטובו בחן בחסד וברחמים נותן לחם לכל בשר כי לעולם חסדו וכו' ואל יחסר לנו מזון וכו' כי הוא זן ומפרנס לכל כאמור פותח את ידך ומשביע וכו' בא"י הזן את הכל.

וגם כי יש בברכה זו ב' פסוקים מתהלים נותן לחם לכל וגו' ופותח את ידך וגו' לא נעלם ממרע"ה דבר מכל מה שנאמר בנבואה וברוח הקדש, כי הכל נכלל בתורת משה, וכאמרם ליכא מידי דכתיב בנביאים וכתובים דלא רמיזא באורייתא, מנא הא מלתא דאמור חז"ל דכתיב ואברהם היו יהיה וגו'. וכן נראה מנוסח הברכה שאנחנו אומרים בחסד וברחמים נותן לחם לכל בשר, שנראה שהוא סגנון הברכה שאינו כתוב כאמור נותן לחם וגו', כי לא היה עדיין מסודר ספר תהלים, ולשון אותו הפסוק היה שגור בפי משה וסדרו בברכת הזן, וידע כי אח"כ דוד המלך ע"ה יסדר אותו בספרו כמו שסדר המזמורים המיוחסים לבני קרח ולחכמים האחרים הקודמים לו. וכמו שאמרו ע"י עשרה זקנים תקן דוד ספר תהלים, ומשה גדול מכולם שאמר תפלה למשה והנמשכים עם מזמור זה, ופסוקים אלו ג"כ שסדר בברכת הזן היו על שמו, אלא שסדרם דוד ע"ה במזמורים, וגם פסוק פותח את ידך יהיה דברי סידור מרע"ה. וגם כי אנחנו אומרים בו 'כאמור', אפשר כי אח"כ הוסיפו כאמור בתהלים, ובימי משה עד דוד לא היו אומרים כאמור. ואם כן אינו מן התימה שנמצאו פסוקים בנוסח ברכות שקדמו לזמן חיבור הנביאים או הכתובים אשר נכללו בהם אותם הפסוקים, כי משה רבינו ידע הכל והבאים אחריו קבלו ממנו. ואפי' מימות אברהם אבינו ע"ה היו יכולים לומר כל נוסח כרכה זו, שהוא נטע אש"ל בבאר שבע ויקרא שם בשם ה', וכמ"ש שאברהם אבינו קיים כל התורה ואפילו עירובי תבשילין, ובכלל כל התורה הזאת הוא ידיעת אלו הפסוקים ואחרים שבספרי הנביאים והכתובים. וכמו שידע הוא ובניו כל התורה כולה ידע גם כן מה שבנביאים ובכתובים הנכללים בה. **עכ"ל המבי"ט.**

עמ' כט הערה יג:

עי' ערוך השלחן סי' קפז סעי' ד (בא"ד **וז"ל:** ונוסחא שלנו 'וברחמים הוא נותן להם לכל בשר', ויש שאינו גורס 'הוא' אלא 'וברחמים נותן לחם' (ה"ר). ולי נראה שנוסחתינו מכוונת יותר, דהכוונה של חן חסד רחמים נ"ל, דהנה ג' מדרגות יש בבני אדם. יש עשירים גדולים, וזהו בחן על דרך ונח מצא חן, כלומר, השפעה יתירה. ויש בעלי בתים ממוצעים שכל מה שצריכים משיגים בנקל ואין להם מותרות, וזהו בחסד, שהש"י משפיע לו חסדו שכל מה שצריך משיג בקלות. ויש עניים שלחמם בא להם בקושי, וזהו ברחמים, כי אין שם רחמים נופל אלא במקום שמדת הדין שורה, ואח"כ אומרים הוא נותן לתם לכל בשר, כלומר, הוא נותן לחם לכל, אלא שלזה נותן במדה זו ולזה במדה זו. כי לעולם חסדו, כלומר, שאפילו העני לטובתו הוא להרבות שכרו בעוה"ב או לנכות לו מעונותיו. או עניין אחר וכמו שאמרו בפסחים (קי"ח) ע"ש. וגם נכלל בנותן לחם לכל בשר כל הברואים לבד האדם, ולכן שייך לומר 'הוא', כלומר, שזה שמזין האדם מזין לכל ברואי עולם, **עכ"ל הערוך השלחן:**

עמ' ל' הערה א*: ב"י סי' קפז (בשם הכל בו) ובדרישה שם.

ב"י, וז"ל, כתב הכל בו (סי' כה כב ע"ד) וז"ל, י"א שאין לומר בה כאמור פותח את ידך, רק חותמין ברוך אתה ה' הזן את הכל בלי שום פסוק. וטעמא דמסתבר הוא כי איך נביא פסוק שאמרו דוד לדברי משה רבינו ע"ה עכ"ל, ואין בטענה זו הכרח. **עכ"ל הב"י.**

ובדרישה (שם אות א), **וז"ל**, ז"ל הכל בו וכו', וכתב הב"י ואין בטענה זו הכרח וכו'. ונראה לע"ד לתת טעם לדברי הכל בו דהוה כיהודא ועוד לקרא דאיך נביא ראיה מדברי דוד לדברי משה דאם משה לא נאמן בנבואתו אין דוד נאמן בקבלתו וק"ל, **עכ"ל הדרישה:**

עמ' ל' הערה א*: דברי המבי"ט. עי' לעיל **הוספות וביאורים** על עמ' כט הערה ח.

עמ' ל הערה ד:

מצאתי ביאור לדברי האבודרהם בספר פת לחם (להר' אלישע חאביליו ז"ל תלמיד מובהק של הר"ר דוד פארדו ז"ל, ליוורנו שנת תקנ"ד) על ברה"מ (עמ' לה) **וז"ל**, וכ' הרד"א (ר' דוד אבודרהם) שהוא ע"ש 'עיני כל אליך ישברו', לפי שכל הנמצאים מכירים דהחיות שלהם וכוחם וכיוצא שהוא מאתו ית' טמיר ונעלם, לפי שהוא זן ונותן לכולם את אכלם בעתו הצריך לו, עכ"ל.

עמ' לא, הערה ב*:

הוספה מכת"י בשמים ראש: **נודה לך וכו' שהנחלת לאבותינו ארץ חמדה טובה ורחבה.** ['**חמדה**'] פירוש וכו' כי [כל] הדברים [שבא"י] נחמדים הם [לאדם} כמו שאמר הכתוב (דברים ח, ז) ארץ נחלי מים עינות ותהומות יוצאים בבקעה ובהר, ויש בה גנות ופרדסים נאים והפירות וכל אשר בה נחמדים לאדם. ומפני כי יש דברים שהאדם חומד אותם ואינם טובים בעצמם לבריאות גופו ולתת כח אליו, על זה אמר ארץ 'טובה' שהיא טובה בעצמה שהמאכלים שבה הם טובים ומבריאים את האדם ומחזקים אותו, וזהו טובה. ואח"כ אמר 'ורחבה' כמשמעו, וגם זה מעלה עליונה וכמו שאמרו ז"ל בפרק הניזקין (גיטין נז.) שנקראת [א"י בשם] ארץ צבי בשביל שהיא מחזקת כל יושביה ואין להם דוחק הישוב [ולכך נזכר זה אחריו]: (פי' המהר"ל, נתיבות עולם, נתיב העבודה פי"ח). **(ע"כ הוספה מכת"י).**

עמ' לא, הערה ג:

הוספה מכת"י בשמים ראש: **על שהנחלת.** כ' בפי' הר' נתן שפירא, בא"ד **וז"ל**, והזכירו בה לשון נחלה ולא לשון מתנה או ירושה וכיוצא בהם לפי שמצינו בהרבה מקומות שהארץ נקראת נחלה, עכ"ל. **(ע"כ הוספה מכת"י).** (הגה"ה: ארץ ישראל נקראת נחלה שנא' (דברים ד, כא) הארץ הטובה אשר ה' אלקיך נתן לך נחלה. ועוד (שם כו, א) והיה כי תבוא אל הארץ אשר אני נותן לך נחלה

וגו'. ועוד (שם כה, יט) בארץ אשר ה' אלקיך נתן לך נחלה וגו'.)

עמ' לב, הערה ו:

ועל תורתך שלמדתנו וכו', **הוספה מכת"י:** עי' מטה יהודה, וז"ל, ותמהני על מהרמ"י (הר' מרדכי יפה, בעל הלבוש) דשבק מקרא זה ("למען תחיון ורביתם ובאתם וירשתם את הארץ") שהוא מקרא מלא בתורה (**דברים ח, א**) ומביא ראיה מפסוק 'ויתן להם ארצות גוים וגו' בעבור ישמרו חקיו ותורותיו ינצורו' שהוא מקרא בכתובים (תהלים קה, **מד–מה**). ואפשר דטעמיה מפני שכתוב בו בפירוש בעבור ישמרו **חקיו ותורתיו** כמו שאנו אומרים 'ועל תורתך שלמדתנו ועל חקיך שהודעתנו' משא"כ בפסוק שבתורה לא נאמר בראש הפסוק כי אם "כל המצוה וגו'" ולא הזכיר תורה בפירוש, עכ"ל. (**ע"כ הוספה מכת"י**).

ועי' עץ יוסף על ירושלמי ברכות פ"א הל' ה', וז"ל, מה 'בעבור ישמרו חקיו ותורותיו ינצורו'. **הרי שבזכות התורה זכו לארץ לכן ראוי להזכירה. ואף שכעת אנחנו בגלות, מ"מ מחוייבים אנחנו להודות על תחלת ירושתה שמאז זכינו בה לדורות, אלא שהחטא גרם להפסיק איזה זמן. ומה שלא תיקנו חז"ל בה בקשה לחזרתה, אפשר שסמכו על מה שתיקנו בבונה ירושלים** (יפה מראה):

עמ' לב, הערה ז*:

הוספה מכת"י בשמים ראש: ועל בריתך שחתמת בבשרנו. שהוא בגופו: **ועל תורתך.** היא התורה שהיא אל השכל: **ועל חקיך שהודעתנו.** (חוקים הוא מה שהשטן משיב עליהם) שאין השכל יכול להשיג אותו, אבל הוא גזירת דין בלבד (ודע שחלילה מלהעלות על הלב שתמצא בתורתינו הקדושה מצוה שלא יהיה בה טעם עצם. וכבר אמרו על (קהלת ז) 'אמרתי אחכמה והיא רחוקה ממני', מלמד שעמד שלמה על כל טעמי המצות חוץ מפרה אדומה, ומשמע דיש טעם לכל המצות וגם לפרה אדומה אלא שטעם פרה אדומה לא נתגלה לשלמה. וכן לכל החוקים יש להם טעם אלא שלא נתפרשה טעם שלהם כיתר המצות והמשפטים, ואם בשכלנו אין יכולין להשיג אותו הוא אצלנו כגזירת דין בלבד). וזה שייך לנפש שהוא כח הפועל שהוא עושה החוקים אף שאין השכל משיג אותו. ולכן אצל התורה אמר **'שלמדתנו'** שהלימוד שייך אל השכל, אבל אצל החוקים אמר **'שהודעתנו'** כי הוא מבלי לימוד: (פי' מהר"ל, נתיבות עולם, נתיב העבודה פי"ח). (**ע"כ הוספה מכת"י**).

עמ' לב, הערה י**:

עי' בפרישה סי' קפז אות ט', וז"ל, וכתב הכל בו בשם הראב"ד דנשים ועבדים לא אמרי להו וכו'. ונ"ל דר"ל דנשים לא אמרי 'על בריתך שחתמת בבשרנו' אבל 'ועל תורתך שלמדתנו' אמרי, דהא נשים מברכות ברכות התורה כמ"ש האגור בסי' ב' בשם

מהר"י מולין, מטעם כיון שאינן אסורות ללמוד אלא תושבע"פ אבל לא תושבכ"כ, וכ"ש לדברי הסמ"ק שכ' שהנשים חייבות ללמוד הדינים השייכים להן. ופי' זה מוכרח מיניה וביה, דהא כ' ועבדים לאו בני תורה נינהו והתם ע"כ פירושו אבל בני ברית, איתנהו א"כ ה"ה גבי נשים נמי צ"ל כן. ואע"פ שהתוס' כתבו דנשים ליתנהו לא בברית ולא בתורה, והביאו ב"י לעיל בריש סי' קפ"ז, היינו לומר דמטבע הברכה בודאי לא תיקן יהושע על הנשים דהא ליתנהו בברית ותורה, אבל לא בעי למימר שאינן לכיולות לברך נוסח זה, **עכ"ל**.

עמ' לג, הערה ג*:

באבודרהם הובא את שני הפסוקים. וכן הוא בפי' מה"ר יוחנן טרויש (הנדפס בתוך מחזור רומא הנקרא "סדור קמחא דאבשונא", שנת ש'). ובפי' הר"י בר יקר מביא רק "ויפדך וגו' מתרגמינן וכו'". ויש נפקא מינה בין שני המקראות. דלפי זה שהוא ע"ש "ויפרקנו מצרינו" הרי המלה "ופורקן" לשון קודש, ולפי זה שהוא 'ע"פ לשון תרגום' הרי הוא לשון ארמית. וכן יש נפקא מינה בביאורו. דלפי הפסוק בתהלים הוה "ופורקן" לשון של "ישועה" ואם זה לשון ארמית הרי שהוא לשון "פדות" (פדיון). ויש לציין דהרמב"ם גורס "על הנסים ועל הגבורות ועל התשועות וכו'" ואינו גורס "ועל הפורקן". ואפשר שהטעם הוא מפני שסובר ד"פורקן" הוא לשון קודש מלשון "ישועה" וכיון שאומרים "על התשועות" אין טעם לומר ב' פעמים ענין של "ישועה". (משא"כ אם הוא לשון 'פדות' (פדיון) אז הוה שינוי בין "הפורקן" ל"התשועות".)

ויש מבארים דכוונת "על הפורקן" הוא כב' הפירושים. א' - דהיה לנו ישועה מהצרה, ב' - דהיה לנו פדיון, ואין אנחנו משועבדים לאויבינו עוד.

עמ' לג, הערה ו:

גי' הרמב"ם הוא 'על'. ובכל הספרים הישנים הקדמונים נכתב 'על הנסים' וכן היעב"ץ בספרו לוח ארש (סי' קעה) כתב שצ"ל 'על' בלי וא"ו. ויש שרצו לחלק בין האמירה בשמ"ע שאז יש להוסיף ולומר 'ועל' להאמירה בברה"מ שאומרים 'על', אבל הרבה סוברים שאין לחלק ביניהם ובשניהם אומרים 'על'. וכן הוא הגי' בסדור ר' הירץ ז"ל וכן הוא בברה"מ של מהר"ן שפירא. אמנם במחזור מעגלי צדק (שנת שי"ז) ובסדור ר' שלמה ב"ר נתן ובסדור הר' שבתי סופר מפרעמישלא (שנת שע"ז) כתב לומר 'ועל' וכ"כ בערוה"ש (תרפב סוף סעי' א). והמ"ב (ריש סי' תרפב) כ' וז"ל, כתב בספרים שבנוסח על הנסים יאמר ועל הנסים בוא"ו הן בתפלה הן בברכת המזון, עכ"ל. ועי' בקובץ בית אהרן וישראל (גליון עד, עמ' קכז ואילך) מש"כ בזה הרה"ג ר' יעקב חיים סופר שליט"א. ועי' בספר "הסידור" (עמ' קמא וכו') מש"כ הר' יהושע מונדשיין ז"ל באריכות, להשיג על דברי הגרי"ח סופר.

עמ' לד, הערה ב*:

הוספה מכת"י בשמים ראש: בימי מתתיהו בן יוחנן וכו'. ואע"פ שהיו חשמונאי ובניו חסידים ואנשי מעשה, לקחו להם המלוכה שלא כהוגן, שהם היו כהנים וכהן אין לו חלק במלכות שנא' (דברים יז, כ) ולמען יאריך ימים על ממלכתו וסמיך ליה (שם יח, א) לא יהיה לכהנים הלוים, ולפי שנעטרו בעטרה שאינה שלהם, סבב הבורא יתברך וקם הורדוס שהיה עבד מעבדי חשמונאי, וכלה את זרעם ולא השאיר מהם שריד ופליט: **(ע"כ הוספה מכת"י).**

עמ' לד, הערה ו:

והפמ"ג בא"א (ריש סי' עת"ר) כתב, 'להשכיחם תורתך' זה מחמת קנאה משום שאין חכמה כחכמת התורה. ואמנם 'להעבירם חוקי רצונך', אדרבה הם מונין את ישראל ומשחקים ומלעיגים עליהם שמקיימים אותם לומר שאין בהם טעם כלל. וישראל משיבין להם שאנו חייבין לעשות רצון מלך מלכי המלכים הקב"ה, חקי רצונו, לכן על זה נקראים 'זדים', בלי שום שוגג. 'וזדים ביד עוסקי תורתך', על דרך אשר קדשנו במצותיו וצונו לעסוק בדברי תורה, שנצטוינו לעיין ולפלפל בה. אם כן הכי קאמר לא זו שמסר הזדים ביד המדקדקים בחוקים ביותר, אלא אף זו שמסר אותם ביד עוסקי תורתך ששים ושמחים בפלפולם, כמאמר החכם כי מי שלא טעם טעם שמחת התרת הספיקות לא טעם טעם שמחה מעולם, עכ"ל: (לשון הפמ"ג כאן בכת"י הוא בקצת שינוי לשון מכפי שנדפס בשו"ע מהדורת פריעדמאן).

עמ' לה, הערה ג:

ובב"י דקדק למה אמר 'זדים ביד עוסקי תורתך' ולא אמר דבר והפוכו, 'זדים ביד ענוים' כמ"ש בכל האחרים. ותירץ הפרי חדש, משום דלא אפשר להם [לחשמונאי ובניו] להיות כל כך ענוים [לפי שהיו כהנים] וכתיב (הושע ד, ד) ועמך כמריבי כהן. אי נמי יש לומר דכיון דאמרינן שהתעסקו בתורה ותורה מתקיימת בידם, הרי הוי ענוים בכלל כדאמרינן (עירובין נה.) לא בשמים היא, לא בגסי הרוח היא. ובפ"ק דתענית (ז.) אמרו אין התורה מתקיימת אלא במי שדעתו שפלה:

עמ' לט, (בפי' עץ יוסף ד"ה על הבית הגדול והקדוש):

עמ' מ, הערה י:

הובא בספר אוצרות ירושלים (חלק טו) שהר"ר שמואל סלנט ז"ל היה נוהג לומר 'הגדושה' במקום 'הקדושה'. ובסידורי הספרדים נמצא רק 'לידך המלאה והרחבה'. ועי' בסדור צילותא דאברהם (הוצאת מוסד ר' קוק) בפי' ויעש אברהם דכ' דלכאורה קשה למה כתיב "הקדושה" כאן (באמצע 'המלאה הפתוחה והרחבה), ויותר נכון לגרוס

״הגדושה״ בתוך פיסקא זו. וע״ע מש״כ שם. ובתוך דבריו ציין שבאור זרוע גרס ׳לידך הקדושה המלאה והרחבה׳, ובזה מיושב הגירסא של ׳הקדושה׳. והאדמו״ר מביאלא היה נוהג לומר שניהם: המלאה הפתוחה הקדושה הגדושה והרחבה.

ועי׳ בהגש״פ **׳נפתלי שבע רצון׳** (נדפס שנת תס״ה) שמבאר הכוונה של אמירת ״הקדושה״ כאן, **וז״ל**, ויש להפליא למה הכניס תיבת הקדושה בין הדבקים שאין עניינו ומקומו כאן, והכי הול״ל כי אם לידך המלאה הפתוחה והרחבה. ושמעתי אומרים תיבת ׳הקדושה׳ בגימ״ל, ר״ל ׳הגדושה׳, אבל אינו מיושב בזה דא״כ הכי הוי לי׳ למימר כי אם לידך המלאה הגדושה, דמלת גדושה נופל על דבר שהוא מלא כמ״ש מלא וגדוש.

ונ״ל ע״ד מ״ש בחולין (ז:) רבי פנחס אקלע לאתרי׳ דרבי אמר רצונך שתסעוד אצלי אמר ליה הן, צהבו פניו של רבי וכו׳ אמר ישראל קדושים הם יש שיש לו ואינו רוצה ויש שאין לו ורוצה וע״כ לא רצה ליהנות מן הבריות, אבל אתה יש לך ורוצה וכו׳. וכתבו התוס׳ (שם ד״ה ויש שיש לו ואינו רוצה) וז״ל, ואפ״ה איקראו קדושים משום שמזמן את חבירו לאכול אצלו מפני הבושת [עכ״ל]. נשמע מזה מי שיש לו ורוצה, אותו האדם הוא קדוש ממש, משא״כ מי שיש לו ואינו רוצה שהוא צר עין שמזמינו בפה וליבו בל עימו אינו בגדר הקדושה, וה״ה מי שהוא רוצה ואין לו, הגם שהוא בגדר הקדושה, מ״מ אסור הוא ליהנות ממנו.

וע״פ הערה זו מבואר הנוסח שאנו מבקשים מהשם שאל תצריכנו לא לידי מתנת בשר ודם וכו׳ כי אם לידך המלאה, ר״ל שאנו אומרים להשי״ת שהוא ההיפוך של בני אדם שלפעמים ימצאו בני אדם שאין לו ורוצה ליתן ואסור ליהנות ממנו הואיל ואין ידו משגת, אבל ידך היא ׳מליאה׳ וסיפוק לפרנס לכל. וה״ה לפעמים ימצאו בני אדם שיש ואינו רוצה ליתן ומזמין בפה, ואסור ג״כ ליהנות ממנו, ונגד זה אמר אבל ידך היא ׳פתוחה׳, ר״ל שהיא פתוחה לכל לפרנס. וע״כ הכניס **כאן** תיבת **הקדושה**, וכוונתו בזה לומר שידך היא קדושה ממש מאחר שיש לך ורוצה ג״כ ליתן, מעתה יד כזה היא קדושה ממש. ולפעמים ימצא שיש לו ורוצה ליתן, כעובדא דר״ה בתענית (כ:) דכי הוי כריך ריפתא הוי פתח לבבא ואמר כל דצריך ליתי וליכול, ואמר רבא כלהו יכילנא למעבד בר מהא משום דנפישי חילא דבני מחוזאי, שיש שם הרבה עניים ואי אפשר לצאת ידי חובת כולם. ונגד זה אמר ׳והרחבה׳, כוונתו בזה שידך היא רחבה ומספיק לכל אדם, **עכ״ל פי׳ נפתלי שבע רצון**.

◆ עמ׳ מא, הערה ה:

כ׳ בפרחי שושנים (על ברהמ״ז) **וז״ל**, והנה לכאורה קשה וכי בשאר ימים אין קפידא. ואפשר עפ״י דאיתא בספה״ק שהשבת הוא שורש ונשמה לימי החול, ואם ח״ו יארע איזה חסרון בשורש אזי כל הנטיעה חסרה. וזה שאנו מתפללים ׳שלא תהא צרה ביום המנוחה׳ וכיון שהשורש יהיה טוב ממילא יהיו כל ימי המעשה טוב, **עכ״ל הפרחי שושנים**: (וכן הובא בשם הבני יששכר).

ובשם החוזה מלובלין אומרים: שלא תהא צרה ויגון ואנחה, לעולם ועד, ביום מנוחתינו - בזכות יום מנוחתנו.

עמ׳ מב, הערה ב:

ובסדר ר׳ עמרם כ׳ שאומרים ׳מלך׳. ובט״ז (סק״ב) כ׳ וז״ל, אומרים מלך, דדוקא אצל מלכות בית דוד אין להזכיר מלכות שמים, אבל רחוק ממלכות בית דוד אין נמנעים, עכ״ל. ובשו״ע הרב כ׳ דאומרים מלך משום דהוי ענין בפני עצמו. והטעם לאלו שסוברים שאין לומר ׳מלך׳ הוא מפני שכיון שבברכת רחם מתפללים על מלכות בית דוד אינו נכון להזכיר מלכות שמים שלא להשוותם (כדאיתא ברמ״א), אבל בשמונה עשרה אין מזכירים מלכות בית דוד בברכת רצה וע״כ אומרים שם ׳מלך׳.

עמ׳ מז, הערה ח:

ע׳ **שו״ת מהרש״ל** (סי׳ סד), וז״ל, מה ששאלת עמיתי מעניין התפילה אם יש לי קבלה מזקנים וכו׳ ובברכת המזון לא אמר בוראינו אלא האל אבינו מלכינו אדירנו גואלינו יוצרנו כו׳ והטעם לא שמעתי. ואפשר דחדא מילתא היא בריאה ויצירה ולמה לי למידכר תרוויחו. ותדע שהרי בפיוט הסליחות שאומרים בבוקר באשמורת ומזכירין בסוף תעניות אומרים עניננו אבינו עניננו עניננו בוראנו עניננו כו׳ ע״ד האלף בית וכשמגיע ליו״ד אומר עניננו יודע יצר עניננו ולא אמר עניננו יוצרינו עניננו, והיינו מאחר שכבר אמר בוראינו. ואולי יש בו כונה פרטית שהיצירה נופל על דבר גוש וגסות כחומר האדם והדומה לו, והבריאה נופל על הדקות ועל הנפש. וקרא משמעו כן שהרי כתיב בתחילה ויברא אלהים את האדם בצלמו בצלם אלהים וגו׳ שהוא הנפש והשכל, ואח״כ אמר ויצר ה׳ אלהים את האדם עפר מן האדמה, שהוא חומר הגס. ואף שמצינו נמי ויברא אלהים את התנינים הגדולים, אולי לרוב הריצתם וחדות׳ וערמת׳ נאמר, אבל עכ״פ שמענו שיותר שייך לומר יצירה על הגוף מבריאה. וכן לומר בריאה על השכל מיצירה, וכו׳. אם כן ברכת המזון שהוא שביעת הגוף והחומר מזכירים יוצרינו. ובעניין הסליחות שמבקשים רחמים על נמש החוטאת אומרים בוראינו. **(עכ״ל המהרש״ל.)**

ויש להבין עוד, בכוונת השינוי בין בוראנו ליוצרנו, וגם למה נמצא ׳גואלנו׳ בין שניהם. ומצאתי בספר ״השירה הזאת״ פי׳ נאה וז״ל, וצריך להבין מה כוונתם בתיבת יוצרנו ומה ההבדל בין בוראנו ליוצרנו ומה סמיכותה לתיבת גואלנו.

והנה ישנו הבדל בין בראיה ליצירה, וכלשון הפס׳ בישעי׳ (מג, ז), כל הנקרא בשמי ולכבודי בראתיו יצרתיו אף עשיתיו. וכן (מה, יח), בורא השמים הוא האלוקים יוצר הארץ. וביארם המלבי״ם וז״ל, ההבדל ביניהם, כי ברא, היא הוצאת החומר ועצם הדבר יש מאין. ויצר, היא הצורה המתדבקת, ומורה על צורת הדבר, עכ״ל.

ובזה מפרטים בני אשכנז באומרם בוראנו גואלנו יוצרנו. דיברא אותנו הקב״ה בזמן הגאולה יש מאין וכו׳ וייבראו מחדש כבריאת האדם בבטן אמו. ולאחר מכן יוצרנו, דהקב״ה יטביע הצורה בבריאתן כצורת אדם, וכו׳. ואף שינוי לב האבן והנחת לב בשר בגופם של עם ישראל דהיא הטבעת צורה בחומר הנברא כבר בגשמיותו וברוחניותו. וכל זאת יתקיים בזמן הגאולה,

ולכן סמיכתנו בוראנו ויוצרנו לתיבת גואלנו וכו', עכ"ל עיי"ש.

(ויש לציין, דאמירת "יוצרנו" הוא ע"פ נוסח אשכנז, אבל בנוסח הספרדים אינן אומרים אותו. עי' בפי' ר"י בר יקר ובאבודרהם ועוד.)

עמ' מו, הערה יג:

ובפי' התפלות והברכות לר"י בר יקר כ' וז"ל, ורחם עלינו כי אל מלך חנון ורחום אתה, ע"ש (נחמיה ט, לא) וברחמיך הרבים לא עשיתם כלה ולא עזבתם כי אל (מלך) חנון ורחום אתה. ובעבור שאומר אותו בראש השנה אומר מלך חנון. וע"פ דבריו נראה דסובר דכיון דאומרים 'מלך' **בר"ה** ע"כ צריכים לומר 'מלך' **בכל השנה**. ואולי זהו כוונת המטה אפרים ג"כ. ויש שרוצים לבאר דכמו בר"ה יש ענין של דין ומזכירים ענין של מלכות, כן הוא בכל המועדים שבאותו זמן נידונין מן שמים (כגון תבואה וכו'), וע"כ גם אז יש ענין להזכיר ביעלה ויבא 'מלך' (וכן יש לבאר ענין של דין בר"ח שהרי מביאין בר"ח קרבן חטאת). ועפ"ז מבואר טעם אמירת 'מלך' **בכל השנה**.

עמ' מח, הערה ה:

בספר בחוקותיך אשתעשע (עמ' י') כתב: הנה כתב המגן אברהם (סי' רטו ס"ק ג) וכ"ה במשנה ברורה (שם ס"ק ט) ובקיצור שולחן ערוך (סימן מד סעיף ז) וז"ל: איתא במדרש, כששומע אחד מתפלל דבר או מברך לישראל אפי' בלא הזכרת השם חייב לענות אמן, ולכן עונין אמן אחר הרחמן בברכת המזון, עכ"ל. וכ"כ הבן איש חי (שנה א פרשת מסעי סעיף טו) וז"ל, כששומע אחד מתפלל על דבר או מברך לישראל אפילו בלא הזכרת השם חייב לענות אמן, ולכן צריך לענות אמן אחר הרחמן בבהמ"ז. וכתב עוד שם, אמנם נראה דגם למדרש אין זה חיוב גמור אלא שראוי לענות ממידת חסידות, ומ"ש הלשון חייב לענות אמן לאו דווקא חובה אלא ראוי ונכון הדבר, וכיו"ב אשכחן שלשון חובה לאו דווקא.

ובשו"ע הגר"ז כתב "כל המברך את ישראל מצוה לענות אחריו אמן, ולכן יש לענות אמן אחר הרחמן, עכ"ל. וקצור שו"ע (מד, ז) כ' וז"ל, נוהגין שמשועמים עונין אמן לאחר הרחמן שבברכת המזון, משום דאיתא במדרש כששומע אחר מתפלל דבר או מברך לישראל אפי' בלא הזכרת השם חייב לענות אמן, עכ"ל. ובערוך השלחן (רטו, א) כ' וז"ל, כששומע שעושין מי שברך לאחד נכון לענות אמן ובזה מקיים מצות ואהבת לרעך כמוך, ולכן עונין אמן אחר הרחמן, עכ"ל.

ובהעמק שאלה (נג, ב) כ' שפשוט שאינו חיוב אלא מדת חסידות. וכן הוא בישועות יעקב (רטו) שיש רשות לענות אמן. והחיי אדם כ' (מז, א) וז"ל, השומע שהמברך מסיים אל יחסרנו צריך לענות אמן, כי כאן הוא סוף הברכה, עכ"ל. וכ"כ בערוך השלחן (סעי' ז) וז"ל, להוציא מדעת ההמון שסוברים דהרחמן שייך לברהמ"ז, ועונין אמן אחר הרחמן ולא אחר אל יחסרנו, וזהו טעות גדול, וצריכים להודיע להם, עכ"ל. (אמנם הבעל התניא כ' בסידורו שאין עונין אמן אחר אל יחסרנו. ומבארים דבריו שהוא סובר שהרחמן הוא חלק מברכה רביעית, שמטעם זה אינה נחשבת להפסק בין בהמ"ז

ושתיית הכוס. ונמצא לפי זה (דאין אומרים אמן אחר אל יחסרנו) שמן הנכון **להזהר**

עמ׳ מח, הערה ו:

ובספרי המדקדקים יש חילוקי דעות בנקוד כאן. י״א שצריך לומר שניהם בחול״ם (בית תפלה לרז״ה) וי״א שצ״ל שניהם במלאפו״ם (אור חדש, מטה יהודה). והיעב״ץ כ׳ דהראשון הוא בחול״ם והשני הוא במלאפו״ם, וכ״כ בסידור ר׳ קאפל.

ובסדור עבודת ישראל (לר׳ זעליגמאן בער) כ׳ טעם לומר שניהם בחול״ם, דהלשון ״הוא יגמלנו לעד... וכל טוב״ הוא ע״פ מש״כ ״גמלתהו טוב ולא רע״ (משלי ל). והלשון ״ומכל טוב לעולם את יחסרנו״ הוא ע״פ מש״כ ״לא יחסרו כל טוב״, ובפסוקים אלו הרי נכתב ״טוב״ בחול״ם.

ובביאור הענין לומר הראשון בחול״ם והב׳ במלאפו״ם, כ׳ היעב״ץ לבאר דטוב בחול״ם הוה ״תואר״ וטוב בנקוד מלאפו״ם הוה ״שם דבר״. ובעבותים חדשים כ׳ דאי שניהם בחול״ם או שניהם במלאפו״ם אז ״הוא יגמלנו כל טוב״ היינו ״ומכל טוב לעולם אל יחסרנו״.

ויש לציין שהתשב״ץ קטן כ׳ ד״וכל טוב״ אומרים בחול״ם (וכפי שהובא בענף יוסף), ולא כתב בכלל ענין הנקוד של ״ומכל טוב״ (עי׳ ליקוטי מהרי״ח). ואולי היה הגירסא אצלו שברכת הטוב והמטיב מסיים אחר ״וכל טוב״ ולא גרס ״ומכל טוב וכו׳״. דכן מצינו דהרמב״ם ואור זרוע ומחזור ויטרי אינן גורסין אותו, ואולי דכן הי׳ גם גרסת התשב״ץ וע״כ לא הביא אופן הנקוד של ״ומכל טוב״.

ולומר אמן (בסוף) **כששומע הרחמן**.)

ובספר השירה הזאת (עמ׳ רמז) מצאתי פי׳ נאה וז״ל, אמירתנו בתחילה ׳וכל טוב׳ בחולם אין כוונתה לשפע ולפרנסה גשמית רבה. אלא ביאורה הוא ככוונתו של דוד המלך בתהלים ׳כפירים רשו ורעבו ודורשי ה׳ לא יחסרו כל טוב. דלכאורה תימה דהרי עינינו רואות את חיי קושי הפרנסה ולעתים העוני שישנו בדורשי ה׳ העוסקין בתורתן יומם ולילה ואינם עוסקין במלאכתן אלא לריוח מועט וכדי מחייתן. ומה כוונת דוד המלך שדורשי ה׳ לא יחסרו כל טוב.

וביאור זאת ר׳ אליהו לופיאן זצ״ל. דודאי שדורשי ה׳ ולומדי תורה אין להם עשירות שפע ממוני גשמי מרובה. ברם, כוונת דוד המלך לומר שדורשי ה׳ ולומדי תורה מסתפקים במועט שיש להם וחייהם באופן שהרגשתם שיש להם הכל, דאע״פ שפרנסתם מועטה הכרתם בלבם דיש להם כל צרכיהם, כאילו יש להם את כל הטוב שבעולם. וזה הביאור ודורשי ה׳ לא יחסרו כל טוב, דהרגשתם שיש להם כל טוב שבעולם. וזאת כוונת תיבת טוב בניקוד חולם. שאדם חי במוחשיותו בהכרתו שיש לו כל טוב שבעולם וחי בבחינת טוב, אע״פ שאין לו שפע גשמי...

ולפ״ז... בקשתנו מהשי״ת דבכל כמות שישפיענו בפרנסתינו ובממונינו נרגיש בהרגשתינו ובהכרתינו דיש לנו כל טוב שבעולם. ובקשתינו דיזכנו הקב״ה להגיע לדרגה זאת שנחיה באופן כאילו יש לנו כל אע״פ שחסר לנו בפועל... ועל זאת מוסיפים... ומכל טוב לעולם אל יחסרנו.

להוסיף בבקשתנו שהקב"ה ישפיענו בפועל אף בשפע גדול כַּמותִי בממונינו ובפרנסתינו, ולא יחסר כלום. לא רק בהרגשתינו ובהכרתינו אלא אף בפועל לא יחסרנו, ע"י שישפיענו כל טוב, היינו שפע גשמי כַּמותִי ברב הכמות. וזאת אמרתינו 'אל יחסרנו', בפועל. דנמצא לפ"ז דהוספה גדולה היא בבקשתינו השנית, 'ומכל טוב לעולם אל יחסרנו', על קבלת השפע המרובה בכמותו, יתירה על בקשתינו בתחילה 'וכל טוב', על הרגשתינו בלבד דיש לנו הכל, ובמציאות חסר לנו, **עכ"ל ע"ש.**

עמ' מט, הערה א:

ע"פ הגר"א יש לענות אמן אחר 'אל יחסרנו' (דכאן הוה סיום ברכת הטוב והמטיב) וכן הובא בחיי אדם (כלל מז). וכ"כ בערוה"ש (קפט, ז) וכן דעת המהרש"ם. ובאבן האזל (ברכות פ"ב ה"ז) כ' דברכת אורח אומרו מיד אחר 'אל יחסרנו' והוא המשך ברכת הטוב והמטיב. וע"כ בזמן שיש אורח אין לענות אמן אחר 'אל יחסרנו' אלא אחר שגומר ברכת האורח (דאז נגמר ברכה רביעית). (ודעתו, וכן דעת הגרי"ז, די"ל ברכת אורח מיד אחר שאומרים "אל יחסרנו". ויש שסוברים דאומרים אותו אחר "ישועות ונחמות" ואחרים סוברים אחר "כלנו יחד בברכה שלמה וכו'".) (אמנם מצאתי כתוב דהגר"ח קניבסקי זצ"ל היה עונה אמן אחר 'אל יחסרנו' אף בזמן שהיה שם אורח. ועי' תשובות והנהגות ח"ו סי' נ שג"כ סובר הכי, ע"ש טעמו). ויש סוברים **דאין עונין אמן** אחר 'אל יחסרנו' כיון דאומרים בסוף אמירת הרחמן 'ונאמר אמן' הוה שם נחשב לסיום הברכה הרביעית. (ולפי זה היה מן הראוי שיאמר כל אחד "אמן" כששומעין "ונאמר אמן", אבל לא ראיתי נוהגין כן.) ומצאתי כתוב בס' ישרי לב (ח"ב סוף סי' ח) דמנהג סקווירא ועוד קהילות קדושות שאינן עונין אמן אחר 'אל יחסרנו' עד אחר הרחמן, ע"ש.

עמ' מט, הערה ב:

בספר "וברכת" (ר' אברהם דוב בורשטין, ירושלים תש"פ) פ' ו' הערה א' כ' וז"ל, האי דרשא מובאת נמי בתוס' שאנץ בגליון הגמ' בסוטה לג. וכן בחזקוני עה"פ שם. וברוקח דלהלן למעלה, ובמנהיג (הל' סעודה סי' טו) ובחי' הרשב"ץ לברכות מו. כתבו כן בשם התוספתא, ובסמ"ג (עשין כז) כתב כן בשם הירושלמי. ובסמ"ג (מ"ע כז) כתב, שמעתי כי יש בברייתא בירושלמי וברכת את לרבות בעה"ב. **אמנם גם בתוספתא וגם בירושלמי שלפנינו ליתא.** עכ"ל. והעץ יוסף העתיק דבריו מהא"ר ושם הובא דרשה זו בשם הירושלמי. ובאבודרהם (פ"ל אות לט) מביא "וכתב אבן הירחי" (בספרו "ספר המנהיג"). ובמלבושי יו"ט (סי' ר"א אות א) הובא דכ"כ בדרשות מהר"ש. (ועי' באר היטב סק"ג.)

ולכאורה דרשה זה הוא רק אסמכתא ואינה מדינה דתורה. אכן בספר פדה את אברהם (מערכת ב,ט) כ' שהחיוב לברך הבעה"ב הוא מדאורייתא. וע"ע בגליוני הש"ס להגר"י ענגעל זצ"ל (ברכות מו) דמבאר הנפ"מ בין "את ה' אלקיך תירא - את לרבות ת"ח, להא ד"וברכת את ה' אלקיך - את לרבות בעל הבית". ומשמע מדבריו שהוא דרשה גמורה. (ע"פ ספר מאיר עוז, סי' רא). וכן לפי מש"כ החזקוני (פ' עקב) וע"פ מש"כ במחזור ויטרי משמע ג"כ שהוא דין מן

התורה. (כן מצאתי כתוב בספר "אוצר מפרשי הברכה".)

ויש לציין דע"פ דרשה זו תקנו חז"ל דאורח מברך (היינו להיות המזמן) כדי שיברך לבעה"ב. דהיינו דרק המזמן אומר "ברכת האורח" (דבזמן הגמרא היה המנהג דרק המזמן מברך ושאר המשתתפים בסעודה שמעו לברכת המזמן וענו אמן ויצאו בזה.) אבל בזמנינו שנוהגין שכולן מברכים לעצמן יש לנהוג שכל אורח הנמצא בסעודה יאמר הרחמן זה (אף אלו שלא כבדו בזימון) (ערוה"ש סי' רא סעי' ג).

ובענין זה שכ' בגמרא (ברכות מו.) דאורח מברך כדי שיברך לבעה"ב, כ' **בסדור הגאונים והמקובלים** (חלק כ) וז"ל, עי' שו"ת יעב"ץ (ח"א) סי' ע"ד, האידנא דכ"א מברך בפ"ע לא שייך האי טעמא כדי שיברך לבעה"ב, וא"כ יותר נכון שלא יתן הבעה"ב המצוה (של זימון) לאחר אלא יברך בעצמו, ע"ש. אכן עי' במשנה ברורה (סק"א) דלא משמע כן, ע"ש. **עכ"ל**.

ועי' בספר הלכות יום ביום (הל' ברכות ח"ב פ"ו, לג) דכ' דברכת אורח הוא חיוב גמור. ואף מי שאוכל ביחידות אצל בעה"ב צריך לאומרה. וי"א דהחיוב רק בזימון להמזמן, ומ"מ כשמברכין בזימון והמזמן אומרה בקול ועונין אמן יוצאין כולן בזה.

וכ"ז דאורח מברך הוא רק בזמן שאינו משלם לבעה"ב. אבל אם משלם לו אז אין כאן צורך לברכו. (כן ביאור המג"א (סי' רא, סק"ב), וכ"כ בכה"ח (שם אות יא) וכן הוא במ"ב (שם סק"ז).

ויש להוסיף ע"ז, דמצאתי בספר החידות (ח"ב) שאלה שג שכתב: **שאלה:** אורח מברך אפי' בעה"ב גדול ממנו, כדי שיברך לבעה"ב כי "וברכת את ה' לרבות בעה"ב". היכא תמצא שאפי' יש אורח, **בעה"ב** מברך? **תשובה:** בליל פסח **בעה"ב מברך**, שנא' טוב עין הוא יברך, והוא מקרי טוב עין שאמר "כל דכפין ייתי וייכול". ע"כ.

עמ' מט, הערה ג*:

ע' ליקוטי מהרי"ח שכ' וז"ל, ומצאתי בסידורי סלאוויטא שהעירו בזה, ואפשר דהיינו דוקא היכי דמזכיר השם בתפילתו משא"כ כאן שאין מזכיר רק **'הרחמן'**, ואם כי הכוונה על השי"ת מ"מ כיון דלא מזכיר השם בהדיא אין קפידא. **עכ"ל**. וע"ע בספר "אוצר מפרשי הברכה" (עמ' 532-533) שמביא עוד תירוצים לקושיא זו.

עמ' מט, הערה ה:

ובפמ"ג כ' ש"טוב שלא יקבעו אז שלשתן יחד ואין ספק ממה שישבו יחד", עכ"ל. וכוונתו שאפי' אם הוא רק **בדעתן** שאינן קובעין ביחד אינו נחשב כקביעות **אף שישבו ביחד**, וממילא אז אין חיוב לזמן.

עמ' מט, הערה ו:

ע' **טור** (סי' קפ"ט) בסוף, וז"ל, כתב אחי ה"ר יחיאל ז"ל נהגו להאריך בברכת הטוב והמטיב הרחמן בכמה גווני ולא ידעתי מאין בא זה להרבות בבקשה בין ברכת המזון לברכת בורא פרי הגפן. ואפשר שנהגו לעשות כן מהא דאמרו (ברכות מו.) אורח

מברך יהי רצון מלפניך וכו' ע"כ. ונ"ל שאין בזה משום הפסק, וגדולה מזו מצאנו בברכת המילה שמתפללים על הילד באמצע הברכה אחר שבירך בורא פרי הגפן, ומפסיק בין ברכה לשתיה. **עכ"ל הטור.**

וכ' שם **הפרישה** (סק"ט) וז"ל, שמתפללין על הילד וכו'. פירוש שאומרים אלקינו ואלקי אבותינו קיים את הילד הזה וכו' אחר שבירך בורא פרי הגפן וכו'. וז"ל ר' אברהם פראג בהגהות, ועיין ביורה דעה [סימן רס"ה] וצ"ע כי הלשון מגומגם כאן מאד, ע"כ. ונראה לע"ד דקשה ליה מהו זה דקאמר (הטור) 'באמצע הברכה', הא לא אמרינן התפלה על הילד כי אם בסוף הברכה כמו שכתב שם ביורה דעה. ואי משום מה דמפסיק בין טעימה של כוס הברכה לבין הברכה ויהא הפסק באמצע הברכה, אכתי קשה מאי "וגדולה מזו מצינו" שכתב דמצינו שם, הא שוים הם דגם כאן מפסיק בכמה בקשות רחמים ותפלות בין ברכת הטוב והמטיב לטעימת הכוס של ברכה. ומיהו יש ליישבו, דשאני הכא דעיקר ברכת הטוב והמטיב הכל בקשות ותפלות הוא, הוא היטב לנו והוא יגמול בעדנו. נמצא דהוספת הרחמן ובקשתן הוא מעין הברכה קצת. ועוד דברכת הטוב והמטיב אין חותמין לבסוף, נמצא כאילו הכל ברכה אחת היא, משא"כ בברכת 'קיים את הילד' שהיא ברכה דשבח ולא נתקן בה שום בקשה. כי מה שאומרים בה 'על כן אל חי צורנו צוה להציל ידידות וכו'' אין זה בקשה אלא אומר ברכות שע"י המילה מציל נפשותינו מן הגיהנם, וגם מסיים אותה בברכה ואומר 'ברוך אתה ה' כורת הברית', והוי ליה לטעום מכוס של ברכה מיד. וזהו שקאמר "וגדולה מזו וכו'". **עכ"ל הפרישה.**

עמ' נ, הערה ב:

נר' דטעם המג"א לומר "כלנו יחד בני ברית" דאי אומר "יחד" לבסוף נר' כחוזר על מה שאמר "בני ברית". ועי' במחצית השקל, וז"ל, כשאומר 'כלנו יחד בני ברית', ניהו שלבסוף מוציא הגוי מכלל ברכה מ"מ תחלה כשאמר 'כלנו יחד' הוה שעה אחת הגוי בכלל ברכה ולכן טוב לומר להיפוך 'אותנו בני ברית כלנו יחד', עכ"ל. ובקצשו"ע (סי' מ"ד סי"ח) כ' כהמג"א. ובסידור הגר"י עמדין כתב לומר כדברי הט"ז (כלנו בני ברית יחד) וכן דעת הגר"ז (קפט, ד) וכ' וז"ל, ויותר נכון לומר "בני ברית כלנו יחד" שלא יהיה בכלל הברכה אפילו רגע כשאומר "כלנו יחד" קדם שמסיים "בני ברית". (וכ' עוד שם דנשים ועבדים בני ברית הם כמ"ש "טפכם נשיכם וגו' לעברך בברית וגו'".) ועי' בספר שערי נישואין (מאת הר' יהודה טשזנר שליט"א) שער ג' אות ג' שכ', ולעתים יש נכרים באולם החתונה, מכמה סיבות, ויש לשנות את הנוסח בהתאם. ואפילו אם אין הנכרי אוכל שם אלא עובד שם כגון מלצר וכדומה, עדיף לשנות הנוסח [ולומר "כלנו יחד בני ברית"].

עמ' נא, הערה ד:

(הוספה מכת"י ערוגת הבושם:) סוכת דוד הנופלת. כתב בספר חסד לאברהם (לר"א אזולאי ז"ל), בענין שכ' כי השכינה יורדת בעונותינו בסוד הגלות מדריגה אחר מדריגה, וישראל יורדים ונופלים. ולזה נקראת סוכת דוד הנופלת, שלעולם נופלת

מדריגה אחר מדרגה [לכך אנו אומרים סוכת דוד הנופלת בכל יום ויום]. ובמקום אחר כתב שירידה זו לצורך תיקון הניצוצות. וכן אמר 'נפלה ולא תוסיף עוד קום בתולת ישראל', ע״כ: **סוכת דוד הנופלת.** יש מי שמוסיף 'ובל תהי עוד מושפלת' [והוא מלשון יוצר ב' של סוכות ונראה נכון] (אור חדש):

עמ' נא, הערה ד:

מהרש״א פסחים (נ.) וז״ל, **לעוה״ב כולו הטוב וכו'.** הוא מבואר ע״פ מ״ש מפי עליון לא תצא הרעות והטוב. אמר רעות בלשון רבים והטוב בלשון יחיד, לפי שהרעות יש בהס שינוים רבים לפי המקבלים ולא כן הטוב הבא ממנו יתברך הוא טוב אמיתי בלי שינוי. וז״ש מפי עליון לא תצא הרעות הבאים שינוי נגד הטוב האמתי אבל הם באים בעוה״ז לפי המקבל. ואין אחדותו ניכר לפי שינוי המקבלים דעל בשורות טובות אמר הטוב שהוא הטוב אמתי, שהוא הקב״ה הוא המטיב לכל. ועל בשורות רעות אמר ברוך דיין האמת, שאין הרע בא ממנו יתברך רק לפי אמיתת הדין לבא על המקבל. אבל בעוה״ב יהיה ניכר אחדותו שלא יהיה שינוי רע רק כולו הטוב והמטיב. עכ״ל.

ואלו דברי **ספר איי הים** (פסחים נ.), וז״ל, חז״ל העומדים בסוד אלו״ה הורונו ויאמרו לנו דע כי השם יתברך עושה הטוב בעמיו על כן ברכו אלקים אלקינו גם על הרעות החיצוניים למען הטובות הכחניים שבהם. אמנם בנוסח הברכה שניין דא מן דא. והיינו כי על הטובה המבוארת לכל שהיא טובה מברך הטוב והמטיב, כלומר הענין בעצמותו הוא טוב למה שהוא יתברך הוא טוב והפועל אותו הוא מטיב בה למקבלים ואין בה מאומה רע. אבל על הרעה אומר דיין אמת, כלומר שהמברך מאמין אמונה שלימה כי זה לטובתו, ובאמרו כן ירצה בזה דן באמונה בענין דיניי ומשפטיי ותוכו רצוף הטוב הנמשך מהדין. אמנם זאת החלוקה אינה רק בעולם הזה במה שלפעמים יושגו לנו ענינים מטיבים מתוך רשפת להבת יקוד אש אוכלה מכאבת אותנו לשעתה, אמנם לעולם הבא אומר הטוב ומטיב כל פעם. והיינו כי הטוב אשר יושג לנו אז יהיה נגלה בלתי מעוטף מעורב עם רע במה שכל הדברים יושגו לנו אז מידו יתברך לידינו ממש זולת אמצעי. וזה הפועל יקרא בשם ירוד' אשר ביאורו מורה חנינה ורב חסד. הארכנו בזה וכאן לא לאורך אני צריך רק לביאור הענין ועיין מסכת חגיגה דף ה' ד״ה מקום. עכ״ל.

עמ' נב, הערה א*:

מגדיל ישועות מלכו. הוא משיח בן יוסף: ועושה חסד למשיחו. הוא משיח בן דוד, וכן בעזך ישמח מלך, משיח בן יוסף. ובישועתך מה יגל מאוד, משיח בן דוד (גר״א ש״א ב, י):

עמ' נב, הערה א:

ע' בכף החיים (קפט אות יא) בא"ד וז"ל, וכתב שם הכנסת הגדולה, ולפי דבריו (של האבודרהם) אין לומר מגדול כי אם בשבת או ביו"ט אבל בר"ח אומרים מגדיל אבל מנהגינו לומר מגדול אפילו בר"ח, והטעם שמעתי [דכתיב] חדש ושבת קרא מקרא, עכ"ד. וכן כתב העולת תמיד אות א' מגן אברהם שם. ויש אומרים שגם בסעודת מוצאי שבת אומרים מגדול. ואני שמעתי משם מה"ר דוד פארדו ז"ל שגם בסעודת מילה על פי הסוד ראוי לומר מגדול, חסד לאלפים אות ח'. ובספר כתר מלכות כ"י איתא שגם בסעודת פורים יאמר מגדול בשביל אותה הארה המתגלית ביום ההוא, בן איש חי פרשת חקת אות י"ט. ולפי זה נראה שגם בסעודת חתן או סיום מסכתא יש לומר מגדול כיון שיש הארה של מצוה, ועיין לעיל סימן קפ"ז אות ד'. עכ"ל הכף החיים. (וי"א דגם בסעודת פדיון הבן ובסעודה לכב' הילולא דרשב"י אומרים מגדול.) והחמדת ימים (סוף הל' שבת) כ' דגם במלוה מלכה אומרים מגדול, ע"ש. ומצאתי בספר דברי בניהו (חלק כ') שכ' וז"ל, עי' בשו"ת תורה לשמה (סי' קמט) שכ' שאם חל יו"כ בשבת לא יאמר במוצאי יוה"כ שהוא מוצאי שבת מגדול כמו בכל שבת כיון שבאותו שבת היו בתענית ולא היה בו סעודות, גם אין צריך לומר בה שהיא כנגד דוד מלכא קדישא כנהוג בשאר מוצאי שבת, גם אין צורך לומר מגדול בוא"ו אלא מגדיל ביו"ד, והיינו מכיון שלא אכלו ביוה"כ אין בה כדי להמשיך אור קדושת שבת לימי החול מבחינת הסעודות כנהוג מפני שהיו בתענית. עכ"ל.

וע"ע בספר לב חנון (חלק א) סי' טו שמבאר באריכות מתי אומרים מגדול. ובס' מבשרת ציון השלם (ח"ב, להר' בן ציון מוצפי) סי' מו כ' וז"ל, הימים שאומרים בהם מגדול הם לסברת האבודרהם שבת קודש, וגם יום טוב שוה לשבת בזה לסברת הפוסקים, וגם בראש חודש כסברת המטה משה והמגן אברהם ועוד, וגם חול המועד קל וחומר מראש חודש כדברי רבנו יעקב רקח, וכן סעודה רביעית במוצאי שבת קודש כשיטת החמדת ימים ובן איש חי, וסעודת מילה כדברי הרב דוד פארדו, וסעודת פורים כדברי הרב בן איש חי בשם כתר מלכות, וסעודת סיום מסכתא כשיטת כף החיים. אבל בסעודת פדיון הבן או הילולת צדיק יש לומר מגדיל.

עמ' נב, הערה ט:

בעיון תפלה במנחה לשבת כ' וז"ל, תפארת גדולה. מצינו בתלמוד שלשה זמנים מתחלפים לעתיד לבא. הזמן הראשון **ימות המשיח** שעליהם אמר שמואל (סנהדרין צט.) אין בין העוה"ז לימות המשיח אלא שעבוד מלכיות בלבד, ונחלקו רבותינו (שם צט.) כמה שנים יארך הזמן הזה, לר' אליעזר ארבעים שנה ולר' אלעזר בן עזריה שבעים שנה וכו' עיי"ש, בזמן ההוא יחיו ישראל חיי **עם**, אוכלים ושותים ושמחים בשלות עולם

בהשקט ובבטחה, ומלך המשיח ימלוך עליהם בצדק ובמישור,ויהיו **לגדולה ולתפארת** נגד כל הגוים. ואז יהפוך הקב"ה אל העמים שפה ברורה לקרא כלם בשם ה' לעבדו שכם אחד (צפניה ג, ט). הזמן השני הוא **תחית המתים** או **עולם הבא**, המתים יחיו ויעמדו בגופותיהם ובלבושיהם כשעה שמתו, כמבואר בסנהדרין (צ סוע"ב) ובפסחים (סח.) מה שאני ממית אני מחיה, ובסוף פרק ט' דשמחות היא כסותו שיורדת עמו לשאול היא שבאה עמו לעתיד לבוא שנא' (איוב לח, יד) תתהפך כחומר חותם ויתיצבו כמו לבוש. ואח"כ יתבסמו ויתאצלו הגופים הגסים וישובו להיות גופים רוחניים בלתי מתפרדים ובלתי מתהפכים ומשתנים לעולם, כגופו שלא אליהו שעלה השמימה בגופו, ואז לא יצטרכו עוד לאכילה ושתיה ותענוגות בשרם. ועל אותו הזמן אמר רב (ברכות יז.) העוה"ב אין בו לא אכילה ולא שתיה ולא פריה ורביה וכו' אלא צדיקים יושבים **ועטרותיהם בראשיהם**, ופירש הראב"ד ז"ל בהשגות (פ"ח מהל' תשובה ה"ב) "שהבורא ישים גויתם חזקים ובריאות (ר"ל בלתי בעלי שנוי והפרדה) כגויות המלאכים (שכתוב בהם גויות יחזקאל א, כג דניאל י, ו) וכגוית אליהו זכור לטוב, ויהיו העטרות כמשמען וכפשוטן ולא יהיה משל", עכ"ל, וכן נראה האמת, דאי ס"ד שכונת רב על הזמן שאחר המות מאי קמ"ל, וכי תעלה על דעתך שיש אכילה ושתיה בעולם העליון, הלא הגופים המרגישים כבר מתו ומי יאכל ומי יחוש ? אבל אי נימא שכונתו על זמן שאחר תחיית המתים, טובא קמ"ל, שאע"פ שיעמדו המתים בגופם מ"מ לא יצטרכו הגופים שום מזון גשמי לקיומם, כי יתהפכו ויתעלו למדרגה רוחנית כמדרגת אליהו ז"ל ומדרגת מרע"ה בהר סיני. הזמן השלישי הוא ימות האלף השביעי, דתניא בסנהדרין (צז סוע"א) כשם שהשביעית משמטת אחת לשבע שנים כן העולם משמט אלף שנים לשבעת אלפים שנה וכו' ואומר מזמור שיר ליום השבת **ליום שכלו שבת**, ותנד"א (שם צב רע"ב), ואם תאמר אותן השנים שעתיד הקב"ה לחדש בהן את עולמו וכו' צדיקים מה הן עושים ? הקב"ה עושה להם כנפים כנשרים ושטין על פני המים וכו' ושמא תאמר יש להם צער ת"ל (ישעי' מ, לא) וקוי ה' יחליפו כח. **עכ"ל עיון תפלה (מנחה לשבת)**.

עמ' נג, (על "פותח את ידך וגו'"):

ומשביע לכל חי רצון. ס"ת (גימטרי') 'לעני', שהעני שאין לו לאכול אלא דבר מועט שהוא שבע מן הרצון, שהוא מתרצה ומרוצה באותה דבר מועט: **אשר יבטח בה'.** בהחלט בלתי פניה אל תחבולה אנושית. וכשעשה כן אז 'והיה ה' מבטחו' ויהיה מושגח מה' השגחה שלמה:

עמ' נג, הערה ג:

עי' בפירוש התפלות והברכות לר"י בר יקר וז"ל, כפירים רשו ורעבו ודורשי ה' לא יחסרו כל טוב. ... ונוהגים לאומרו לפי שהיינו מדברים בעניני ימות המשיח באנו להזכיר פורעניות לגוים, שאלו מהדברים שיבאו ביחד כדחשיב במכילתא (בשלח ה) על הדברים העתידין לבא, מלכות בית דוד ומלכות חייבת (ר"ל רומי, עי' פסחים נד: ורש"י שם ד"ה מלכות מחייבת) שתעקר, וגם פורעניות הגוים וטובה לישראל בפסוק אחד והוא ע"ש [הנה] עבדי יאכלו ואתם תרעבו (ישעי' סה, יג) זהו רשו ורעבו. ודורשי ה' לא יחסרו

כל טוב וכתוב בתריה (סס, יד) הנה עבדי ירונו מטוב לב. ועוד [כתב ה"ר משה] **הודו לה' כי טוב כי לעולם חסדו**, לגמור הברכה בטוב אצל הקב"ה.

ואנו לאחר שסיימתו הברכה אנו רגילים לומר **ה' עוז לעמו יתן ה' יברך את עמו בשלום.** לפי שהשלחן [מכפר] במקום קרבנות רמז שאין המקום מקבל כפרה וקרבן כי אם מישראל כדאמ' בתנחומא (נו, ד) שאמר בלעם לאומות העולם וכי אתם שלא קבלתם התורה ופסלתם הקרבנות אתם רוצים להקריב. מי שקיבל אותם הוא מקריב. שנא' ה' עוז לעמו יתן ה' יברך את עמו בשלום. אלו השלמים שהם שלום למקום ולעולם [ולבעלים] ולכהנים. מה שאין כן בחטאת ועולה [ואשם] ותודה. **עכ"ל הר"י בר יקר.**

עמ' נד, הערה א:

וראיתי להביא כאן מה שמצאתי **בסדור דובר שלום** על ברכה מעין שלש. **על המחיה ועל הכלכלה.** 'מחיה' היינו ענינים ההכרחים שעליהם יחיו ובלעדיהם ימותו, ו'**כלכלה**' היינו תוספת המזון שאדם יכול לחיות בלעדם. ולפי שברכה זו באה על פי הרוב על מיני כיסנין שמעורב בהם גם יבולי השדה מפירות וכאלה, לכן מזכיר בזה גם '**תנובת השדה**'. **על הגפן ועל פרי הגפן על העץ ועל פרי העץ.** מה שמברכים על הגפן ועל העץ אף שאינו נהנה רק מהפירות ולא מהגפן והעץ, יתכן, ע"פ מאמר חז"ל (ב"ר) "עץ פרי עושה פרי", עברה על הציווי שאמר לה הקב"ה, "עץ פרי עשה פרי" מה הפרי נאכל אף העץ נאכל, והיא לא עשתה כן וכו'. הרי ששלימות הבריאה היה שגם העץ יהיה נאכל כמו הפרי, לכן מברכים על שלימות הבריאה 'על הגפן ועל פרי הגפן', 'על העץ ועל פרי העץ', שגם הגפן והעץ עצמם עשויים למאכל כמו הפרי. **לאכל מפריה ולשבוע מטובה.** כל זמן שאין אדם מסתפק במה שיש לו אינו נהנה ממה שיש לו, כי נכספה גם כלתה נפשו למותר ממה שיש לו. אך ברכת ה' היא תעשיר שנתן לנו הארץ '**לאכול מפריה**' ושיהיה לנו מדת ההסתפקות '**לשבוע מטובה**' כדי שביעה, לא להתאוות למותר ממה שיש לו. **(ע"כ מסדור דובר שלום).**

עמ' נד, הערה ב:

ובמשנה ברורה (סי' רח ס"ק נח) כ' לומר "וזכרנו לטובה ביום חג (פלוני)", וכ"כ במג"א ס"ק יח. וזה ע"פ מש"כ הרא"ש, וכן הובא בב"י בשם התשב"ץ שכן נהג מהר"ם. והטעם הוא מפני שכמו ביעלה ויבא בברה"מ אומרים "וזכרנו" (**ולא** ושמחנו) ה"ה בברכה מעין ג' שאומרים כאן "וזכרנו", (כ"כ בעמק הנצי"ב ובסדור צלותא דאברהם בפי' ויעש אברהם. ובאור חדש כ' שעל כל יו"ט נופל לשון זכרון לטובה כי כולם הם 'ימי דין'. וצריך בהם זכרון לטובה. ועוד הואיל שכבר אמר לפני זה "ושמחנו בה וכו'" הוה כמו כפל לשון.) וע"פ המאירי ואבודרהם והטור (סי' רח) ועוד, אומרים "ושמחנו" ביום חג

(פלוני)". ותירץ אחד על מה שכאן אומרים לשון של "ושמחנו" משא"כ בברהמ"ז, כתב בספר תפלה למשה, **ששמחת** יו"ט היא במגדנות ויין שעליהם מברכים ברכה זו, ע"כ אומרים "ושמחנו". (ויש עוד תירוצים ואכמ"ל.) (כל זה שכתבתי הוא ממה שהובא בספר "**אוצר מפרשי הברכה**" ממכון ירושלים (שנת תשפ"ב), ע"ש.)

עמ' נד, הערה ג:

במג"א (סי' רז) איתא שיש לסיים 'בא"י על הארץ ועל המחיה **ועל הכלכלה**'. וטעמו דכן הוא בטור. אבן רוב ראשונים חולקין וסוברים דאין לומר כן אלא 'ועל המחיה' ולא להוסיף 'ועל הכלכלה' בסוף, וכ"כ במ"ב. ועי' בסדור צילותא דאברהם בפי' ויעש אברהם (במהדורה חדשה של מוסד ר' קוק, עמ' תרעא בסוף) שמבאר המחלוקת.

עמ' נה, הערה ז:

יש מחלוקת בין האחרונים באופן אמירת "נהיה". י"א נהיה **בקמ"ץ** – סידור יעב"ץ ובספריו מור וקציעה סי' קס"ז ושו"ת שאילת יעב"ץ ח"א סי' ק"ד בשמו ובשם אביו החכם צבי, ברכ"י סי' ר"ד סק"ב (**ושכן מנהג העולם וכן עיקר**), שו"ע הרב סי' ר"ד סעי' י"ח, הג' חת"ס על המג"א סקי"ד ושכן נהג רבו הגאון מוהר"ן אדלר זצ"ל, שע"ת סוף סי' ר"ד בשם כמה מהפוסקים הנ"ל, קיצור שו"ע סי' נ"ב סעי' ב', ברכת הבית שער ה' סעי' י"א, כה"ח סי' ר"ד סקכ"א, ולדברי רוב הפוסקים הנ"ל כן הוא גם הכרעת המג"א בסי' קס"ז סק"ח, (אבל מדברי המחצה"ש שם שאין כלל הכרע בדברי המג"א ואדרבה משמע שתפס לעיקר לשון נהיה בסגו"ל).

וי"א אומרים נהיה **בסגו"ל** – חכמת מנוח המובא במג"א (סקי"ד וסי' קס"ז סק"ח) מעשה רב (סי' ע"ו) שכן נהג הגר"א זי"ע, חיי אדם כלל מ"ט סעי' א', שו"ת מעיל צדקה סי' מ"ב, מחצית השקל (על המג"א שם), ערוה"ש סעי' א', אורחות רבנו ח"א עמ' פ"ז שכן נהג הגרי"י קניבסקי זצ"ל. (כל שכתבתי לעיל הוא מס' **פסקי תשובות ע"ש.**)

והג' הרה"ג ר' ש.ז. אויערבך זצ"ל אמר לתלמידו הר' ירחמיאל פריד שליט"א שבתחלה היה אומר נהיה בסג"ל אבל הוא שינה ואמר בקמ"ץ. וכן נהג הרה"ג ר' י.א. הענקין זצ"ל לומר בקמ"ץ, וכן הי' אומר האדמו"ר מצאנז-קלויזנבורג זצ"ל בעל שפע חיים. וכן הוא מנהג תימן וכ"כ החיד"א (בברכי יוסף).

ועי' בספר **הל' יום ביום הל' ברכות** (מאת הר"ר מ"מ קארפ שליט"א) **ח"ג פ"ג**, שכ' דהעיקר הוא כשיטת שאומרים נהיה בקמ"ץ. (ע"ש בהערה 1 שמאריך מאד בביאור הדברים.)

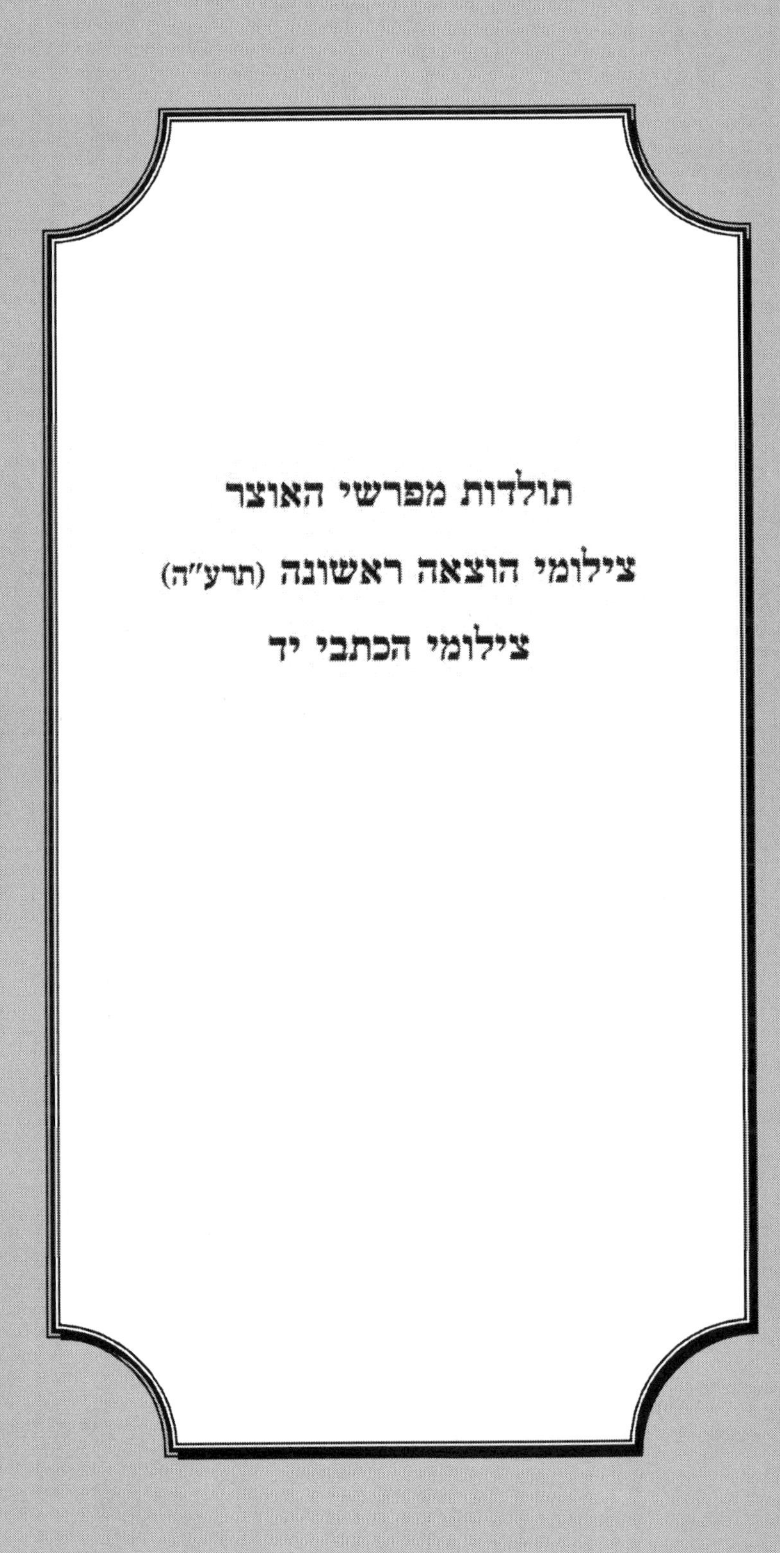

תולדות מפרשי האוצר

צילומי הוצאה ראשונה (תרע"ה)

צילומי הכתבי יד

הר"ר חנוך זונדל ב"ר יוסף זצ"ל
בעהמ"ח פי' עץ יוסף וענף יוסף על המדרשים ועוד

נולד לאביו רב יוסף. התגורר בביאליסטוק, ובה שימש כדרשן וכן מסר שיעורים ב"חברת מדרש" במדרשי חז"ל. אין ידועים פרטים רבים עליו, אך בפנקס ביאליסטוק כותב עליו אברהם שמואל ירשברג שזקני ביאליסטוק מסרו לו שהוא היה נחשב לצדיק ו"בעל מדרגה".

חיבר פירושים על מספר מדרשים כמו מדרש רבה, מדרש תנחומא, אגדת בראשית, עין יעקב וסדר עולם. פירושיו נחלקו לשניים, ביאור ע"ד הפשט בשם עץ יוסף וביאור מרחיב עם חידושים בשם ענף יוסף (ולפעמים פירושים נוספים ב"יד יוסף"). את הפירושים הוא קרא על שם אביו רבי יוסף. ספריו הם ע"פ רוב ליקוט של פירושים קודמים (כמו "יפה תואר" של רבי שמואל יפה אשכנזי או על הנ"ך - פירושי הראשונים) וגם ביאורים שנתחדשו לו.

בנוסף חיבר פירוש עץ יוסף וענף יוסף על סידור התפילה. פירושים אלו הודפסו בתוך סדור "אוצר התפלות". הוצאה ראשונה (ווילנא) שנת תרע"ה ובהוצאה שניה (שם) בשנת תרפ"ח. וגם כתב פי' "בשמים ראש" על מקורות של הרבה חלקי התפלה, ונדפס גם זה בסדור אוצה"ת. (ע"ע לקמן על ענין הכת"י של פירושו.)

על ספריו יש הסכמות מרבי משה זאב מרגליות אב"ד ביאליסטוק, רבי יוסף שאול נתנזון, רבי שמואל אביגדור תוספאה, רבי אריה לייב קצינלינבויגן ועוד.

נתחבבו ספריו מאד מאד בעיני כל רואיה, מפני לשונו הצח והבהיר, ומברר ע"ד הפשט הרבה דברים סתומים ונעלמים בדברי המדרש ועוד.

וזהו רשימה ממקצת ספריו שכתב (רק מקצתם נדפסו בחייו ורובם אח"כ, וגם כמה שלא הודפסו ועדיין בכת"י):

♦ פי' על מדרש תנחומא (תקצ"ג) ♦ מדרש רבה וחמש מגילות (תרכ"ג) ♦ סדר עולם רבא (תר"ה) ♦ אגדת בראשית (תרל"ו) ♦ מדרש שמואל (תר"כ) ♦ עין יעקב (תרמ"ג) ♦ "ענף עץ אבות" על מס' אבות (תרנ"ב) ♦ משיב נפש על הגש"פ תר"ג) ♦ עץ יוסף וענף יוסף על הסדור, וגם "בשמים ראש" (נדפסו בסדור

אוצר התפלות, תרע״ה) ♦ פי׳ על ילקוט שמעוני (כת״י) ♦ על הרא״ש למס׳ ברכות ומס׳ שבת (כת״י) ♦ פורת יוסף על נ״ך (נדפס על ספר יהושע מתוך כת״י, תש״ל) ♦ עולת החודש על תפילת יו״כ קטן (תרי״ט, ובמהדורה חדשה תשע״ה) ♦ מצהלות חתנים - דיני אירוסין ונישואין ושבע ברכות (תרט״ו) ♦ דברי הברית - עניני ברית מילה (תר״ט).

ויש לציין דעל פירושו על הסידור מצאנו שני כתבי יד, ויש שינויים ביניהם וגם הוספות ממה שנדפס בסדור אוצר התפלות, ולעומת זה נמצא פירושים שנדפסו בהסדור שאינם בשני הכת״י. בהוצאה זו, ״אוצר התפלות החדש״, השתדלנו להשתמש בהכת״י כדי להוסיף לביאורו בהסידור להשלמת הענין.

ובענין השם ״עץ יוסף וענף יוסף״, **כ״כ בספרו הראשון** על מדרש תנחומא, **וז״ל:**

וקראתי בשם החבורים **עץ יוסף וענף יוסף** יען כי בן יכבד אב, וישם זכרו בקרבו לעולם לא ינשנו. ויקם את זרעו אחריו לקראם בשמותם עלי אדמות. וכמאמרם ז״ל מכבדו בחייו ומכבדו במותו. כן אנכי קראתי שם ספרי זה בשם אבי נ״ע לעשות בזה זכרון לנשמתו. ובשמו אכנהו עץ יוסף מטע ה׳ להתפאר כי שרשיו תחתיו יהיו ויעש בדים וישא פרי ומזון לכולא ביה לבאר כל דבר איש איש על באורו לא תחסר כל בה: עוד ישלח פארות ענף יוסף יוצא ממטות בדיה אל מים רבים בשלחו להשקות לה מים קרים נוזלים מבטן הארץ יקירנה לה והנעלמה יהיה לה לעינים עינות מים להיות לגן רוה ואחרי כלותה היתה לה ערגה כל עובר עליה ירוה ישבע והיה עלהו לתרופה ופריו לממתקים מתוק לחיך וטוב לעינים:

ואני תפלתי לאל העונה אותי ביום צרתי, ואליו אשים דברי, יחנני ויזכני להביא לדפוס שאר חבוריי אשר המה בכתובים, היינו באורים ופירושים על מדרש שוחר טוב תהלים ועל מדרש רבה, ובאורים על רבינו הרא״ש מכמה מסכתות. ותתן ה׳ בידי יצליח, וישלח לנו מבשר טוב לבשרנו, אז ימלא שחוק פינו ולשוננו, כי יבנה בית מקדשנו במהרה בימינו, אמן סלה - עכ״ל.

נלב״ע ביום עש״ק, ו׳ כסלו תר״כ.

הג"ר יצחק אליהו לנדא ז"ל
בעהמ"ח פי' דובר שלום ופי' אחרית לשלום על הסדור

נולד בשנת תקס"א לאביו הר"ר שמואל מצאצאיו של בעל באר הגולה מוילנא ולאמו מרת רעכל בת הג"ר חיים אב"ד פודקאמין [מהחתומים על היתר הגט מקליווא ובן דודו של הנודע ביהודה].

למד תורה מפי ר' שלמה יורבארגער ור' אליהו סמארגאנער [אלץ גוט]. בהיותו כבן י"ז שנה התחתן בעיר דובנא עם בת הגביר ר' צדוק מרשלקוביץ. תחילה עסק במסחר ועשה חיל, וכרבות עשרו כן הרבה להטיב עם כל אדם בכל מאודו ולבו. גדלו בתלמוד ובמדרשים השיאו את לבו לדרוש לפעמים ברבים וימצא חן באזני כל שומעיו, ושמעו הלך לפניו כאיש נבון ובעל עצה ותושיה.

בשנת תרכ"ג הוציא את סידורו "דובר שלום", אליו צירף את סידור "דרך החיים" לבעל נתיבות המשפט וגם דינים והנהגות מבעל האשל אברהם (בוטשאטש). **חלקים מפירושו "דובר שלום" נדפסו בסידור "אוצר התפילות".** (בערך שליש ממה שנדפס בסידורו (תרכ"ג), וגם בתוך מה שהביאו שינו המדפיסים את לשונו במקצת, באיזה מקומות). ולהמדפיסים היה גם **פירוש בכת"י** של המחבר הנקרא **"אחרית לשלום"** והוסיפו גם מזה לתוך הסידור.

בפתח ספרו "לשמוע בלימודים" כתב על דרכו ומטרתו בכתיבת ספריו: "לא הלכתי בגדולות לבנות בצורות בשמי הפלפול ומגדול הפורח בחריפות, גם לא מטה רגלי להסתפק בביאורי המילות לבדנה מבלי שימת לב לשינויי הגופים וחילופי הזמנים, אך תמכתי אשורי במיצוע הדרכים".

נבחר ע"י קהילת וואהליניען להיות אחד מחברי הוועד הנבחר להיות אחראים מול המשרד הממונה על ענייני פנים המדינה, כן בתחילת שנת תרכ"א נקרא ובא לעיר המלוכה פטרבורג בשליחות עבור קהלת היהודים, וישב שם כחמשה חדשים, והיתה עצתו אמונה בכל השאלות אשר שאלה הממשלה.

בשנת תרכ"ו כשהגיע לעיר ווילנא למכור את ספריו כבדוהו לדרוש בבהכ"נ ודרשתו נשאה חן בלב כל שומעיו, וכשנפטר לבית עולמו (ביו"כ תרכ"ז) המגיד מישרים הישיש רבי זלמן זאב בן רבי יחזקאל פייביל זצ"ל (בעמח"ס מוסר ודעת,

נקרא לעיר מולדתו לשרת בקודש כמגיד מישרים ומו״צ בווילנא. דרשתו הראשונה הייתה בחנוכת בית המדרש על שם הגאון רבינו אליהו ז״ל שנבנה מחדש ברוב פאר והדר.

מאז עד פטירתו במשך תשע שנים עמד על משמרתו ללמד את העם דעת מוסר ויראת ה׳ בדרושים נעימים שובי לב. ומלבד תפקידו כמגיד מישרים עסק בצרכי העיר בצדקה וגמילות חסדים. ביתו היה בית ועד לחכמים וקיבץ כספים עבור עניי ארץ ישראל. אחת מתקנותיו בעיר הייתה הקמת קופת צדקה מיוחדת עבור אנשי חיל המדינה להאכילם אוכל כשר. (וכמש״כ, גם שימש כדיין ומו״ץ, ונדפסו הרבה ספרים באותו תקופה עם הסכמות שלו.)

אחיו הוא הג״ר אליעזר לנדא בעל ה״דמשק אליעזר״ על ביאור הגר״א (חלק או״ח), וגיסו הוא הר״ר צבי הירש רפופורט בעל ה״עזרת כהנים״ על תורת כהנים.

נפטר בכ׳ כסליו תרל״ז והוא בן ע״ו שנה. קודם מותו קרא לבנו יחידו ר׳ שמואל לנדא וציוהו שלא לכתוב על מצבתו תארים ושבחים. וכה נכתב על מצבתו: ״רצונו של אדם זהו כבודו כן ציוה לי אבי מורי הרב הג׳ שלשלת היוחסין מאוד נעלה, שלא לכתוב על מצבת קברו שום שבח ותאר רק פ״נ מו׳ יצחק אליהו לנדא ז״ל, המגיד מווילנא בעהמ״ח ספרים שונים״.

השאיר אחריו חיבורים רבים בנושאים רבים. ביניהם: פירושים על התורה, אגדות, דרשות והספדים. מיוחדת הייתה הקינה שנשא על גדול חכמי וילנא בעת ההיא הרש״ש. בה כתב פיוט בן מאה וארבעים וארבע מילים המתחילות באות שי״ן.

ואלו שמות (מקצת מ)**ספריו וחיבוריו:**

♦ דרושים לכל חפציהם (ח״א וח״ב) ♦ דרך ארץ זוטא ע״פ דרך חיים ♦ הגדה של פסח עם ביאור דובר שלום וע״פ אחרית לשלום ♦ חמש מגילות ע״פ כפלים לתושיה ♦ לשמוע בלימודים על אגדות הש״ס ♦ מכילתא ע״פ ברורי המידות ♦ מסכת סופרים ע״פ מקרא סופרים ופי׳ עיטור סופרים ♦ משלי - עם ביאור חדשים גם ישנים וע״פ פתשגן הדת ♦ סדור ע״פ דובר שלום (ובתוכו גם פי׳ על פרקי אבות) (וגם פי׳ על הסדור אחרית לשלום בכת״י) ♦ ספר תהלים ע״פ כפלים לתושיה ♦ פתשגן הדת עה״ת וחמש מגילות ♦ שמלה חדשה על הפיוטים של ימים נוראים ♦ תהלים ע״פ מטע לשם ♦ תנא דבי אליהו ע״פ מענה אליהו ♦ תרי עשר ע״פ כפלים לתושיה.

ר' ארי' ליב ב"ר שלמה גורדון ז"ל
בעהמ"ח פי' עיון תפלה ותקון תפלה (בסדור אוצר התפלות)

נולד בקלם בשנת תר"ה, ונתיתם מאביו בילדותו. למד בתלמוד תורה של עירו אשר עמד תחת פקוחו של רבי שמחה זיסל זצ"ל ("דער אלטער פון קלם"). הצטיין מאד בדרך למודו והפליא את רבותיו בכשרונותיו.

מנעוריו התענין במיוחד בלשון תנ"ך ובדקדוק והשתדל להבין את התנ"ך בדרך הפשט. כשהיה בן י"ג כבר כתב חידושי תורה ובאותו זמן הלך ללמוד בישיבה בעיר רוז'ינוי, ולמד אצל רב העיר הגאון רבי מרדכי גימפל יפה זצ"ל, שהשפיע הרבה עליו. כשהיה בן כ"א קבל סמיכה מאת גאון הדור הר"ר יצחק אלחנן ספקטור זצ"ל.

בשנים אחדות היה ר"מ בישיבה ובאותו זמן הוצא לאור את ספר "**משפטי לשון העברית**", הנקרא גם "**משנת הגר"א**", על שיטת הדקדוק להגר"א ואם ביאורים ארוכים.

אחר נשאויו הלך ללמוד בישיבת וולאז'ין ולמד שם כמה שנים בהתמדה רבה. גם עסק בלימודים חיצונים בפרט לימוד ה"מאטימאטיקא" וה"פיסקס" וה"כמאי", ובשנת תרל"ח קבל תעודה בעניני "כמאי". אחר לימודו בוואלזין חזר והתישב בוילנא וביחד עם לימודו בעניני "כמאי" המשיך בלימודו בתורה ובענין הלשון והדקדוק. באותו תקופה שימש כמלמד פרטי לאלו שרצו ללמוד בעניני הדקדוק ולשה"ק ולאומת זה אלו שרצו ללמוד חכמת מדע (כמאי, ומטימאטיקה וכדו'). וגם באותו זמן עבד בתפקידים שונים אצל המדפיסים הידועים "**ראם**".

רבו ר' מרדכי גימפל יפה עלה לא"י בשנת תרמ"ח והתישב בישוב סמוך לפתח תקוה, ואף לו היה תשוקה גדולה לעלות לארץ הקודש, ובשנת תרנ"א עלה והתישב בפתח תקוה. נתמנה להיות מורה בבית הספר בפתח תקוה שנתייסד ע"י "ברון ראטשילד", והיה גם אחד מהמנהלים שלה (יחד עם הרב י. ל. פרנק ז"ל אביו של הרה"ג ר' צבי פסח פרנק ז"ל, ותחת פיקוח של ר' זרח ברוורמן ז"ל).

דאג הרבה על חינוך ילדי ישראל וע"כ חיבר ביאור על החומש בשם "**בינת מקרא**" שהוא ביאור בדרך הפשט כפי שמקובל ע"פ חז"ל. בה מבאר שורש כל מלה וגם מציין את ההבדל בן השמות וכו' ובבאור הענינים הוא משתמש עם המפרשים הקרובים אל הפשט הפשוט. וכתב בדברי הקדמתו, וז"ל: וה' הרואה ללבב היודע ועד, שכל כוונתי לשם שמים, עכ"ל.

ואף שהצליח בתפקידו בחנוך הילדים, אחר שראה שרוב המורים בבית הספר (שם בפ"ת) רחוקים מתורה ומצוות, נפרד מהם ועבר לירושלים. שם נתמנה למנהל בישיבה "מאה שערים" (שראש הישיבה היה הר' זרח ברוורמן ז"ל).

כתב הרבה חיבורים (עי' לקמן), וספרו הכי ידוע היה הסדור "עבודת הלב" שיש בה שני חלקים. חלק אחד הנקרא **"עיון תפלה"** שהוא ביאורים והערות שלו ביחד עם ביאורים מספרי קדמונים ומכת"י, וחלק שני הנקרא **"תקון תפלה"** שהוא חקירה וביאור בנוסח התפלות. את שני הפירושים האלה נכנסו להסדור הגדול **"אוצר התפלות"** הנדפס ע"י המדפיסים "ראם" בוילנא (תרע"ה). **ונכון הוא דכל הרעיון של הדפסת הסדור אוצר התפלות היתה שלו וכל הסדר והעריכה היתה על פיו.**

וזה מקצת מספריו שהדפיס: ♦ מסלול ודרך לדקדוק הלשון העברית ♦ בינת מקרא עה"ת (תרס"ח) ♦ משפטי הלשון העברית – משנת הגר"א (כללי דקדוק ע"פ הגר"א עם ביאור רחב) (תרל"ד) ♦ **עיון תפלה ותקון תפלה** (סדור עבודת הלב) הנדפסים בתוך סדור "אוצר התפלות" (תרע"ה) ♦ חזון האמונה וההשגחה ♦ **שפת אליהו** על דקדוק הגר"א עם ביאור שפת יהודה (כת"י). (ונמצא עוד חיבורים שלו בכת"י.)

גם נתבקש לסדר לדפוס כת"י מאת המלבי"ם הנקרא "יסודי חכמת ההגיון" (ווארשא תר"ס). הכת"י לא היה במצב טוב והשתדל מאד לתקנו ולהשלימו כדבעי. בהקדמה כתב על עבודתו ושלא שינה מלשון המחבר ז"ל רק בשני מקומות. במקום אחד שימש המלבי"ם במשל על דרך הפילוסופיה וכתב ר' ארי' ליב בהקדמה שלא רצה להשתמש בזה שלא טוב לעסוק בעניני פילוסופיה ושיש להתרחק מזה, אשר ע"כ שינה המשל למשל בדרך התורה. (ובמקום אחד שינה ושימש במשל אחר מפני שהיה ארוך מדי והחליפו למשל אחר, ע"ש בהקדמתו.)

היה לו שני ילדים, בן ובת. בנו נפטר בדמי ימיו ובתו נשא לשמואל ליפשיץ מפתח תקוה. אחרי שמתה אשתו (זמן קצר אחר שמת בנו) נפלה רוחו ונחלה, ואח"כ שב לפתח תקוה והתישב בביתה של בתו. אבל מחלתו נמשך **וביום כ"ד מרחשון תרע"ג נפטר** והשיב את נשמתו ליוצרה.

על מצבתו כתבו:

"צנא מלא ספרא, בקי בכל מקצועות התורה ודורש את ה', נלחם מלחמת התורה בחירוף נפש, אב וראש המדקדקים, חיבר כמה חבורים יקרים וביחוד חבורו הנחמד על התורה, על דרך הפשט והדקדוק, המאיר עיני המורים בתורה".

סדור

אוצר התפלות

הברכות וההודאות, התשבחות וההלות

שתקנום לנו הזקנים והנביאים (אנשי כנסת הגדולה), ואחריהם רבותינו שבא"י ושבבבל, למן עזרא הסופר וסיעתו עד גדולי רבותינו שבדורות האחרונים, ועליהם נתלו המאורות הגדולים שכבר הופיע אורם עליהם, ורבים שהיו עד עתה ספוני טמוני

גנזי מרומים

ואורם הגנוז טרם יצאו מנרתיקם, ה"ה:

שני סדורים כתבי יד

א) ערוגת הבושם
ב) ראשי בשמים

יכילו

א) **עץ יוסף** באור המלות וקשור המשך המאמרים והענין, ותוכן הכוונות הפשטיות של כל המאמרים והענינים שנקבצו בסדור הזה, כלם בקצור נמרץ ע"פ הפשט הנכון ועל יסודי דברי חז"ל. נלקט ונבחר מתמצית **מאתים בחירי המפרשים** הראשונים והאחרונים, ויהיו יחד לבאור נפלא. —

ב) **ענף יוסף** הערות מאירות עינים, ממאמרי חז"ל בתלמוד בבלי וירושלמי ומסדרשים שונים חוה"ק, ומספרי גאוני ישראל קדמאי ובתראי. —

סדור כתב יד

עבודת הלב

יכיל

א) **עיון תפלה** באורים נפלאים, עדיות שבעדיות מבחירי המפרשים הקדמונים והאחרונים, ומספרים עתיקים יקירי המציאות וכתבי ידי הגאונים. כלם נוסדו על דברי חז"ל הנפוצים בכל התורה שבעל פה, ועל פי עומק הפשט לפי חקי הדקדוק וההגיון, חקרי השמות והנרדפים והשתוות הלשונות שבמקומות שונים, והערה מקור כל פסוק ומאמר בכה"ק ובכל ספרי חז"ל.

ב) **תקון תפלה**, (כולל: א) שנויי כל הנוסחאות השונות שעלו בסדורי התפלה למיום החל הסדור להכתב בישראל, נוסחת תלמוד בבלי, נוסחת

המשך מעל"ד

שער דפוס ראשון, תרע"ה

ירושלמי. נוסחת רב סעדיה גאון ז"ל. נוסחת רב עמרם גאון ז"ל. נוסחת הרי"ף, הרמב"ם והרא"ש. נוסח' מחזור ויטרי ומחזור לבני רומא. נוסחת הספרדים, התימנים, והאיטלינים. נוסחת בני כפא וקראסוב. נוסחת האר"י ז"ל, וכדומה. —

ג) **המקורים הראשונים** לכל התפלות והברכות ולכל הענינים שנאצרו באוצר הזה, תולדותם, מקריהם, שמות יוצריהם וזמני יצירתם ומטרתם, הכל ממקורות ספרי קדמונינו ז"ל. —

ד) **מבוא גדול** בראש הסדור. כולל חקרי הרבה מקצעות שבתפלה, על יסודי התלמוד המדרשים ודפוסקים.

ח) **הערות גדולות** לכל המקצעות שבסי' להפיץ אור גדול על ענינים רבים שהיו סבוכים ונבוכים בקורות התפלה.

כל אלה הוברו יהדיו ע"י הרה"ג המובהק החכם המדקדק מו' **אריה ליב ך שלמה גורדון** ז"ל בירושלם תוב"ב (מחבר ס' בינת המקרא משפטי לשון עברית ועוד). כשמונה עשרה שנה ישב על אצרות גנזי הספרים והעמיק חקר לבחור ולברור משפרי דשופרי שבהן את כל הענינים הנ"ל, וימץ תמציתם, כדבורה זו שמוצצת מיץ הפרחים ופולטת דבשׁ, ויצר את הסדור הנפלא הזה.

ג) יעריח **מקור ויסוד כל מנהג** הנוהג בישראל שבא זכרו בהסדור, ויפיץ אור בהיר עליהם ע"פ הלבוש ושארי ספה"ק. —

ד) **ארבעים פרקים** האוצרים בקרבם גדולות וראסות במעלות למוד התורה ומעשי המצות, וביותר בעניני עבודת ה' כתפלה ובברכות, בכוונותיהם והשפעותיהם הקדושות על רוח האדם, ובעניני היראה והאהבה והדביקות בה' בתפלה ובעבודת אלהים בכלל. ארבעים הפרקים הנשגבים האלה חשובים לספר נעלה מאד בפ"ע. —

ח) **מאמרים גדולים** לפני כל ענין וענין בבאורי המצות והמנהגים, מקוריהם טעמיהם וכוונותיהם. —

שני הסדורים האלה חוברו ע"י הרה"ג המפורסם מוהר"ר **חנוך זונדל** בהר"ר **יוסף** ז"ל (מחבר הפירושים עץ יוסף וענף יוסף ויד יוסף על כל המדרשים ועל עין יעקב ועוד), אשר בחר לקט ואסף מתמצית דברי חז"ל בש"ס ומדרשים בזוה"ק ובתק"ז ומספרי יראים וספרי קבלה, והוסיף נופך משלו דברים נשגבים ונצבים להבות אש קודש בכל הענינים התם. —

ועל כל אלה נוספו עוד מבחרי הבאורים מן

סדור דובר שלום ספר **אחרית לשלום** (כ"י)	מהרב הג"מ יצחק אליהו לנדא ז"ל מ"מ דפה ווילנא (מחבר ס' ברורי המדות על המכילתא, כפלים לתושיה. למשמע כלמודים על עין יעקב, ועוד).

תבאורים יפיצו אור חדש על הרבה מאמרים שבסדור, ואורם זרוע על פני כל הסדור

שער (ב') דפוס ראשון, תרע"ה

סדר ברכת המזון

המברך מיסב ואומר ברוך הוא וברוך שמו *):

ברכה א׳ שתקן משה רבינו ע״ה

בָּרוּךְ אַתָּה יְיָ אֱלֹהֵינוּ מֶלֶךְ הָעוֹלָם. הַזָּן אֶת־הָעוֹלָם כֻּלּוֹ. בְּטוּבוֹ בְּחֵן וּבְחֶסֶד וּבְרַחֲמִים הוּא־נוֹתֵן לֶחֶם לְכָל־בָּשָׂר. כִּי לְעוֹלָם חַסְדּוֹ: וּבְטוּבוֹ הַגָּדוֹל תָּמִיד לֹא־חָסַר

*) [illegible] ברוך אתה ה׳ [illegible] (קש״ע).

עין יוסף

הזן את העולם כלו. שנאמר נותן לחם לכל בשר: בטובו בחן. [illegible]

ענף יוסף

וברחמים נותן לחם. [illegible] לא חסר לנו ולא יחסר [illegible]

עיון תפלה

הזן את העולם וכו׳ בחן בחסד וברחמים. [illegible]

הקון תפלה

הזן את העולם כו׳. נוסח הרמב״ם באי׳ אמ׳ הזן וגו׳ וברחמים ומפרנס לכל כאמור פותח את וגו׳ רצון ומכין מזון וגו׳ נודה לך ה׳ אלהינו ונברכך מלכנו כי הנחלת את אבותינו [illegible]

[illegible] הוא נותן לחם לכל בשר (תהלים קלו, כה) [illegible]

עיון הערה לברכת המזון תפלה

[illegible]

דוגמא (א׳) דפוס ראשון, תרע״ה

נוֹדֶה לְּךָ יְיָ אֱלֹהֵינוּ עַל שֶׁהִנְחַלְתָּ לַאֲבוֹתֵינוּ אֶרֶץ חֶמְדָּה טוֹבָה וּרְחָבָה. וְעַל שֶׁהוֹצֵאתָנוּ יְיָ אֱלֹהֵינוּ מֵאֶרֶץ מִצְרַיִם. וּפְדִיתָנוּ מִבֵּית עֲבָדִים. וְעַל בְּרִיתְךָ שֶׁחָתַמְתָּ בִּבְשָׂרֵנוּ. וְעַל תּוֹרָתְךָ שֶׁלִּמַּדְתָּנוּ.

עץ יוסף

שהנחלת. בהרבה מקומות נקראת א"י נחלה: ארץ חמדה. שנאמר ואתן לך ארץ חמדה נחלת צבי: טובה ורחבה. שאמר אעלה אתכם מעני מצרים וגו'. ח"ל הגמרא במסכת ברכות תני ר"א כל מי שלא אמר ארץ חמדה טובה ורחבה בברכת הארץ לא יצא ידי חובתו. פי' שהרי הנביאים קראוה כן בהרבה מקומות ולכן צריך לספר בשבח הארץ כדי שיתאוו לה הנפשות (אבודרהם): ועל שהוצאתנו ה' אלהינו מארץ מצרים. ע"ש למען תזכור את יום צאתך מארץ מצרים. ואף שלא נזכר בגמרא חיוב הזכרה זו. אך בודאי כשתיקן יהושע

ענף יוסף

ועל בריתך. כ' הכ"ג דנשים ועבדים לא יאמרו על בריתך שחתמת בבשרנו ועל תורתך שלמדתנו דנשים לאו בני ברית ניהו ועבדים לאו בני תורה ניהו עכ"ל. וכתב בנבדק הבית ומסתפינא מלמשבקיה תורתנו ואי אבדים אמרה אף לדון נכסיו הנה לפאמנא מדאח הנחה הנה אחד ואפיך מאי לומר על בריתך שחתמת בבשרנו עכ"ל. וכתב ג"כ בכן תיקן. וכתב הא"ר שמתיה דאמונה ליתא והמשמע דעת הכתה"ד דגם נשים אין בכלל תורה. וכתב עבדים וכ"ש נשים. דכל שהאשה חייבת עבד מצוה, וכן הבין הלבוש. וכן כתב להדיא בש"ס ברכות דף מ"ט ע"א ע"ש ס'. וגם קושיא הנ"ל ליתא ס'. ע"ש שאמרין ותסיק דנשים ודאי לא

מסכת ועשה ברכה זו של ברכת הארץ בודאי תיקן הזכרת יציאת מצרים ג"כ ע"ש הפסוק הנ"ל: ופדיתנו מבית עבדים. ע"ש ויפדך מבית עבדים. וקרא למצרים בית עבדים ע"ש שעבד לא היה יכול לברוח משם. וגם משום שהיה להם להיות במצרים ת' שנה והם יצאו אחר רד"ו שנה. וא"כ היה להם להיות שם עבדים ק"ן שנה עוד (כלי יקר): ועל בריתך כו' ועל תורתך כו'. אמרו שם בגמרא כל שלא אמר ברית ותורה בברכת הארץ לא יצא ידי חובתו. ופי' ה"ר אשר מלוניל שהטעם משום דאלמלא ברית ותורה לא נתקיימו שמים וארץ ואם לא היתה הארץ קיימת לא נתנה להם הארץ. וי"א הטעם לפי שבשביל ברית ותורה

זכו

עיון תפלה

נודה לך. עפ"ש (תהלים עט, יג) נודה לך לעולם. וברכה זו אינה פותחת בברוך מפני שהיא סמוכה לחברתה (הלבוש): על שהנחלת. על דבר אשר הנחלת, כמו על שהחייתנו וקיימתנו (מודים דרבנן): ארץ חמדה. עפ"ש (ירמיה ג, יט) ארץ חמדה נחלת צבי. ובמדר"ר פ"ב סי' ב' למה נקראת חמדה שבית המקדש נתון בתוכה שנאמר (תהלים סח, יז) ההר חמד אלהים לשבתו, דבר אחר ארץ חמדה שחמדו לה כל המלכים (בכ"ר פרשה פ"ה סי' י"ד כל מלך ושלטון שלא היה לו שלטון בארץ אמר איני שוה כלום, ובמדבר רבה פכ"ג סי' ז' שהיו כל המלכים מתאוים לשתות מים מארץ ישראל וכו' להודיעך באין חיבה כא"י), רבנן אמרין ארץ שחמדו לה אבות העולם אברהם יצחק ויעקב: טובה ורחבה. (שמות ג, ח): ועל שהוצאתנו וכו' מארץ מצרים. ולא אמר שהנחלת את אבותינו כמו שאמר שהנחלת לאבותינו? משום דבכל דור ודור חייב אדם לראות את עצמו כאלו הוא יצא ממצרים כדתנן (פסחים קט"ז ע"ב). ספר מטה יהודה: בריתך שחתמת בבשרנו. וכ"ש בברכת המילה ...

תקון תפלה

הגאון בעל תוי"ט בספר לחם חמודות על הרא"ש פ"ק ז' סעיף כ"ח „אני ראיתי נוסח זה בספר הרוקח סי' רפ"ג וקשיא לי כיון דלא נזכר בגמ' למה לא יהיה הוספה וכל המוסיף גורע" עכ"ל, ובמשור סי' קפ"ז „ויש שמוסיפין ואומרים ברוך משביע לרעבים ברוך משקה לצמאים בא"י אמ"ה הזן וגו' ואין לאמרו שאינו ממטבע הברכה והמוסיף גורע" עכ"ל) בא"י אמ"ה הזן וגו' וברחמים נותן לחם וגו' ואל יחסר לנו לעולם ועד וגו' כי הוא זן ומפרנס לכל כאמור פותח וגו' רצון ומכין מזון וגו' את הכל. נודך ה' וכו' ורחבה ברית ותורת חיים ומזון על שהוצאתנו וכו' עבדים על בריתך וכו' שלמדתנו על חקי רצונך שהודעתנו וכו' ומפרנס אותנו בכל יום וכו' על כלם ה' אלהינו אנו מודים לך ומברכים אותך ויתברך שמך וכו'. רחם ה' אלהינו עלינו ועל כל ישראל וכו' שמך עליו ועלינו אלהינו אבינו רועינו רְעֵנוּ וכו' צרותינו ואל נא תצריכנו וכו' הַלְוָאוֹתָם (כמו משפחותם שמותם אבותם קצור מן משפחותיהם שמותיהם אבותיהם) ולא נבוש לעולם ועד והבנה ירושלים עיר הקדש במהרה בימינו בא"י בונה ירושלים אמן (ובדף ג"כ נוסח רצה בשבת רצה והחליצנו וכו' צרה ויגון ביום מנוחתנו והראנו בנחמות ציון ובבנין ירושלם

עיר

דוגמא (ב') דפוס ראשון, תרע"ה

סידור

תפילות מכל השנה

ערוגת הבושם

שער כתב יד ערוגת הבושם

סידור

תפילות מכל השנה

וזה שמו

בשמים ראש

כולל תפלות כל השנה / ודיניהם / ומנהגיהם / וכל הענינים הנהוגים
בעת הזאת / ותוספת הרבה הערות / וביאורים טובים לבאר כל דבר
התפילות בדרך קצרה / להאיר עין / ולשמח לב זקנים עם נערים,
עיניהם תחזינה בה יחדיו ישמחו / כי לא יצא **כבושם** ההוא להבין
דבר דבור על אופניו / הכלים וגם חקרים בעיון נשגב
אנכי הצעיר **חנוך זונדיל** במוהרר **יוסף** נ"ע בעל המחבר
עץ יוסף וענף יוסף על המדרשים ועל ספר

שער כתב יד בשמים ראש

שבעולמו הגדול כי הוא
אל זן ומפרנס לכל
ומטיב לכל ומכין
מזון לכל בריותיו אשר
ברא: ברוך אתה
יהוה הזן את הכל

ברכה זו יהושע תקנה כשנכנסו ישראל לארץ

נודה לך יהוה אלהינו על שהנחלת לאבותינו ארץ חמדה

כתב יד, ערוגת הבושם

נודה לך ה' אלהינו על
שהנחלת לאבותינו ארץ
חמדה טובה ורחבה ועל
שהוצאתנו ה' אלהינו מארץ
מצרים ופדיתנו מבית
עבדים ועל בריתך
שחתמת בבשרנו ועל
תורתך שלמדתנו ועל
חקיך שהודעתנו ועל
חיים חן וחסד שחוננתנו
ועל אכילת מזון שאתה
זן ומפרנס אותנו תמיד
בכל יום ובכל עת ובכל
שעה

כתב יד, בשמים ראש

ספר

מצהלות חתנים

נדפס לראושנה בשנת תרט״ו (1855)
בעלום שמו

ע״י הר״ר חנוך זונדל ב״ר יוסף ז״ל

בעהמ״ח פי׳ ״עץ יוסף״ ו״ענף יוסף״

על מדרש רבה, תנחומא, ילקוט שמעוני, עין יעקב, אבות,
סדור (נדפ׳ בסדור אוצר התפלות), הגש״פ ועוד

וכעת יו״ל בהוצאה חדשה

באותיות מרובעות ותוספת מ״מ

עם הרבה תיקונים, ועם הערות

ע״י משה ב״ר יצחק ז״ל פלאהר

לכב׳ שמחת הנישואין
של בתי הכלה המהוללה
הדסה לאה שתחי׳
עם החתן המופלג
מרדכי הלוי לנדא נ״י
כ״א אייר ה׳תשפ״ד

ניסן תשפ"ד

משה פלאהר

M. FLOHR

732.363.4901

יו"ל ע"י מכון אוצר התפלות

MachonOtzar@Gmail.com

דברי המו"ל

הכל תלוי במזל, ואפילו ספר תורה שבהיכל.

הספר הקטן הזה "**מצהלות חתנים**" על עניני חתונה, הוא ספר חשוב מאד, וכמעט אינו ידוע לצבור הרחב מפני כמה סיבות. טעם א' הוא מפני שהוא קונט' קטן ונבלע בין השאר. אבל נר' שהטעם העיקר הוא מפני שנדפס **בעלום שם** המחבר ובלי שום הקדמה ובלי שנת הדפסה.

חוקרי ספרים עמדו על זה ואחר העיון מצאו שבכמה מקומות מה שכתוב בה הוא **בדיוק** כמו שמצאו כתוב בפי' "**עץ יוסף**" ו"**ענף יוסף**" הנדפסו בתוך הסדור "**אוצר התפלות**", **ובזה** סמכו וקבעו שמחבר הקונט' הוא הר"ר חנוך זונדל ב"ר יוסף ז"ל מביאליסטוק, מחבר של הפי' עץ יוסף וענף יוסף על הסדור ועל המדרשים ועוד הרבה ספרים. (ועי' לקמן שמצאתי **בתוך הכת"י על הסדור** ראי' ברורה לזה.)

והטעם שנדפס בעלום שם וכו' נר' שהיה מפני שבאותו תקופה היה גזירה על הדפסת ספרים שהצריכו הרשאה מה"צנזור", וכדי להימנע מזה נדפסו הרבה ספרים בעיר קטן "יהאנניסבורג" בגרמניה ואח"כ העבירום בחשאי לרוסיה ופולין וכו'. וע"כ בתוכו לא נכתב שמו וכו'.

כלפני שש שנים התחלתי לעי' בסדור **אוצה"ת** וראיתי שהי' קשה מאד ללמוד בה כראוי, וע"כ חשבתי לעשות **מהדורה חדשה על הסדור כולו, עם הוספות ותיקונים** כדי להקל על אלו הרוצים להשתמש בה. בזמן ההוא בסיעתא דשמיא קבלתי שני כת"י של המחבר פי' עץ יוסף וענף יוסף ואשר ע"י נתאפשרתי לעשות הרבה תיקונים. וכלפני שלש שנים הוצאתי לאור הפי' של האוצר התפלות על "**אשמנו, על חטא, ואבינו מלכנו**" ואשתקד גם הדפסתי את פירושים אלו על "**סדר ברכת המזון**". כשעיינתי על שאר ספרי של המחבר ז"ל מצאתי שנרשם "**ספר מצהלות חתנים**" וחשבתי שמאד כדאי להדפיסו מחדש באופן הראוי. מצאתי שיצא לאור בשנת תרט"ו (**1855**) ואח"כ רק פעם אחת **בדפוס צילום** בשנת תשנ"ב לכב' חתונה של החתן חיים זאב פרלוב (ברוקלין).

אחר שנתארס בתי הכלה אמרתי שכעת הזמן לסדר ספר חשוב זה מחדש באופן נאה באותיות ברורות וכו' ותקנתי הרבה טעויי דפוס שמצאתי בה וכן הוספתי הרבה מ"מ. ובמספר מקומות כתבתי איזה הערות והארות וכו'. **בריך רחמנא דסייען.**

הנני בזה לברך את החתן מרדכי נ"י ובתי הכלה הדסה לאה שתחי' שיזכו לבנות בית נאמן בישראל לשם ולתפארת, ושיזכו כלנו לראות בנחמת ציון ובבנין ביהמ"ק ע"י מש"צ במ"מ, אמן.

משה פלאהר ר"ח אייר תשפ"ד

לזיהוי מי המחבר של "ספר מצהלות חתנים"

כתבתי בעמוד הקודם ("דברי המו"ל") שבתוך הכת"י של פי' עץ יוסף – ענף יוסף על סידור יש **ראי' ברורה** מי היה המחבר של ספר זה. הר"ר חנוך זונדל ז"ל בעצמו כותב שיש לו חיבור קטן הנקרא **"מצהלות חתנים"** על כל עניני אירוסין ונישואין ושבע ברכות. ולמטה העתקתי שני המקומות בכת"י ששם הוא כותב בענין זה.

בכת"י בתחלת הענין (של אירוסין ונשואין) הוא כותב וז"ל:

הלכות אירוסין ונשואין. הנה נדפס קונטרס קטן נקרא שמו **מצהלות חתנים** ושם מבואר כל דיני אירוסין ונשואין ופירש על ברכת אירוסין ונשואין ועל 'דוי הסר' ועל ברכת 'אשר צג אגוז'. לכן לא באתי כאן אלא בקיצור נמרץ רק לסדר בסדר נכון איך יתנהג באירוסין ונשואין: (עכ"ל של הכת"י שם).

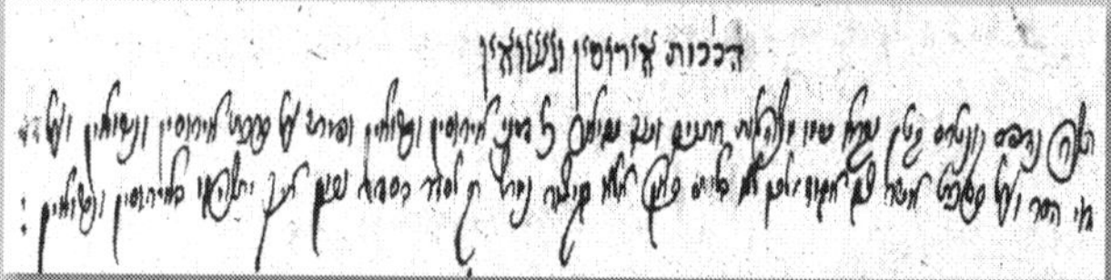

ושם בעמוד שני (של הכת"י, שם) הוא כותב, וז"ל:

כתב השל"ה מי שעולה לגדולה או למעלה אז מתגרה בו השטן, ע"כ לשבור הכוס בשעת החופה כדי לתת למה"ד חלקה. וע"י כן 'ועולתה קפצה פיה', ע"כ. והרוקח כתב הטעם לפי שנאמר 'עבדו את ה' ביראה וגלו ברעדה', במקום גילה שם תהא רעדה. ועיין בקונטרס מצהלות חתנים שהארכתי בזה. (עכ"ל של הכת"י).

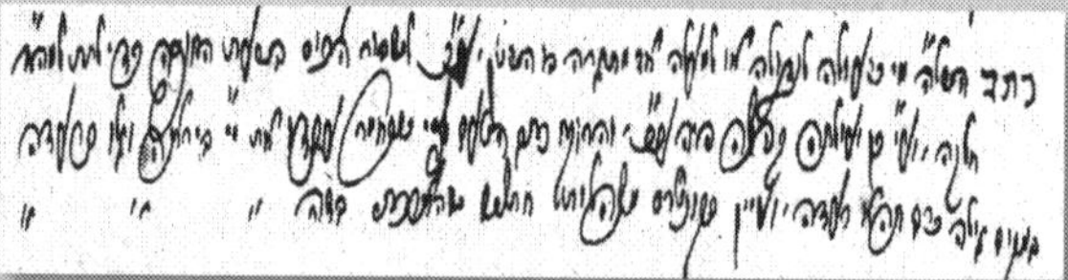

וע"פ זה אנו רואים בלי שום ספק שהר"ר חנוך זונדל ז"ל, מחבר של פי' 'עץ יוסף' ו'ענף יוסף', הוא ג"כ המחבר של "ספר (קונטרס) מצהלות חתנים".

נוסח השער, דפוס ראשון:

ספר

מצהלות חתנים

והוא קונטרס קטן

מעט הכמות ורב האיכות

בו כל דיני אירוסין ונישואין בשלימות ודיני שבע ברכות. ופי' על שבע ברכות. בו תמצא טעם על כל המנהגים שנוהגים קודם החופה, ותחת החופה, ואחר החופה. בו יבואר מעלת החתן אם נושא אשה לש"ש ועונש המבטל מצות פ"ו. ומעלת השושבינין. ודיני תענית חתן וכלה ביום חופתם. ובאיזה ימים אינם צריכין להתענות. ודין שאין אומרים תחינה בביהכ"נ שהחתן בו. ועד מתי נקראים ז' ימי המשתה. ודין בעילת מצוה וברכתה. ותוכחת מוסר להחתן ולכל אנשי הסעודה. ובאיזה ימים אסור לעשות נישואין:

כל אלה נאספו מספרי גדולי אנשי השם, וחוברו ע"י הרב וכו' חכם נבון ושלום, כבוד זכרו ושמו נודע דור לדור ע"י חבוריו המפורסמים:

יאהאנניסבורג.

ספר

מצהלות חתנים.

נחמד קונטרס קטן.

מעט הכמות ורב האיכות.

בו כל דיני אירוסין ונישואין בשלימות ודיני שבע ברכות. ופי' על שבע ברכות. בו תמצא טעם על כל מנהגים שנוהגים קודם החופה. ותחת החופה. ואחר החופה. בו יבואר מעלת החתן אם נושא אשה לש"ש ועונש המבטל מצוה פ"ו. ומעלת השושבינין. ודיני תענית חתן וכלה ביום חופתם. ובאיזה ימים אינם צריכין להתענות ודין שאין אומרים תחינה בבי"הכנ שהחתן בו ועד מתי נקראים ז ימי המשתה. ודין בעילת מצוה וברכתה. והנהגת מוסר להחתן ולכל אנשי הסעודה. ובאיזה ימים אסור לעשות נישואין;

כל אלה נאספו מספרי גדולי אנשי השם וחוברו ע"י הרב כו' חכם נבון ושלום בבוד זכרו ושמו נודע דוד לדור ע"י הבוריו המפורסמים :

יאהאנניסבורג.

שער דפוס ראשון, שנת תרט"ו

של אדם אשה נאה כו' יפ"ת) . וי"א אף ממעט את הדמות
(שאינו מוליד בנים שנבראו' בדמותו ובצלמו שנא' בצלמנו כדמותנו :

מעלת החתן אם נושא אשה לש"ש

אמרו חז"ל כי החתן נקרא") מלך . והלא כמו זר נחשב .
כי מה מלכות יערכו לו . גם כי יהיה שורר בביתו .
לא ע"י כן הגיע למלכות :

אך אחשבה כי הלא זה הדבר אשר ידענו מרז"ל כי הנושא
אשה ומה גם אם הוא לשם שמי מוחלין לו על כל עונותיו
כאשר למדו חז"ל מפסוק ויקח את מחלת וגו' . עוד ידענו
מרז"ל כי בכל מצוה שאדם עושה בורא מלאך פרקליט . והנה
אפילו ריקנין שבישראל מלאים מצות כרימון . נמצא כי גדוד
יגודנו לכל איש כמוך . אך לא מלך יקרא כל עוד שלעומתם
יהי' לו כמה עבירות אשר בכל אחד מהם ברא משחית מחבל
אשר עונותיו ילכדונו ויסירו ממנו הדר מלכות כי יהי' מערכה
מול מערכה , לכן כאשר יקח איש אשה לשם שמים אשר אז
עונותיו נמחלים . שהוא כי יתן אל לבו יום המיתה כי על
כן לוקח אשה ויהיה קיים במין . וישוב בתשובה . אז מלך
יקרא באמת . כי באמת כי מערכת משחיתין שלו נדדו הלכו .
וחיל מלאכיו אשר ברא מזכיותיו עומדים לפניו . הלא זה יעשה
מלוכה כי רב חילו אך לא לכל אדם יקרה זה כי אם לאשר
זכה לוקח אשה בלי פניה . רק לעשות מצות ה' ברה (אלשיך
תהלים מזמור מ"ה) :

ובפד"א פ' ט"ז אי' החתן דומה למלך . מה המלך אינו
יוצא לשוק לבדו (משום כבוד) כך החתן אינו
יוצא לשוק לבדו . מה המלך לובש בגדי כבוד כך החתן לובש
בגדי כבוד וכמ"ש (ישעי' ס"א) כחתן יכהן פאר וגו' ולשון
יכהן הוא כבגדי כהונה שנאמר בהם לכבוד ולתפארת) כל
שבעת ימי המשתה . מה המלך מקלסין אותו הכל כך החתן
מקלסין אותו כל שבעת ימי המשתה (כמ"ש קול חתן וקול
כלה . שנראה פירושו שבתוך קולות של ששון ושמחה שאומר
התלה . נשמע שמזכירים בקולם שם חתן וכלה שמשבחין
ומקלסין

דוגמא דפוס ראשון

מלוי לב' הכוסות יכול לברך ברכת אירוסין ונשואין על כוס אחד. שמאחר שאפשר לברך שניהם על כוס אחד למה לא יברך גם ברכת אירוסין על כוס. דהא אין צריך לטרוח יותר בשביל זה עכ"ל של הנחלת שבעה :

החופה הוא שחופפין אותו בטלית או בסודר ומכניסין אותם תחתיו וזהו נקרא נשואין. ועוד שכל המנהגים של חתן וכלה אנו לומדין ממתן תורה שהשם היה מראה עצמו כחתן נגד כלה שהם ישראל כמו שכתב התשב"ץ סי' תס"ו. ולכך מכניסין אותה תחת החופה כויתיצבו בתחתית ההר. ויש מקומות עושין החופה *) בטלית. והרמז כי יקח איש אשה וסמיך ליה גדילים תעשה לך. ונוהגים לעשות החופה תחת השמים לסימן טוב שיהיה זרעם ככוכבי השמים לרוב :

כתב בהגהות סמ"ק בהלכות חול המועד יש מהרים שלא לעשות שני חופות ביום אחד משום דאמרינן שלא לערב שמחה בשמחה.. בירושלמי מפיק הא בשלא לערב כו' מיעקב אבינו ע"ה דאמר ליה לבן מלא שבוע זאת. מיהו לא דמי דהתם שתי שמחות לאדם אחד כו' אבל שני חופות לשני בני אדם לא שייך בזה משום עירוב שמחה בשמחה. וכן היה נוהג רבי יחיאל בר יוסף לעשות חופות יתום או יתומות עם חופת אחד ומכניו הכל ביום אחד. אך משתי אחיות פי' בספר חסידים שאין לעשות בשבוע אחד. וכן היו הראשונים מהרים אפילו בגבריים שני חופות ביום אחד סיבה שהאחת מגונה מחברתה משום איבה מרדכי פ"ק דמועד קטן. וכן אגודה (מו"ק)

מצינו להקב"ה שהוא אדון כל העולם ויצר את האדם מאין התקין לו חופתו עם חוה כלתו. ושמח לאדם הראשון בחופתו ושלח לו מלאכי השרת שיהיו שושביניו לגמול חסד עמו. וכדאי' בב"ר אמר רבי יודא בר סימון מיכאל וגבריאל היו שושביניו של אדם הראשון. והקב"ה ברכם ברכת חתנים. וכדאי' ג"כ בפדר"א פרק י"ב שהיו המלאכים מתופפים ומרקדים כנקבות. ואם זה עשה הקב"ה עם בריותיו. מכ"ש שבני

---

*) עיין במ"א סימן ח' בבאר היטב ס"ק י"א במקום שנוהגים שמשליכין טלית בשעת החופה צריך החתן לברך על הטלית ברכת ציצית (ע"ת ושכנה"ג) ובגינת ורדים חולק ע"ז וכתב דמאחר דהטלית כו' אין צריך לברך . ורבים מסכימים לברך . ולכן לצאת כל הדעות ויטול טלית שאולה :

<u>תוכן ענינים</u>

דיני הזכרות נשמות ואמירת אב הרחמים
כשיש חתן בביהכ"נ

המנהג להזכיר נשמות בכל ב' וה' מלבד הימים שאין אומרים בהם תחנון. כגון ר"ח, חנוכה, פורים גדול ופורים קטן, וכל חודש ניסן, ול"ג בעומר, ומתתלת סיון עד אחר אסרו חג, ויש מוסיפין עד י"ג סיון, וערב ר"ה, וימים שבין יוה"כ לסוכות ואסרו חג סוכות, ויש מוסיפין [עד] אחר ר"ח חשון, וט"ו בשבט וט"ו באב ותשעה באב, ויש מוסיפין ג"כ פסחא זעירא שהוא י"ד אייר. וכן אם יש מילה **או חתן** בבה"כ. הימים הללו אם חל אחד מהם בב' וה' אין מזכירין בהם נשמות:

בשבת שמזכירין בו נשמות אומרים אח"כ אב הרחמים, ובשבתות שאין מזכירין נשמות כמו שנתבאר אין אומרים אב הרחמים ג"כ. רק בימי הספירה דהיינו מן אחר הפסח עד חג השבועות, אומרים אב הרחמים בכל השבתות שבינתיים אפילו בשבתות שמברכין בהם חודש אייר וחודש סיון. ואפילו יש מילה **או חתונה** בשבתות אלו אומרים אב הרחמים. ואם ר"ח אייר חל בשבת אין אומרים אב הרחמים (שערי אפרים, שער י' אות כח-כט):

גודל העונש אם יהודי אינו נושא אשה

הנה ראשית והתחלת בריאת האדם היתה זכר ונקבה. כי מעט זה שהיה אדם לבדו כנודע ומיד ויאמר ה' לא טוב היות אדם לבדו אעשה לו עזר כנגדו. וזו היא מצוה ראשונה שבתורה פריה

ורביה. וכפולה היא בתורה כנודע, וע"כ יעזוב איש את אביו ואת אמו ודבק באשתו והיה לבשר אחד:

וגודל העונש מי שלא נשא אשה בזמנו ידוע כמאמר חז"ל עד עשרים שנה הקב"ה מצפה שמא ישא אשה, מעשרים שנה ואילך אמר הקב"ה תיפחנה עצמותיו *):

ומצוה מן המובחר ליקח אשה כשהוא בן י"ח שנה כלישנא דמתניתא (אבות ה, כא) שמונה עשרה לחופה. ואע"ג דכל המצוות מחוייב לקיים משנת י"ג מצוה זו חייבוהו חכמים משנת י"ח לפי שצריך ללמוד קודם, וכמו שאמרו באבות סוף פ"ה בן חמש עשרה לתלמוד. וכל מי שאינו עוסק בפ"ו כאלו שופך דמים וכאלו ממעט הדמות, וגורם לשכינה שתסתלק מישראל כדאי' במס' יבמות. ואמרו חז"ל (בב"ר פ' י"ז) תני רבי יעקב כל מי שאין לו אשה שרוי בלא טובה בלא עזר (כדגרסינן בפ' הבא על יבמתו (יבמות סג.) במה אשה עוזרתו לאדם מביא חטים, חטים כוסס, פשתן, פשתן לובש. לא נמצאת, מאירה עיניו ומעמידתו על רגליו). בלא שמחה (דשמחת לבב אשה) בלא ברכה (שבשבילה הבית מתברך כי איש ואשה שכינה ביניהם, וגם זה לפי הטבע שהיא משתדלת בצרכי ביתה) בלא כפרה (וכדגרסינן ביבמות שם (ע"ב), א"ר חמא בר חנינא כיון שנושא אשה עונותיו מתפקקים) רבי סימון בשם רבי יהודא בן לוי אמר

*) **תפחנה עצמותיו.** קידושין דף כט. משום דכתיב אצל האשה (בראשית ב, כג) זאת הפעם עצם מעצמי, והוא אינו רוצה אותה ולהחזיק בעצם שלו, ע"כ אמר הקב"ה 'תפחנה עצמותיו' מדה כנגד מדה (דרישה, אבה"ע סי' א אות יב):

אף בלא שלום, שנאמר (ש"א כ"ה) ואתה שלום וביתך שלום. רבי חייא בר גמדא אמר אף אינו אדם שלם שנאמר (בראשית ה, ב) ויברך אותם ויקרא את שמם אדם, שניהם כאחד קרויים אדם. רבי יהושע דסכנין בשם רבי לוי אמר אף בלא חיים שנאמר (קהלת ט, ט) ראה חיים עם האשה אשר אהבת (דעל ידה מאריך ימים וחיים יותר). וכ"ש כשהיא נאה כדאמרינן (ברכות נז:) ג' דברים מאריכים ימיו של אדם אשה נאה וכו' (יפ"ת). וי"א אף ממעט את הדמות (שאינו מוליד בנים שנבראים בדמותו וצלמו שנאמר (בראשית א, כו) בצלמינו כדמותינו, פי' מהרז"ו):

מעלת החתן אם נושא אשה לש"ש

אמר חז"ל (עי' פרקי דר"א פ' טז) כי החתן נקרא [*] מלך. והלוא כמו זר נחשב כי מה מלכות יערכו לו, גם כי יהיה שורר בביתו לא ע"י כן הגיע למלכות:

אך אחשבה, כי הלא זה הדבר אשר ידענו מרז"ל (ירושלמי ביכורים פ"ג ה"ג) כי הנושא אשה, ומה גם אם הוא לשם שמי, מוחלין לו על כל עונותיו כאשר למדו חז"ל מפסוק (בראשית כח) ויקח את מחלת וגו'. עוד ידענו מרז"ל כי בכל מצוה שאדם עושה בורא מלאך פרקליט. והנה אפילו ריקנין שבישראל מלאים מצות כרמון (עי' חגיגה כז), נמצא כי גדוד יגודנו לכל

[*] פי' שכל העם מכבדין ומחבבין את מלכם, כך מרעים ושושבינים של החתן מכבדין ומחבבין את החתן בכל מיני כבוד ושמחה. (ביאור רד"ל על פדר"א סו"פ ט"ז):

איש כמוך. אך לא מלך יקרא כל עוד שלעומתם יהי' לו כמה עבירות אשר בכל אחד מהם ברא משחית מחבל אשר עונותיו ילכדונו ויסירו ממנו אדר מלכות כי יהי' מערכה מול מערכה לכן כאשר יקח איש אשה לשם שמים אשר אז עונותיו נמחלים שהוא כי יתן אל לבו יום המיתה כי על כן לוקח אשה ויהיה קיים במין וישוב בתשובה אז מלך יקרא באמת כי באמת כי מערכת משחיתין שלו נדדו הלכו וחיל מלאכיו אשר ברא מזכיותיו עומדים לפניו הלא זה יעשה מלוכה כי רב חילו. אך לא לכל אדם יקרה זה כי אם לאשר זכה לוקח אשה בלי פניה, רק לעשות מצית ה' ברה (אלשיך תהלים מזמור מ"ה):

ובפד"א (פ' ט"ז) אי' החתן דומה למלך מה המלך אינו יוצא לשוק לבדו (משום כבוד) כך החתן אינו יוצא לשוק לבדו. מה המלך לובש בגדי כבוד כך החתן לובש בגדי כבוד, וכמ"ש (ישעי' סא, י) כחתן יכהן פאר וגו'. ולשון יכהן הוא כבגדי כהונה, (שנאמר בהם לכבוד ולתפארת). כל שבעת ימי המשתה מה המלך מקלסין אותו הכל, כך החתן מקלסין אותו כל שבעת ימי המשתה (כמ"ש קול חתן וקול כלה, שנראה פירושו שבתוך קולות של ששון ושמחה שאמר תחלה נשמע שמזכירים בקולם שם חתן וכלה שמשבחין ומקלסין אותן) מה המלך פניו מאירות כאור החמה וכמ"ש (משלי טז, טו) באור פני מלך וגו' וכתיב (תהלים כא, ו) הוד והדר תשוה עליו. וכתיב (דה"א כט, כה, ודניאל יא, כא) הוד מלכות. ומ"ש כאור החמה הוא כמ"ש (תהלים פט, לז) וכסאו כשמש נגדי, כך החתן פניו מאירות כאור החמה שנא' (תהלים יט, ו) והוא כחתן יוצא מחופתו (והרי זה

בא ללמד מחתן על השמש. ונמצא למד על חתן עצמו שדומה לחמה שמחמת שמחתו ונחת רוח פניו מאירות):

משנתנה תורה נצטוו ישראל שאם ירצה איש להיות נושא אשה (שיקדש) [שיקנה] אותה לו תחלה בפני עדים. ואח"כ תהיה לו לאשה. ומצות עשה של תורה שיקח איש אשה שתהיה מיוחדת לו לאשה לפרות ולרבות. ותהיה כוונתו בזה לקיום המין, לא להנאת עצמו. ובאחד מג' דברים האשה נקנית אליו, בכסף ובשטר ובביאה (קידושין ב.). ואחר שנקנית באחד מג' דברים הנ"ל נקראת מקודשת, כלומר, שנאסרה לכל זולתו כהקדש. ואם ירצה לגרשה צריכה גט, שהרי היא אשת איש גמורה. ונהגו (שו"ע אבה"ע כו, ד) כל ישראל לקדש בכסף ולא באחד משני דרכים אחרים. ואין מקדשין בביאה, והמקדש בביאה מכין אותו מכות מרדות אע"פ שקדושיו גמורים. ובזמן חכמי התלמוד ע"ה היה מקדשין מיד כששדכו, ולא היו נושאין עד אחר זמן. והאידנא אין נוהגין ליארס אלא בשעת חופה. ומברכין ברכת אירוסין וברכת נישואין יחד זה אחר זה. וצריך כוס לכל אחד ואחד כמו שכתב הטור אהע"ז סי' סב. (מטה משה ח"ג, א).

וכתב בנחלת שבעה (סי' יב אות א ואות ב) [וז"ל], הא דברכת נישואין לא סגי בלא כוס, [נ"ל] הטעם משום שאם אין מברכין על הכוס לא תמצא שבע ברכות. כי ברכת אירוסין אינו שייך לברכת חתנים. ואנו בעינן ז' ברכות תחת החופה, לא סגי בשש. דהא אי' בטור או"ח סי' תעא בשם הירושלמי כל האוכל מצה בע"פ כאלו בועל ארוסתו בבית חמיו, ומפרש הטעם בהגהות מהרא"ט משום דגם מצה צריך ז' ברכות קודם אכילה ועי"ש. וממילא נשמע דברכת חתנים צריך ז' ברכות. אבל ברכת אירוסין

ס"ל כמה פוסקים שאין צריך כוס, אך עכשיו שאנו מקדשים תחת החופה וברכת נישואין לא סגי בלא כוס, ע"כ מברכין גם ברכת אירוסין על כוס. אבל באמת אם הוא שעת הדחק שאין לוקח רק כוס אחד צריך להחזיקו לברכת נישואין ולברך ברכת אירוסין בלא כוס. אכן בכל בו כתב ובאשרי פ"ק דכתובות (סי' טז) דאם אין לו יין מצוי לב' הכוסות יכול לברך ברכת אירוסין ונשואין על כוס אחד. שמאחר שאפשר לברך שניהם על כוס אחד למה לא יברך גם ברכת אירוסין על כוס, דהא אין צריך לטרוח יותר בשביל זה, עכ"ל של הנחלת שבעה:

החופה הוא שחופפין אותו בטלית או בסודר ומכניסין אותם תחתיו וזהו נקרא נשואין. ועוד שכל המנהגים של חתן וכלה אנו למדין ממתן תורה שהשם היה מראה עצמו כחתן נגד כלה שהם ישראל כמו שכתב התשב"ץ סי' תס"ז. ולכך מכניסין אותם תחת החופה כויתיצבו בתחתית ההר. וביש מקומות עושין החופה *) בטלית. והרמז כי יקח איש אשה (דברים כב, יג) וסמיך ליה גדילים תעשה לך (שם פס' יב). ונוהגין (רמ"א אהע"ז סא, א) לעשות החופה תחת השמים לסימן טוב שיהיה זרעם ככוכבי השמים לרוב: (מטה משה, שם)

---

*) עי' באו"ח סי' ח' בבאר היטב ס"ק י"ח (בסוף) במקום שנוהגים שמשליכין טלית [על החתנים והכלות] בעת חתונתם צריך החתן לברך על הטלית ברכת ציצית (ע"ת ושכנה"ג). ובגינת ורדים (או"ח כלל א סי' כה) חולק ע"ז וכתב דמאחר דהטלית וכו' [אינו אלא להגן ולא לכבד ולרומם] אין צריך לברך. ורבים מסכימים לברך, ולכן לצאת כל הדיעות יטול טלית שאולה:

כתב בהגהות סמ"ק בהלכות חול המועד יש שנזהרים שלא לעשות שני חופות ביום אחד משום דאמרינן שלא לערב שמחה בשמחה. בירושלמי מפיק הא בשלא לערב וכו' מיעקב אבינו ע"ה דאמר ליה לבן (בראשית כט, כז) 'מלא שבוע זאת'. מיהו לא דמי, דהתם שתי שמחות לאדם אחד וכו' אבל שני חופות לשני בני אדם לא שייך בזה משום עירוב שמחה בשמחה. וכן היה נוהג רבי יחיאל בר יוסף לעשות חופות יתום או יתומות עם חופת אחד מבניו הכל ביום אחד. אך משתי אחיות פי' בספר חסידים שאין לעשות בשבוע אחד. וכן היו הראשונים נזהרים אפילו בנכריים שני חופות ביום אחד היכא שהאחת מגונה מחברתה משום איבה, מרדכי פ"ק דמועד קטן. וכן אגודה (מט"מ, חלק שלישי, הכנסת כלה פ"א אות יז):

מצינו להקב"ה שהוא אדון כל העולם ויצר את האדם מאין התקין לו חופתו עם חוה כלתו. ושמח לאדם הראשון בחופתו ושלח לו מלאכי השרת שיהיו שושביניו לגמול חסד עמו. וכדאי' בב"ר אמר רבי יודא בר סימון מיכאל וגבריאל היו שושביניו של אדם הראשון. והקב"ה ברכם ברכת חתנים. וכדאי' ג"כ (בפדר"א פי"ב) שהיו המלאכים מתופפים ומרקדים כנקבות. ואם זה עשה הקב"ה עם בריותיו. מכ"ש שבני אדם חייבים לגמול חסד זה עם זה. וילמוד ממדת בוראו. ואם ירגיל במידותיו נמצא שמתדבק בשכינה. ומי שהולך אחר מדותיו והולך בדרכיו עליו נאמר אשרי כל ירא ה' ההולך בדרכיו יגיע כפיך כי תאכל. ר"ל כי תאכל בסעודת חתן ותאכל ביגיעת נפשך כלומר שתהיה מטפח לפניו. אז אשריך שתקבל שכר, וטוב לך פי' תזכה לתורה שנקראת 'טוב'. כדאמר ריב"ל בפ"ק דברכות שאם משמחו זוכה

לתורה שנתנה בה' קולות. ואמר הכתוב שבשעה שמרקד ומטפח לפניו יש לשבח [הכלה] ולומר אשתך כגפן. מה גפן פריו לברכה אף אשתך פריה לברכה. בירכתי ביתך שתהא צנועה ולא תהא יצאנית, וזהו שבח האשה שנא' (תהלים מה, יד) כל כבודה בת מלך פנימה. בניך כשתלי זתים, ר"ל מתוך שהיא צנועה יהי' בניך ממנה כשתילי זתים. והמשילם לזתים מפני שאין לך אילן שאינו מקבל הרכבה חוץ מאילן זית שאינו מקבל הרכבה כלל. וכן הבנים בני אביהם שהרי אמם צנועה בירכתי הבית לא נזקקה כי אם לבעלה. (מטה משה שם פ"ב)

ועוד המשילם לזיתים לכוונה אחרת. והוא שהזית נושא פריו לתשעה חדשים. וכן האשה הזאת בשכר צניעותה אינה מפלת אבל תלד בניה לתשעה חדשים. סביב לשלחניך, שלא יהיו צריכים לבריות אלא סומכין על שולחן אביהם. הנה כי כן יבורך גבר ירא ה', כלומר הנה כי כן יבורך הכלה לפני החתן אותו גבר ירא ה' הנזכר אשרי כל ירא ה' ההולך בדרכיו. יברכך י"י מציון, פי' לכן יזכה שיהא מבורך מהשם יתב' המשרה שכינתו בציון. וראה בטוב ירושלים, [ע"ד דאיתא התם בברכות רב נחמן אמר כאלו בנה אחד מחורבות ירושלים, לכן יזכה לראות בטוב ירושלים]. וראה בנים לבניך, בשכר שהוא משמחו שיהי' לו בנים כשתילי זתים יזכה הוא לראות בנים ובני בנים. שלום על ישראל, שבזכות שהוא משמח חתן וכלה וגורם שלום ביניהם יזכה לשמחה שעתיד הקב"ה לשמח את ישראל בזמן הנחמה כשמחת חתן עם הכלה, כמו שנאמר וכמשוש חתן על הכלה ישיש עליך אלהיך, ואז יהיה שלום על ישראל. כי בעבור

גמילות חסד הקב"ה נותן צדקה ושלום בארץ, שנאמר (תהלים פד, יא) חסד ואמת נפגשו צדק ושלום נשקו: (מטה משה, שם)

ולכן כשמוליכין החתן להכניסו לחופה אזי ב' שושבינים מוליכים אותו, אחד מימין ואחד משמאל. ויש מקומות שנוהגים שכל השייכים בה נושאים נרות הרבה לפניו. וביש מקומות זורקין נרות דולקות כמו שכתב התשב"ץ רמז למתן תורה שנא' (שמות יט, טז) ויהי קולות וברקים. וביש מקומות אין המנהג הזה רק השני שושבינים כל אחד יש לו נר אחד בידו. ונראה לי הטעם לשני נרות אלו, כי לאשה יש לה רנ"ב איברים ולאיש רמ"ח. ובדיבוק איש ואשה הם ת"ק שני פעמים נר, לכן נושאין שתי נרות לפניהם לרמוז לזיווג איש ואשה. ועוד טעם ששני פעמים נר בגמטריא פרו ורבו. הוא סימן שיהיו פרין ורבין: (מט"מ, שם)

ומתעטפין החתן בטלית לבנה כדי לקיים 'בכל עת יהיו בגדיך לבנים', כ"כ הכל בו סימן ע"ה. ומטעם זה מלבישין אותו הקיטל בשעת כניסת חופה. ולי נראה הטעם למנהג זה על דרך דאי' במדרש שלשה מוחלין להם עונותיהם מלך נשיא וחתן. ומאחר שנמחל עונותיו לכן הוא לבוש הקיטל להראות הסליחה על דרך אם יהי' חטאיכם כשנים כשלג ילבינו (מט"מ, שם):

משימין אפר מקלה על ראש החתן כדאי' בפ' חזקת הבתים (ס') אם אשכחך ירושלים וגו' אם לא אעלה אותך על ראש שמחתי, מאי על ראש שמחתי, אמר רבי יצחק זו אפר מקלה שבראש חתנים. א"ל רב פפא לאביי היכא מנח ליה, אמר ליה במקום תפילין שנא' (ישעי' סא, ג) לשום לאבלי ציון פאר תחת אפר,

פירש"י תחת אפר, מכלל שהיו רגילין ליתן אפר במקום פאר דהיינו תפילין, כדכתיב פארך חבוש עליך: (מטה משה, שם)

נכון ליזהר לנהוג כהרמב"ם שלא יעשו חופת נדה. אבל לדינה קיימ"ל כהפוסקים דס"ל דחופת נדה הוי חופה. וצריך להודיע להחתן שהיא נדה. ועיקר החופה לא הוי מה שמכניסין אותו תחת סודר שפורסין על כלונסאות כמו שאנו עושים וקוראין אותה חופה. כי עיקר החופה מה שמייחדים אותם אחר כך בחדר זה נקרא חופה, ואפילו אינה ראויה לביאה כגון שהיא נדה. או שבני אדם נכנסין ויוצאין שם באותו חדר ולא הוי יחוד הראוי לביאה אעפ"כ הוי חופה גמורה וקונה בבתולה קנין גמור למהוי כנשואה בכל דברים וצריך ליחד להחתן אותו החדר והוי כהכניסה לביתו. ואם כנס את הבתולה בע"ש והכניס אותה לחדר מבעוד יום אף שהיא עדיין לא טבלה ובני אדם נכנסין ויוצאין באותו חדר דבלאו הכי אסורה להתייחד עמו קודם ביאה ראשונה קונה אותה בזה שהביאה לחדר מיוחד לו. ואח"כ כשטובלת מותר לו לבא עליה ביאה ראשונה בשבת. וליכא איסור משום קונה קנין בשבת משום שכבר קנה אותה מבע"י. אבל באלמנה אינה קונה חופה רק יחוד הראוי לביאה היינו שתהיה טהורה ויכנוס אותה אחר הקידושין לחדר מיוחד שלא יהי' שם בני אדם וזה הוי יחוד הראוי לביאה, וקונה באלמנה ג"כ קנין גמור למהוי כנשואה. ואם כנס אותה בע"ש והיתה טהורה והכניס לחדר מבע"י ונתייחד עמה ולא הי' שם בני אדם קנה אותה קנין גמור, ומותר אח"כ לבא עליה בשבת. אבל אם לא היתה טהורה מבע"י, או בשלא נתייחד עמה בחדר מיוחד מבע"י, אסור לבא עליה בשבת. ולכן יש ליזהר מאוד כשעושין

חופה בע"ש שיעשו את החופה מבע"י גדול (סי' נ"ה וס"א וס"ד):

כשהאב משיא לבתו כשהיא קטנה היינו כשהיא פחותה מבת י"ב שנים ויום אחד היא אינה יכולה לקבל בעצמה קידושיה כי אם האב בעצמו צריך לקבל קידושיה, על כן צריך לעמוד אצלה כשמקבל קידושין והוי כמו שמקבלה היא בעצמה. ואומר הבעל הרי את מקודשת לי. וכששולח בתו הקטנה למקום אחר להתקדש שם ולהנשא ואין יכול לילך בעצמו, יאמר לה בפני עדים צאי וקבלי קידושיך. ואם לא אמר לה כן בפני עדים אעפ"כ הואיל והכונה להכניסה לחופה ולקדושין הוי כעומד אצלה בשעת קבלת הקדושין ומהני. אבל טוב לעמוד אצלה בשעת קבלת הקדושין (סימן ש'):

כתב מהר"מ מינץ, צריך החתן לקדש בימין דידיה, וגם בימין הכלה. ובאצבע הסמוך לאגודל ישים הטבעת ולא באגודל, אע"פ שאין מעבירין על המצות משום שאין דרך נשים לשאת טבעת על אגודל והוי כמו כלי גבר, עכ"ל. ובנחלת שבעה כתב עוד טעם משום שכל דבר שצריכין להראות באצבע אשר יאמר עליו כי הוא זה מראין הכל באצבע השני. וראיה מוכחות שבכל דבר שמצייר יד ממשיכין ומאריכין האצבע השני ושאר אצבעות מכונסין תוך היד. וכן אטבא דספרא והם העצים שמראין בהם התשוקית את האותיות, וכן מה שביד החזן בעת קריאת התורה, כל האצבעות שוות שהם מכונסים תוך היד זולת זה האצבע הסמוך לאגודל הוא מופשט וארוך להראות בו האותיות. וכן כשמראין דבר באצבע מראין בזה האצבע. ואין מקדשין בזה האצבע השני שהוא נראה לעין יותר משאר אצבעות, וכן ביד

ימין שהוא היד היותר עסקניות בחלקי המישוש בין בגוף בין חוץ לגוף. וע"כ אם תשא טבעת קידושין ביד ימין ובזה האצבע יראו הכל שהיא נושאת טבעת קידושין וידעו שהיא מקודשת ולא יקפצו עליה אינשי לקדשה. כי בימיהם היו מקדשים בשעת שידוכים וא"כ לפעמים לא ידוע שהיא מקודשת ויקפצו עליה אינשי כסבורים שהיא פנויה, ולכן היתה נושאת טבעת קידושין בזה האצבע, ע"כ. ובס' חוקי דרך כ' מה שנוהגין לקדש את האשה באצבע ולא בשאר אצבעות הוא משום כשאתה מתחיל למנות באגודל מן תורת ה' תמימה וגו' אז יבא בכל פעם השם על אצבע עד הנחמדים מזהב, ועוד נאמר אצבע אלהים היא, ע"כ:

בברכת אירוסין הקשה הר"ן (בפי' על הרי"ף, כתובות ב. ד"ה והתיר לנו) היכן מצינו ברכה כגון זו שמברכין על האיסור, והלא אין מברכין שאסר לנו אבר מן החי והתיר לנו את השחוט. ועוד למה אין מברכין במטבע קצר 'אשר קדשנו על הקדושין' כמו שמברכין על כל המצות במטבע קצר על המילה ועל השחיטה. ותירץ דודאי אין ברכה זו ברכת המצוה ממש, שאי אפשר לברך כפי מה שראוי לברך בברכת המצוה שאין לברך בשעת קידושין אשר קדשנו במצוותיו וצונו על הקידושין, משום דאין מברכין על המצוה שאין עשייתה גמר מלאכתה כי הא, דאכתי מיחסרה מסירה לחופה. ובשעת כניסה לחופה נמי אי אפשר לו לברך על קידושין וחופה כיון שכבר קדש מזמן מרובה. וכשבא לקדש ולכנוס [לחופה] כאחת ג"כ לא ראו לתקן לו ברכה בפני עצמה, כדי שיהא טופס ברכה שוה לכל. וכיון דברכת המצוה ממש אי אפשר לא רצו להוציא מצוה זו בלא ברכה כלל, ותיקנו לברך

בה על קדושתן של ישראל. והיינו שהקב"ה בחר בהם וקידשם בענין זיווג באסור להם ובמותר להם, והיינו שצונו על העריות. וכדי שלא יטעה השומע לאמר שבקדושין אלו בלבד הותרו המותרות הוצרכו לומר 'ואסר לנו את הארוסות' [בלאו דלא תסור], ולהזכיר היתירן היינו 'על ידי חופה וקדושין', עכ"ל:

והרא"ש שם (כתובות פ"א סי' יב) תירץ כי ברכה זו אינה ברכה על עשיית המצוה כי פריה ורביה היינו קיום המצוה ואם לקח פילגש וקיים פריה ורביה (בלא קידושין) אינו מחוייב לקדש אשה, וכן הנושא זקנה או איילנות או עקרה. וכן סריס תמה שנשא מברכין ברכת חתנים. ואין חיוב במצוה זו מפני שאין בה קיום מצות פריה ורביה, והילכך לא נתקנה ברכה במצוה [זו]. ואף בנושא אשה לשם פריה ורביה כיון שאפשר לקיים מצות פריה ורביה בלא קידושין. ולא דמי לשחיטה שאינו מחוייב לשחוט ולאכול ואפ"ה כשהוא שוחט לאכול מברך, דהתם א"א לו לאכול בלא שחיטה. אבל הכא אפשר לו לקיים (מצות) פו"ר בלא קידושין. וגם התם אפקיה קרא בלשון ציווי דכתיב וזבחת ואכלת, אבל הכא כתיב כי יקח איש אשה. ועוד דבקדשים א"א בלא שחיטה, הילכך מברכין על כל שחיטה. וברכה זו נתקנה לתת שבח להקב"ה אשר קדשנו במצותיו [והבדילנו מן העמים] וצונו לקדש אשה המותרת לנו ולא אחת מן העריות. והזכירו בו איסור ארוסות והיתר נשואות בחופה וקידושין שלא יטעה אדם לומר שהברכה של קידושין נתקנה להתירה לו, לכך הזכירו חופה, לומר דדוקא ברכת חופה היא המתרת הכלה. ולהכי נמי

הקדימו חופה לקידושין לומר 'והתיר לנו את הנשואות' ע"י חופה שאחר ברכת הקידושין, עכ"ל: [א]

ובספר מרפא לשון [ב] כתב וז"ל, ולכאורה צריך טעם הלא כל הברכות שתקנו חז"ל הוא על מצות עשה. ומ"ט תקנו כאן הברכה אשר קדשנו וכו' על העריות שהמה לא תעשה. ויש לומר שאמרו חז"ל כל מקום שאתה מוצא גדר ערוה אתה מוציא קדושה. ולכן תקנו חז"ל הברכה בלשון זה, עכ"ל:

שבת שקודם החתונה מרבים בשמחה לכבוד החתן, וקורין לשבת שקודם החופה שב"ן על"ץ, כלומר הבן דהיינו החתן שמח, עשה"כ (תהלים קמט, ה) יעלזו חסידים בכבוד ירננו על משכבותם. ולזה נוהגין החזנים בקצת קהילות לנגן השכיבנו בליל אותה שבת עד חתימת ברכת 'ופרוס'. ובאותו שבת החתן הוא חיוב לקרותו לס"ת וקודם לכל החיובים, חוץ מבר מצוה שיש עירנות בקהלה: [ג]

הלילה שלפני דלפני יום החופה עושין העשירים סעודה וקורין אותה מאניז"ה מאה"ל: [ד]

[א] ע"ע דרכי משה אות ג'.

[ב] מאת הר"ר רפאל הכהן זצ"ל אב"ד אה"ו, שנת תק"נ, עמוד העבודה

[ג] נוהג כצאן יוסף, נישואין אות ב.

[ד] ע"ע ירושתנו כרך ה, עמ' ערב הע' 35.

והלילה שלפני החופה עושין סעודה ונקראת סבלונות, ונוהגין שהחתן והכלה אין אוכלין ואין שותין עד אחר ששלחו הסבלונות זה לזו: [א]

כתב מהר"ם מינץ סימן ק"ט דחשיב ליה לסעודת סבלונות לסעודת מצוה (היא הסעודה בלילה שלפני הברכה שנותנין סבלונות באשכנ"ז) [וכו'] ונ"מ מאן דלא אוכל חוץ לביתו כי אם סעודת מצוה יכול לאכול בהאי סעודה, עכ"ל. ונראה [לי] דה"ה בסעודה שנוהגין לעשות באשכנז בלילה שלפני המילה שמזמנים המוהל והסנדק ושאר קרובים ואוהבים נ"ל דג"כ יחשב לסעודת מצוה (לענין הנ"ל, ומכ"ש הסנדק והמוהל שיום טוב שלהם הוא), או מי שאינו אוכל בשר בחול או בב' וה' כי אם בסעודת מצוה יכול לאכול בהאי סעודה: [ב]

נוהגים שהחתן והכלה מתענין ביום חופתם. והוא משני טעמים. א' מפני שהוא יום סליחה דידהו ונמחלו עונותיהם. וז"ל דעת החכמה שער התשובה פ"ג וזה לא יעלה על הדעת שיהיה אזי מחילה בלי חרטה ועזיבת חטא על העבר. לכן צריך הוא באותו יום לפשפש במעשיו ולהתחרט עליהם שלא ישוב עוד לאותו חטאים, עכ"ל. והימים הראשונים יפלו לבל ישוב עוד לכסלה לעשות מעשה נערות. והתענית יפה ג"כ לכוף ולהשתעבד את יצרו. ולפי טעם זה ראוי להשלים התענית. טעם ב' שלא ישתכרו ולא יהיה דעתם מיושבת עליהם. ולפי טעם זה אין צריכין להשלים. ויש להחמיר כשני הטעמים. ואם האב הוא מקבל

[א] נוהג כצאן יוסף, נישואין אות ג.

[ב] נחלת שבעה סי' יב, ועשינו תיקונים ע"פ מש"כ שם.

קדושין בשביל בתו הקטנה, צריך הוא להתענות כדי להחמיר מפני טעם הב'. ובימים שאין מתענין כמו שיתבאר אח"ז צריכין ליזהר שלא ירבו במאכל ובמשתה מפני טעם השני (אה"ע סי' ס"א ע"ש): [א]

כתב הא"ר באו"ח סי' תכ"ט ס"ק ד' וז"ל, כתב נחלת שבעה דף נ"ח בימים שאין אומרים תחנון אין לחתנים להתענות. וכ"מ מרמ"א סי' תקע"ג דאין לחתן להתענות רק בר"ח ניסן אבל בשאר ימים שאין אומרים תחנון אין להתענות. ובדברי הב"ח סי' תכ"ט משמע שהצריך החתן להתענות בניסן אחר פסח, עכ"ל. ודבריו תמוהין וכו' דמסיק שם הא"ר דהרמ"א וב"ח ס"ל שהחתן מתענה בכל חודש ניסן. ועי' בא"ר סי' תקע"ג סק"ג דמסיק דדוקא ר"ח חנוכה ופורים, אין לחתן להתענות, אבל בשאר ימים שאין אומרים תחנון מתענין. אך באסרו חג וחמשה עשר באב ושבט כתב המג"א (סק"א) שאין מתענין כיון שמוזכר בש"ס:

עוד כתב הא"ר בסי' תקנ"ט ס"ק כ"ה מעשה היה בחופה בעשרה בטבת ונתנו הכוס לתינוק לשתות (תוס' עירובין דף מ: ד"ה דילמא) ונראה בתענית הנדחה [ב] מותר להחתן לשתות כמו בעל ברית. ואף במדינותינו שהחתן והכלה לעולם מתענין מ"מ הא אין משלימין התענית עי' סי' תקע"ג. ועי"ש שהביא דעות לאסור:

[א] רוב סעי' זה הוא ע"פ מש"כ בדרך החיים הל' אירוסין ונשואין סעי' א.

[ב] נ"ל דזה נוגע רק לתענית אסתר שנדחה ליום חמישי.

כתב בעל צדה לדרך וז"ל במקומות יש שנוהגים לגלות פני הכלה קודם הקידושין. ובטילטילא חזרו לנהוג כן ויישר כחם, ע"כ (מטה משה, (דיני הכנסת כלה אות ח): [א]

נוהגים שהמכובד להיות מצורף עם החתן לכסות את הכלה (שקורין בעדעקינס) אומר בעת שמכסין אותה הפסוק (בראשית כד, ס) אחותינו את היי לאלפי רבבה:

[א] ועי' בספר שישו ושמחו מאת הר' נתן בנימין בלויא (הוצאת תשמ"ט) סי' נ, בענין "כסוי וגילוי פני הכלה בשעת קידושין", שמביא הרבה בסוגיא, וע"ע בשו"ע המקוצר אה"ע ח"ב סי' ר"ו אות כה.

סדר אירוסין ונשואין

כשמביאין החתן תחת החופה יאמר החזן בניגון:

מי אדיר על הכל. מי ברוך על הכל. יברך החתן וכלה. יפרו וירבו חתן וכלה. מי גדול על הכל. מי דגול על הכל. יברך חתן וכלה. מי הדר על הכל. מי ותיק על הכל. יברך חתן וכלה. (כן מצאתי בכתיבת יד)

כשמביאין הכלה תחת החופה יאמר החזן בניגון:

מי בן שיח. שושן חוחי. יברך חתן עם הכלה. (כן מצאתי בסידור ישן)

ובכתיבת יד מצאתי בזה הנוסח:

מבין שיחים. שושן חוחים. ינווה ניחוחים. יאיר לי. אהבת גילי. ומשוש כלה. היא העולה. והיא כפורחת. כאור זורחת על ראש שמחת גילי. זה דודי וזה רעי. ברוך הבא:

נוהגים שהכלה[א] מסבב את החתן ג' פעמים [ב]. ע"ש הכתוב (ירמיה לא, כא) נקבה תסובב גבר. שהוא שלש תיבות. ומעמידין אותה לצד ימינו של חתן ע"ש הכתוב (תהלים מה, י) נצבה שגל

[א] והמנהג הוא שגם השושבינות מקיפין את החתן. ויש מקומות שנוהגים שאף האנשים השושבינים מקיפין ג"כ.

[ב] כן היה המנהג במדינת אשכנז ועוד מקומות, וכן הובא המנהג במטה משה. והיום הרבה נוהגים שמקיפין את החתן ז' פעמים. ויש רמז לזה דבפס' 'נקבה תסבב גבר' הסוף תיבה של "נקבה" (אות ה) וסוף תיבה של "תסבב" (אות ב) בגימטריא הוא ז'.

לימינך. סופי תיבות למפרע כל"ה (חוקי דרך). גם נגד שאשה נקנית לבעלה בשלשה דרכים. בכסף בשטר ובביאה. והוא נתחייב לה בשלשה דברים. שאר כסות ועונה. גם נרמז למ"ש חז"ל (יבמות ס"ב) כי יהודי שאין לו אשה שרוי בלא טובה בלא ברכה בלא שמחה. ולרבא בר עולא ובני מערבא שרוי בלא תורה בלא חומה בלא שלום. ועוד טעם לג' הקפות באופן אחר. ג' פעמים היא מזדווגת עמו. **א)** בשעה שנולדו, כאמרם ז"ל ריש מס' סוטה מ' יום קודם ליצירה בת קול יוצאת ומכרזת בת פלוני לפלוני, ע"ש. **ב)** ומשנולדו תהלכנה שתי הנפשות ימים ושנים מבלי הרגשת מאומה עד אשר פתאום תכיר אחת את רעותה. אז מזדווגת שנית. וזהו בשעת נישואין, והוא זיווג שני. **ג)** לאחר שמתו מזדווגות יחד שלישית בעולם שכולו טוב ושם לא יפרדו לעולם. ולכן מסבבת אותו ג"פ לרמוז לו כי תהיה לו למחסה ולמסתור כחומה סביב בכל שלש פעמי זיווגם (מקורי מנהגים).[א]
אמרו חז"ל בין י"ח לחופה די"ח פעמים כתיב אדם מבראשית עד שנזדווגה לו חוה. ואמר כי מאיש לוקחה זאת (רש"י)[ב] :

והוא אשה בבתוליה יקח וגו'. רמז לבן י"ח לחופה כמנין והוא. וזהו והוא כחתן יוצא מחופתו וגו' (פענח רזא).

המסדר קידושין יהיה מאן דגמיר וסביר. לא כמו שנוהגין עכשיו שמניחים לסדר קידושין מי שאינו יודע בטיב גיטין וקידושין:[ג]

תחת החופה מברכין ברכת אירוסין ונשואין והוי עובר לעשייתן וצריך ב' כוסות. לברכת אירוסין כוס אחד, ולברכת נשואין כוס

[א] להר' אברהם לויזון, ברלין שנ' תר"ז, סי' עד.
[ב] על פרקי אבות פ"ה משנה כא, ועי' תוס' יו"ט שם.
[ג] נוהג כצאן יוסף אות יא.

אחד. ומפסיקין בין ברכת אירוסין לברכת נשואין בקריאת הכתובה בנתיים. ונותנין מן הכוסות של ברכת אירוסין ונשואין להחתן והכל לשתות. וצריכין לכוין לצאת בברכת היין בשעה שמברך המסדר על הכוס. ובברכת אירוסין ונשואין שמברכין תחת החופה מברכין ברכת היין קודם לשאר ברכות. ואין מברכין ברכת נשואין בפחות מעשרה ודחתן מן המנין (סי' ס"ב):[א]

ברכת אירוסין ונשואין

המסדר יאמר:

ברוך אתה ה' אלקינו מלך העולם בורא פרי הגפן:

ברוך את ה' אלקינו מלך העולם אשר קדשנו במצותיו וצונו על העריות ואסר לנו את הארוסות והתיר לנו את הנשואות לנו על ידי חופה וקידושין. ברוך אתה ה' מקדש עמו ישראל על ידי חופה וקידושין:

על העריות. שנאמר (ויקרא כ, ז) והתקדשתם והייתם קדושים. קדש עצמך במותר לך ולא בעריות[ב]. ואמרינן בירושלמי (יבמות פ"ב ה"ד) א"ר יהודה בן פזי למה סמך הכתוב פ' עריות לפ' קדושים תהיו, ללמדך שכל מי שהוא פרוש מן העריות נקרא קדוש, שכן השונמית אמרה לאישה (מ"ב ד, ט) הנה נא ידעתי כי איש אלהים קדוש [הוא] וגו': **וצונו על העריות.** ר"ל וצונו על הרחקת העריות או צונו לפרוש מן העריות. ודומה לו

[א] דרך החיים, דיני ברכת אירוסין ונישואין, אות א.

[ב] כ"כ בפי' התפילות והברכות לר"י ב"ר יקר ח"ב עמ' לו.

(דברים ד, כג) ועשיתם פסל תמונת כל אשר צוך ה' אלהיך, כלומר צוך שלא לעשות: **ואסר לנו את הארוסות.** פירש"י (כתובות ז: ד"ה ואסר לנו) מדרבנן הוא שגזרו על ייחוד פנויה, ואף ארוסה לא התירו עד שתכנס לחופה ובברכה כדאמרינן (כלה פ"א ה"א) כלה בלא ברכה אסורה לבעלה כנדה (ע"כ). ואע"פ שאיסור זה הוא מדרבנן צריך לברך עליו, כמו שמברכין על נר חנוכה ומקרא מגילה שהם מדרבנן [א]. והר"א ברבי יצחק אב"ד פירש ואסר לנו הארוסות מדכתיב חופה באורייתא מדדרשינן (כתובות מח:) כי יהיה נערה בתולה מאורסה (דברים כב, כג) בתולה ולא בעולה מאורסה ולא נשואה. ואמרינן מאי נשואה אילימא נשואה ממש היינו בתולה ולא בעולה. אלא נשואה שנכנסה לחופה ולא נבעלה. ש"מ דארוסה אכתי מיחסרא מסירה לחופה, וכיון דבעינן מסירה לחופה ש"מ לא קניא ליה לגמרי. הילכך הויא ליה כארוסת אחר לגביה ואסירא ליה כדין אשת איש: **את הנשואות לנו.** (פירש) [כלומר] נשותינו הנשואות לנו: **על ידי חופה וקידושין.** פי' ע"י ברכת חופה שהיא גומרת את הקידושין [ב]. ואע"פ שהחופה היא באחרונה הקדים להזכירה. לפי שבה היא ניתרת ועליה אנו סומכין. וחופה הוא לשון כיסוי. ונקראת כן על שם שחופה אותה בטליתו. ובעל העיטור פי' חופה היא שמוסרה האב ומכניסה לבית בעלה בבית שיש בו חדוש. כגון אלו הסדינין שקורין קורטינא"ש סביבות הכותלים. ויש שעושין סוכה בורד והדס כפי המנהג, ומתיחדים

[א] כל זה הוא ע"פ רש"י שם..

[ב] עי' באבודרהם הוצאת רא"ם עמ' 263 הערה 20.

בה שניהם. והאומר חופה הוא הסודר שחופין בו ראשיהם בשעת ברכה לאו מילתא היא וכו' (אבודרהם) [א]:

ובספר אהבת יהונתן [ב] כתב וז"ל, והמהרש"א בח"א (כתובות ז:) כתב דקאי על מתן תורה שהם קידושין לישראל כמ"ש חז"ל בפסוק (דברים לג, ד) תורה צוה לנו משה מורשה אל תקרי מורשה אלא מאורסה (ברכות נז.). והחופה כתב הוא ז"ל דהוא השראת השכינה במשכן. ובספרים אחרים ראיתי דבמעמד הר סיני דכתיב (שמות יט, יז) ויתיצבו בתחתית ההר מלמד שכפה עליהם ההר כגיגית (שבת פח.) הוא ממש ענין יחוד החופה. ובזה שייך לשון חופה וקידושין שכתבו המפרשים, היינו במקום שהקידושין נעשים תחת החופה וכן היה במעמד הר סיני שקבלו התורה בעמדם תחת הר סיני, עכ"ל:

ושותה החתן עם הכלה. ואח"כ מקדש אותה בטבעת שאין בה אבן, מפני שאפשר שתסמוך הכלה דעתה על האבן שתשוה יותר משהיא סבורה והוו ליה קדושין בטעות ואינה מקודשת [ג]. והד"מ והרמ"א באבן העזר סי' כ"ז כתבו וז"ל ונוהגין לכתחילה לקדש

[א] מתחלה ע"כ הכל הוא מאבודרהם.

[ב] על הפטרת במדבר ודרוש לשבועות. וכתב שם שזה דברי הפלאה מס' כתובות דף ז:

[ג] אבודרהם פ' מא אות ב בסוף. ועי' תוס' קידושין ט. ד"ה והילכתא. וענין זה שמנהג בכל תפוצות ישראל בזה"ז לקדש בטבעת דוקא, עי' בס' פרדס אליעזר אירוסין ונישואין עמ' שט"ז מה שמביא דברי הג' בעל ההפלא בספרו המקנה (קונט' אחרון סי' ג' סוף סעי' א'. וע"ע סי' כ"ז סעי' א), וע"ש בהערה 11.

בטבעת [א] ויש לו טעם בתיקוני זוהר, ע"כ. ור"ל אף שבכל הש"ס לא הקפידו רק שיקדש בשוה פרוטה יהיה טבעת או מתג או רסן, ובזאת מקודשת והוות אשר איש לעלמא, מ"מ חשש הרמ"א למ"ש בתקוני זוהר תקינא עשיראה דף כ"א ע"א ובגין דטבעת איהי יו"ד כגוונא דא ם, אתקדש כלה וכו' וכד איהי טבעת ברישא דאצבעא וכו' בההוא זימנא דמייחדין וכו' ע"ש באריכות.[ב]

הטבעת יהיה של החתן ולא שאולה [ג], ולכן המסדר קידושין ישאל על זה. כי לפעמים לוקחים טבעת ממי שאין הטבעת שלו, או מאשה אפילו בשלה, שמה שקנתה אשה קנה בעלה. ואין מועיל מה שנותנת במתנה, ואף אחרים העומדים שם צריכין להזכיר אם אין המסדר מדקדק על זה [ד]:

צריך לצוות את החתן שיאמר בעצמו תיבת לי. שאם יאמר המסדר תיבת לי קודם החתן יש לחוש לספק קידושין כאלו המסדר קדשה לו וצריכה ממנו גט [ה]:

[א] ויש נוהגין שיהיה טבעת של כסף, שכסף רמז לרחמים. אמנם הרבה מדקדקים שיהיה טבעת של זהב דוקא, עי' נטעי גבריאל פ' כא הערה ד'.

[ב] ועי' מש"כ בלבוש (לבוש החור אבהע"ז סוף סי' כז). וע"ע דברי רבינו יוסף חיים בספרו רב פעלים (ח"ב קונט' סוד ישרים סי' א'), ומש"כ בס' אור התורה (דברים ד, א תתמ"ה) לבעל צמח צדק לויבאוויטש, ומש"כ הרה"ק בעל התניא זצ"ל (דרושים לחתונה דף קל"א עמ' ג). ועל דרך הפשט עי' בספר החינוך (מצוה תקנ"ב). ועי' בס' נחלת שבעה (סי' י"ב מחודשים אות ב') עוד טעם שהוא להראות לכל העולם שהיא נשואה ואינה פנויה. ועי' מש"כ לעיל בפי' **דובר שלום** (בסידור אוצה"ת) ד"ה **הרי את**.

[ג] שו"ע אהע"ז סי' כ"ח ס"ב וסי"ט. ועי' ב"ש ס"ק מ"ט.

[ד] ע"ע נטעי גבריאל שם הערה י"ז .

[ה] ע"ע נטעי גבריאל פ' כה הערה ל'.

וכשבא החתן לקדש את הכלה יאמר:

הנני באתי לקיים מצות קדושין כאשר צותה התורה, לשם יחוד קוב"ה ע"י ההוא טמיר ונעלם.

ומייחדים שתי עדות שיראו הקידושין ואח"כ מקדש להכלה בטבעת ואומר:

הרי את מקודשת לי בטבעת זו כדת משה וישראל:

מקודשת לי. פי' מזומנת ומוכנת לי ולא לאחרים ע"י טבעת זו. והוא מלשון (שמות יט, י) וקדשתם היום: (אבודרהם)

צריך החתן לקדש בימין דידיה, וגם בימין הכלה, ובאצבע הסמוך לאגודל ישים הטבעת:

כדת משה וישראל. כלומר וזה הזמון שתהי מזומנת לי יהיה **'כדת משה וישראל'**. **'כדת משה'** והוא בזמן שהאשה טהורה ולא בזמן שהיא נדה. **'וישראל'** ר"ל וכדת שהנהיגו בנות ישראל שאפילו רואות טפת דם כחרדל יושבות עליו ז' ימים נקיים: (אבודרהם)

כתב השל"ה (פ' שופטים אות יג) מי שעולה לגדולה או למעלה אז מתגרה בו השטן ומקטרג וע"כ תקנו לשבור הכוס בשעת החופה כדי לתת למדת הדין חלקו. וע"י כן ועולתה קפצה פיה, ע"כ. והרוקח (סי' שנג) כתב הטעם לפי שנא' (תהלים ב, יא) עבדו את ה' ביראה וגילו ברעדה, במקום גילה שם תהא רעדה. והוא ממאי דאיתא בברכות (דף לא.) מר בריה דרבינא עביד הילולא לבריה. חזנהו לרבנן דהוי קא בדחי טובא. אייתי כסא

דמוקרא בת ד' מאה זוזי ותבר קמייהו ואעציבא. והיינו דאמר רבי יוחנן התם משום רשב"י אסור לאדם שימלא שחוק פיו בעולם הזה. וכתבו התוס' שם בד"ה אייתי, מכאן נהגו לשבור זכוכית בנישואין, עכ"ל. ובעל שולחן של ארבע מוסיף ואומר אין לך שמחה גדולה כשמחת התורה לישראל בהר סיני במעמד הקדוש שכתוב עליו כמחולת המחנים (ודמיון מתן תורה לקדושין כדאי' בויקרא פ"ב ובכמה מדרים ובזוהר) וכבר ידעת כי שם נשתברו הלוחות. כן בקידושין דהכא יש שברון זכוכית. וכמ"ש הרמ"א בהלכות ט"ב סי' תק"ס. ועוד נרמז בזה זכרון ליום המיתה. כי שבירת הכלי הוא מיתת הכלי. וכ"כ המהרש"א בחידושי אגדות (ברכות לא.) וז"ל, כסא דמוקרא וכו' פירשו בו הרמז שהוא כלי חשוב מאד ועיקר יצירתו ועשייתו מעפר ושבירתו זו היא מיתתו. כן האדם נוצר מעפר ועומד למיתה תמיד לשוב להיות עפר, עכ"ל. ובזה נמי ניחא דשוברים זכוכית דוקא כמו שברי זכוכית ניתנו להעשות כלי חדשה. כן כשימות האדם יקום שנית לתחיה כדאי' בזוהר פרשה וישלח ישראל (דף קעח ע"א) אע"ג דמיתין יתהדרון ויתקיימון כמלקדמין והא איתמר כי כחומר ביד היוצר כן אתם בידי בית ישראל וגו' אלא דא [הוא] חומר [דההוא] (דהאי) זכוכית דאע"ג דאתבר אתתקן ואית ליה תקנה כמלקדמין. מתי ישראל וכו' יהא חיין להון וכו' ויתקיימין בעלמא. וכן אמרו חז"ל בב"ר (יד, ח) א"ר יוסי בן חלפתא לההוא מינא על שהכחיש התחיה ואמר אית חספין מתדבקין לא כך כתיב (תהלים ב, ט) ככלי יוצר תנפצם. א"ל כלי חרש ברייתו מן המים והכשרו באור. כלי זכוכית ברייתא מן האור והכשירו באור. זה נשבר ויש לו תקנה וזה נשבר ואין לו תקנה. א"ל ע"י (שנעשו) [שהוא עשוי] בנפיחה. א"ל ישמעו

אזניך מה שפיך מדבר. אם מה שנעשו בנפיחתו של בשר ודם יש לו תקנה, בנפיחתו של הקב"ה לא כ"ש, ע"ש. וכן איתא בסנהדרין (דף צא.), ע"ש. ועל דרך זה שמעתי [א] טעם למה בקשרי התנאים שוברים כלי חרס ובחופה שוברין כלי זכוכית. הוא כמו שכלי חרס אם נשבר אין לו תקנה כך לקשרי התנאים אין תקנה להחרס שקבלו בקשרי התנאים אם קרעו התנאים. אבל כלי זכוכית אם נשבר יש תקנה כדלעיל, כן יש תקנה לנשואין בגירושין:

וקורין הכתובה

ואחר כך מברכין על כוס שני בורא פרי הגפן, ו[אח"כ] ששה ברכות אלו:

ברוך אתה ה' אלקינו מלך העולם בורא פרי הגפן:

ברוך אתה ה' אלקינו מלך העולם שהכל ברא לכבודו:

ברוך אתה ה' אלקינו מלך העולם יוצר האדם:

ברוך אתה ה' אלקינו מלך העולם אשר יצר את האדם בצלמו בצלם דמות תבניתו והתקין לו ממנו בנין עדי עד. ברוך אתה ה' יוצר האדם:

ברוך אתה ה' אלקינו מלך העולם שוש תשיש ותגל העקרה בקיבוץ בניה לתוכה בשמחה. ברוך אתה ה' משמח ציון בבניה:

[א] הובא בספר סדר שערי רחמים (עמ' י') בשם הגר"א.

ברוך אתה ה' אלקינו מלך העולם שמח תשמח רעים האהובים כשמחך יצירך בגן עדן מקדם. ברוך אתה ה' משמח חתן וכלה:

ברוך אתה ה' אלקינו מלך העולם אשר ברא ששון ושמחה חתן וכלה, גילה רנה דיצה וחדוה, אהבה ואחוה ושלום ורעות. מהרה ה' אלקינו ישמע בערי יהודה ובחצות ירושלים. קול ששון וקול שמחה קול חתן וקול כלה. קול מצהלות חתנים מחופתם ונערים ממשה נגינתם. ברוך אתה ה' משמח חתן עם הכלה:

והא לך פירוש של כל ברכה וברכה:

ברכה א

שהכל ברא לכבודו. ע"ש הכתוב עושה שלום ובורא את הכל [א]. ופירש"י [ב] ברכה זו נתקנה לאסיפת העם הנאספים שם לגמול חסד לכבוד המקום זכר לחסדיו שנהג עם אדם הראשון שנעשה לו שושבין ונתעסק בו. ומשעת אסיפה היה ראוי לברך ברכה זו, אלא מכיון שיש שם ברכה על הכוס תקנו לסדרה עליו. והרמ"ה פי' שנתקנה ברכה זו כדי להזכיר סבת הזווג, שהוא עיקר יצירת העולם התחתון שלא נברא אלא לפריה ורביה שנא' (ישעי' מה, יח) לא תהו בראה לשבת יצרה. וזהו כבודו של מקום, שאין כבוד הבורא נודע אלא ע"י בריאותיו שנא' (שם מג, ז) כל הנקרא בשמי ולכבודי [בראתיו יצרתיו אף עשיתיו]. בראתיו, כנגד 'שהכל ברא לכבודו'. יצרתיו, כנגד 'יוצר האדם'. אף עשיתיו, כנגד 'אשר יצר את האדם': [ג]

ובספר הפלאה (כתובות דף ח.) כתב יש לפרש מפני שתכלית הבריאה של כל העולם הוא בשביל האדם ובו נשלם הבריאה כמ"ש חז"ל שאדם אחור למעשה בראשית. והאדם אינו נשלם אלא כשנזדווגה לו בת זוגו. נמצא כשנשא אדם את חוה נשלם הבריאה בשלימות, לכך מברכין על הבריאה 'שהכל ברא לכבודו':

[א] אין פסוק כזה עי' באבודרהם הוצאת רא"ם הערה 136.

[ב] כתובות דף ח. ד"ה שמח תשמח

[ג] הכל נעתק מאבודרהם.

ברכה ב

יוצר האדם. ברכה זו נתקנה כנגד יצירת אדם הראשון עד שלא ניטלה ממנו הצלע: (אבודרהם)

ברכה ג

אשר יצר את האדם בצלמו. ברכה זו נתקנה כנגד יצירת אדם וחוה. שאף יצירת האדם לא נגמרה אלא לאחר שנגמרה יצירת חוה. שהרי כשנלקח ממנו הצלע נשתנית בריאתו ממה שהיתה קודם לכן. ולפיכך ברכה זו פותחת בברוך ואינה נקראת סמוכה לחבירתה לפי שממנה מתחיל לדבר בענין זווג שהוא עיקר ברכות אלו [א]. וב' ברכות ראשונות הם מטבע קצר ולפיכך פותחות בברוך ואין חותמות בברוך [ב]: **אשר יצר את האדם בצלמו.** שנא' (בראשית א, כו) נעשה אדם בצלמנו. וכתיב (שם ט, ו) בצלם אלהים עשה את האדם. ור"ל על צורת הנפש שנאצלת מכבוד הבורא. והוסיף עוד ופירש **בצלם דמות תבניתו.** שב אל האדם. דהיינו דמות תבניתו של אדם דאין ליחס שם תבנית להקב"ה. ור"ל דמות תבניתו [ג] שהוא צורת גופו יצר אותו בצלמו שהוא צורת הנפש. וכל זה פירשתי לדחות הטועים שאומרים שעל תואר תבנית אדם נאמר שנברא בצלמו: [ד]

[א] עי' באבודרהם הוצאת רא"ם הערה 146

[ב] כ"כ בתוס' כתובות דף ח. ד"ה שהכל.

[ג] מילת "תבניתו" אינו באבודרהם.

[ד] כל הפי' כאן הוא העתקה מאבודרהם, ע"ש.

והתקין לו ממנו. מגופו מצלעותיו, תקנה עשה לו הקב"ה שנא' (בראשית ב, יח) לא טוב היות האדם לבדו אעשה לו עזר כנגדו: **בנין עדי עד.** בנין שנא' (שם כב) 'ויבן' ה' אלהים את הצלע: **עדי עד.** פירש"י (כתובות ח.) כלומר בנין נוהג לדורות [א]. ר"ל דאף שבתחלה נבראת מצלעו נעשה מזה תיקון לדורות שתוולד [בפני] עצמה בשלימותה כמו שעלה ברצונו במחשבה תחלה. וכמו שאחז"ל ב' יצירות עלה במחשבה [ב]. ונראה שעל זה תיקנו לנשים לברך שעשני כרצונו. ר"ל שנעשית בשלימות כפי שעלה ברצונו בתחלה. ויש עוד לפרש לשון עדי עד ע"ש הכתוב ביחזקאל (טז, ז) ותרבי ותגדלי ותבואי בעדי עדים, פירש"י (יחזקאל שם ד"ה בעדי) לשון עד, כמו בטחו בה' עד עד, ר"ל כל שיעור הגדלות הראוי לקומה שלימה וכמו שאחז"ל בשאר מעשה בראשית שבקומתן נבראו, וכן ברא הקב"ה אותה בכל שיעור קומתה [בשלימות] [ג]:

ברכה ד

שוש תשיש. ברכה זו נתקנה כנגד שמחת ירושלים העתידה. שנמשלה לזווג חתן וכלה כמו שנא' (ישעיה סב, ה) ומשוש חתן על כלה ישיש עליך אלהיך. והטעם שהקדימו ברכה זו קודם ברכת זווג חתונה. משום שנא' (תהלים קלז, ו) תדבק לשוני לחכי אם לא אזכרכי אם לא אעלה את ירושלים על ראש

[א] ע"כ העתקה מאבודרהם.

[ב] ע"ע בהפלאה.

[ג] פיסקא זו (עדי עד וכו') הוא מספר הפלאה כתובות דף ח. בגמ' ד"ה שהכל ברא לכבודו, בא"ד.

שמחתי [א]. והיינו שצריך לזכור במחשבה ובדבור ובמעשה כמו שאחז"ל במגילה ריש פ"ב (דף יח:) גבי זכירת מחיית עמלק זכור בפה יכול בלב ת"ל לא תשכח. הרי שכחת הלב אמור, הא מה אני מקיים 'זכור' בפה. והכא נמי 'אם אשכחך' בלב, 'אם לא אזכרכי' בפה 'אם לא אעלה' במעשה,[ב] וגם עיקר ברכה זו משום זה נתקנה. **ותגל העקרה.** ע"ש (ישעי' נד, א) רני עקרה: **בקבוץ בניה לתוכה.** ע"ש (שם סב, ה) כי יבעל בחור בתולה יבעלוך בניך. וכתיב (שם נד, א) כי רבים בני שוממה. ואמר '**בקבוץ בניה**' ע"ש הכתוב ברני עקרה, וברחמים גדולים אקבצך: **בשמחה.** ע"ש (שם א) פצחי רנה וצהלי: **בא"י משמח ציון בבניה.** כדאמרינן בתנחומא [ג] במה עתיד הקב"ה לנחמה בקבוץ בניה לתוכה בשמחה: (אבודרהם)

ברכה ה

שמח תשמח. ברכה זו היא דרך בקשה, לבקש רחמים על חתן וכלה שהם רעים אהובים זה לזה, לשמחם בזווגם ולהצליחם במעשה ידיהם כשמחת זיווג אדם הראשון בג"ע. וברכה זו היא דרך שבח והודאה למקום על יצירת השמחה והזיווג בעולם לשעבר, ולצעוק לעתיד לבא על שמחת ירושלים. ולפיכך חותם באותה ברכה ראשונה 'משמח חתן וכלה', מפני שהיא דרך

[א] מתחלה ע"כ הוא מאבודרהם.

[ב] פיסקא זו היא בהפלאה שם. וע"ע בס' ברכת דוד - נישואין (מנדלבוים) בפי' לשבע ברכות, עמ' רעט בביאור דבריו ומה שהביא מקדושת לוי, ע"ש.

[ג] פסיקתא דרב כהנא בנספחים אות ה ד"ה קול.

בקשה וצריך לבקש רחמים על שניהם. ואם היה חותם 'משמח החתן עם הכלה' לא היה במשמע שמחה אלא לחתן בלבד שישמח בכלה. אבל אינו במשמע לשמח הכלה עם החתן. אבל ברכת אשר ברא ששון ושמחה וכו' היא דרך שבח והודאה על שמחת הזיווג חותם 'משמח חתן עם הכלה' שמשמע החתן לבדו שישמח על עסקי הכלה. שכן כתיב (ישעי' סב, ה) ומשוש חתן על כלה וגו'. ועוד מפני שהבתולה יש לה צער בתולים: [א]

עוד יש לומר שמח תשמח רעים וכו' קאמר לשון כפול על שהוא ברכה [מבוקש] להחתן הנמשל לבעל אבידה שמח אותו כי ימצא אבידתו במצא אשה מצא טוב. ולא במוציא. וגם תשמח את הכלה בהשיגה תשוקתה בגזירת השי"ת ואל אישך תשוקתך. ושמחתם יהיה בהיותם ריעים אהובים זה לזה ויהיה שמך (שם י"ה) עמהם [הוא ענין] כשמחך יצירך בג"ע מקדם כאמרו יתברך לא טוב היות האדם לבדו. ור"ל בהיותו לבדו אי אפשר לשטף בו שם י"ה יתברך, על כן אעשה לו עזר כנגדו שיתכן לשתף בין שניהם שם שתי אותיות אלו המכונים בשם אבא ואמא כנודע. ולא מצא לו עזר כי אם ע"י אחת מצלעותיו שלזאת תקרא אשה כי מאיש לקחה זאת, ונמצא שם משתי אותיות אלו שרוי ביניהם. ומסיים בברכה [זו] מעין הפתיחה משמח חתן וכלה ר"ל כל אחד באות הראוי לו כאמור (ספר מדרש כתובה על מס' כתובות דף ח, וורשא תקע"ג):

עוד י"ל הכוונה שמח תשמח וכו' כי הריעים שני מינים. האחד ריע אינו אהוב [בתחלתו] אלא שפגע באחד ונתלוה [עמו] קצת

[א] אבודרהם שם, פ' מא אות טז.

זמן ונעשו ריעים זה לזה, ולבסוף אפשר יבואו לידי אהבה. השני שבתחלתם היו ריעים אהובים, [כאהבת דוד ויהונתן שאהבתם בלתי תלויה בדבר], וזה יקרה בין האנשים ששמעו כל אחד שמע חבירו [וייטב בעיניו ומרוב אהבתם כל אחד הלך לבקש חבירו] ונתחברו באהבה עזה. [וכו'.] וז"ש שמח תשמח רעים אהובים, כי איש ואשתו לא קנו האהבה בהתמדת זמן, רק בפתע פתאום: [א]

עוד יש לומר כי לפעמים ריע אשר יחבר אל רעהו בעבור תועלת מה אשר בהפקדו נתפרד האהבה, אבל רעים האהובים זה לזה שאע"פ שלא יקבלו שכר ולא תועלת זה מזה לא יפרדו לעולם, כי אהבתם תקשרם. וז"ש שמח תשמח רעים אהובים כי האשה הטובה אע"פ שלא יהיה סיפוק ביד בעלה למלאות צרכי הבית תאהבנו ותכבדנו לא כן האשה הרעה כי אף במלאת סיפקה יצר לה ומכ"ש כשאין לה סיפקה במלואה: [ב]

עוד יש לומר מפני שאחז"ל בפסוק וישמע משה את העם בכה למשפחותיו פרש"י ז"ל על עריות שנאסר להם וזהו למשפחותיו על עסקי משפחות. ואחז"ל שעדיין אין עושין בשמחה דליכא כתובה דלא רמי ביה תיגרא. והענין כי יותר ישמחו בקרובים בשאר בשרם. וכן מצינו בקין והבל שכל אחד נשא תאומה שנולדה עמו. ויותר מזה באדם עצמו שהיתה מגופו ממש כמ"ש זאת הפעם עצם מעצמי. ועוד אמרו חז"ל קשה לזווגם כקריעת ים סוף. ויש לפרש מפני שמצינו הנס בקריעת ים סוף יותר

[א] פי' החסיד יעב"ץ על אבות ו, א הובא בפי' מדרש שמואל שם.

[ב] מדרש שמואל שם.

מבקיעת ירדן, דבירדן כתיב (יהושע ג, טז) ויעמדו המים היורדים מלמעלה קמו נד אחד [וגו'] והיורדים [וגו'] תמו נכרתו. ופרש"י (ד"ה תמו נכרתו) כדרך הליכתן ככל הנחלים. נמצא לא היה הנס אלא מצד אחד אבל בקריעת ים סוף כתיב (שמות יד, כב) והמים להם חומה מימינם ומשמאלם. והטעם יש לומר כדי שלא יהא מקום למצרים לילך עמהם יחד מצידיהם אלא מאחוריהם ממש. וישובו המים עליהם כשיעלו ישראל מתוך הים כמפורש בקרא. א"כ היה הנס משני צדדים. וכן קשה לזווגם משני צדדים, מחמת שהם רחוקים זה מזה משאר בשרם, לכך אנו שואלים שישמח הקב"ה חתן וכלה שאינם קרובים משאר בשרם כשמחת אדם הראשון שהיתה מגופו ממש (הפלאה, שם בסו"ד):

ברכה ו

אשר ברא ששון וכו'. ברכה זו פותחת בברוך מפני שהיא נאמרה יחידית ברוב ימי המשתה כשאין שם פנים חדשות לפיכך אינה נקראת סמוכה והוצרכה לפתוח בברוך: (אבודרהם)

אשר ברא ששון וכו'. ובברכה ג' אמר 'אשר יצר את האדם', הרי אמר לשון יצירה על האדם ולשון בריאה על ששון ושמחה, וכן אמר יוצר אור ובורא חשך. ובן בברכת אשר יצר אמר אשר יצר את האדם בחכמה וברא בו נקבים, אמר גבי אדם לשון יצירה ועל הנקב אמר לשון בריאה, וכן נאמר יוצר אור ובורא חושך. וכן נאמר (עמוס ד, יג) יוצר הרים ובורא רוח. הטעם בכל אלו לפי שתואר בריאה נופל לומר על דבר יש מאין, ולכן קרוב הוא הדבר לאין. ושם יצירה נופל לומר על דבר שהוא ממש יותר. ולכן [אמר לשון יצירה על ההרים ו]אמר לשון בריאה על

הרוח שהוא יותר דק, וכן על הנקב שאין בו ממש ועל החשך שהוא קרוב להעדר. וכן על ששון ושמחה כי הוא דבר שאין בו ממש. אבל לשון יצירה שהוא ממש יותר אמר על האדם ועל ההרים ועל האור, כי באור יש יותר ממש מן החשך שהוא קרוב להעדר: [א]

מהרה וכו' ישמע וכו'. פסוק הוא.

ונערים ממשתה נגינתם. ואינו אומר 'ובחורים' כמו שהוא לשון הכתוב (המובא לקמן) לפי [שמנגינת הנערים לא יבא לעולם הפסד ותקלה אלא] (ש)מנגינת הבחורים באה חרבה לעולם שנא' (איכה ה, יד) זקנים משער שבתו, מה טעם, משום דבחורים מנגינתם. כלומר מנבלים את פיהם בפריצות. (אבודרהם פ' מא)

* * * * *

מה שיוצאים כנגד החתן והכלה בעת שהולכין מן החופה לבית בלחם חטים ומלח. חטים ע"ש הכתוב חלב חטים ישביעך. ומלח ע"ש הכתוב ברית מלח עולם. והכל הוא לסימן טוב שסימנא מילתא היא. וכן מה שזורקין כשות או תבואה על החתן בעת שמחפה את הכלה בהינומא שקורין בעדעקינס. הוא לסימן שיפרו וירבו ויעלו מעלה מעלה ככישות ותבואה. ועיין רוקח:

ואמרינן בפ"ק דברכות (ו: עם שינויים) א"ר חלבו אמר רב הונא כל הנהנה מסעודת חתן ואינו משמחו עובר בחמשה קולות הנאמרות כאן. פי' הרי זה מבזה חמשה קולות שנתבשרו בהן

[א] ע"פ מגיד צדק, בתפלת שחרית ד"ה יוצר אור ובורא חושך.

ישראל [א]. ואם משמחו מה שכרו אמר רבי יהושע בן לוי זוכה לתורה שנתנה בחמשה קולות שנא' (שמות יט, טז) [ויהי ביום השלישי בהיות הבוקר] ויהי קולות וברקים וענן כבד על ההר וקול שופר חזק מאד, וכתיב (שם יט) ויהי קול השופר הולך וחזק מאד משה ידבר והאלהים יעננו בקול, ע"ש. והטעם בזה כי המחזיק יד החתן ומשמחו (שעושה) [שעוסק] במצות פריה ורביה שממנו יצאו מקיימי התורה. וזו היא כוונת הנשואין להוליד בנים ולגדלם לתלמוד תורה. ועל כן יש בנשואים חמשה קולות כנגד חמשה קולות שניתנה בהם התורה, [ולכן] זוכה לתורה מדה כנגד מדה (אבודרהם):

כתיב (קהלת ז, יד) ביום טובה היה בטוב וביום רעה ראה גם את זה לעומת זה עשה אלהים. ויש לפרש פסוק זה לענינינו, ע"פ דאי' ברבה סדר ויחי (פ' ק' סי' יד), ויעש לאביו אבל שבעה ימים (בראשית נ, י), ולמה עושים שבעה כנגד שבעת ימי המשתה (עכ"ל המדרש). וכתב היפה תואר שיתכן לומר ע"ד שפי' בעל דרך אמונה בהא דאמר במס' ברכות (דף לא.) בהילולא דמר בריה דרבינא לישרו לן מר, אמר ווי לן דמיתנן. שהכוונה שסיבת הנשואין מפני שעתידין למות ואינן קיימים באיש צריכין להיות קיימים במין. יש לומר שזה ג"כ רמזו בתקון ז' ימי אבילות כנגד ז' ימי המשתה לומר שזה לעומת זה, עכ"ל. וזה כוונת הכתוב ביום טובה ר"ל כשתהיה על סעודת חתן וכלה אני אומר לך היה בטוב ובשמחה ותשמח חתן וכלה. שכל הנהנה מסעודת חתן וכלה ואינו משמחם עובר בחמשה קולות. אך מ"מ

[א] רש"י שם ד"ה עובר, וז"ל, מזלזל בחמשה קולות שבירך בהן הקב"ה את ישראל, ע"כ.

אל תזוח דעתך עלך, וביום רעה ראה, ר"ל שתזכור ביום המיתה שנא' בה ואחריתה כיום מר, כי השחוק וקלות ראש מרגילין את האדם לערוה, לכן תזכיר עצמך ביום המיתה שהוא יום רעה, שאחז"ל (ברכות ה.) אם רואה אדם שיצרו מתגבר עליו יזכיר לו יום המיתה. ובמה תזכיר עצמך היא כשתשים על לב 'כי את זה לעומת זה עשה אלהים' היינו שבעת ימי אבילות כנגד שבעת ימי המשתה, ושבעת ימי משתה כנגד שבעת ימי אבילות:

כתיב עת ספוד ועת רקוד (קהלת). ר"ל כי באותו עת שהוא רוקד צריך לספוד על אותו העת שנגרע מן חייו. כי הולך האדם אל בית עולמו תמיד בכל רגע ורגע שנחסר לו עת רגע מן חייו. וזהו פי' הכתוב מי גבר יחיה ולא יראה מות בכל רגע ובכל עת מימי חייו: [א]

כתב התורת חיים (ע"ז דף יז. ד"ה אבי ידייהו, בסו"ד) וז"ל, ונראה דאסור ללכת במחול עם הכלה בשבעת ימי המשתה אפילו אינו אוחז בידה ממש אלא בהפסק מטפחת, כדרך שנוהגין מקצת ת"ח שבדור הזה, אפילו הכי לאו שפיר עבדי כדמשמע הכא דשום קריבה בעלמא אסור. ואין לחלק בין כלה לאחרת. דליכא האידנא מאן דמצי למימר דדמיא עליה ככשורא. ולא אמרו חכמים אלא כיצד מרקדין 'לפני' הכלה ולא 'עם' הכלה. וכי האי גוונא פסק ש"ס בריש פ"ב דכתובות דאסור להסתכל בפני כלה כל שבעה, כמו שאסור להסתכל באשה אחרת. ואותן ההולכין במחול עם נשים דעלמא עליהן אומר הכתוב (משלי יא, כא) יד ליד לא ינקה רע, לא ינקה מעונשה של גיהנם. וראוי לגעור בהן. וכל מי שיש בידו למחות וכו'. עכ"ל:

[א] פי' מגיד צדק על פרקי אבות פ"ג מ"א ד"ה ולאן אתה הולך.

דיני וסדר ברכת המזון לנישואין

(העתקה מס' דרך החיים)

(א) בברכת המזון שבבית חתן [כל שבעת ימי המשתה] אומרים דוי הסר וכו'.[א] וברכת המזון על כוס אחד. ואחר ברכת המזון אומרים על כוס שני ברכת חתנים היינו ששה ברכות.[ב] ואחר שמברכין ברכות אלו מברכין ברכת היין על הכוס שאמרו עליו ברכת המזון (אבה"ע סי' סב סעי' ט):

(ב) בני החופה שנתחלקו לחבורות הרבה, אפילו אם אכלו בבתים שאינן פתוחות למקום שהחתן שם, כולם מברכין ז' ברכות כיון שהתחילו לאכול אותן שבשאר בתים כשהתחילו אותן של בני החופה, ואוכלין מסעודה שהתקינו לבני החופה, חשובים כולם כאחד לברך ברכת חתנים וכ"ש כשהמש מצרפן: (דה"ח אות י', ע"פ ב"ש).

(ג) השמשים שאוכלים אחר סעודות נשואין בבית נשואין מברכין שבע ברכות: (דה"ח אות י"א, ע"פ ב"ש).

(ד) מחזיר גרושתו אין אומרים שהשמחה במעונו רק שבע ברכות אומרים תחת החופה ובסעודה הראשונה ביום הנשואין אומרים ג"כ אחר ברכת המזון שבע ברכות, אבל אחר יום הנישואין אין

[א] וא"א דוי הסר אלא כשמברכים שבע ברכות, וכשאין אומרין שבע ברכות אלא אשר ברא אומרים נודה לשמך (בית שמואל, סעי' ט).

[ב] וא"צ להכין כוס השני אלא בעת שאומר הברכות (דרישה אות יח).

אומרים ברכת אשר ברא הואיל ואין אומרים שהשמחה במעונו (אחרונים): (דה"ח אות י"ב)

קודם ברכת המזון אומרים זה השיר 'דוי הסר' [א]. מחברו דונש. שכן חתום שמו בראשי החרוזות. והוא במשקול יתד ושתי תנועות בפלס 'דרור יקרא לבן עם בת' אשר חבר ג"כ המחבר הזה:

דוי הסר וגם חרון, ואז אלם בשיר ירון. נחני מעגלי צדק, שעה ברכת (*) בני אהרן.

(*) **בני אהרן.** ויש גורסין 'בני ישורון'. וכתב הט"ז (אבהע"ז סי' ס"ב ס"ק ז') והיינו ברכת חתנים שיש שם ברכה על העתיד על חתן וכלה וכל המתעסקים באותו מצוה [ב] [ג]:

ברשות מרנן ורבנן ורבותי, נברך אלהינו שהשמחה במעונו ושאכלנו משלו.

ועונין - ברוך אלהינו שהשמחה במעונו ושאכלנו [ד] משלו ובטובו חיינו:

וחוזר המברך ואומר - ברוך אלהינו שהשמחה במעונו ושאכלנו משלו ובטובו חיינו:

[א] עי' לעיל בברכת המזון עמ' כח הערה א.

[ב] הט"ז מבאר שאין אומרים 'דוי הסר וכו'' רק כשאומרים כל ז' ברכות ולא כשאומרים 'אשר ברא' לחוד. והטעם הוא ש'דוי הסר' היו אומרים (לפי הנוסח של הט"ז) 'שעה ברכת בני ישורון וכו'' דהיינו ברכת חתנים שיש שם ברכה על העתיד על חתן וכלה וכו', וע"ע מש"כ שם טעם למה כפי מנהגינו בעינן שיהיה לפניו ב' כוסות כשמתחיל הזימון.

[ג] עי' לעיל בברכת המזון עמ' כח הערה ב.

[ד] עי' לעיל בברכת המזון עמ' סה הערה **א***.

ברוך הוא וברוך שמו, ברוך אתה וכו׳:

דוי הסר. הוא מל׳ ערש דוי (תהלים מא, יד): **ואז אלם בשיר ירון.** ע״ש הכתוב ותרן לשון אלם (ישעיה לה, ו): **נחני מעגלי צדק.** עשה״כ (תהלים כג, ג) ינחני במעגלי צדק. והענין מבואר שם בלא בי״ת המשמשת: **שעה ברכת בני אהרן.** ירצה שיקוים בנו ברכת כהנים שאומרים בני אהרן (שערי תפלה) [א]: **שהשמחה במעונו.** ר״ל שהשמחה שאנו משמחים לחתן ולכלה לא ממנו היא [ב], כי השמחה במעונו, ע״ש שאין לפניו עצבות שנא׳ (דהי״א טז, כז) עוז וחדוה במקומו. וכתב בעל העטור ואבן הירחי (בספר המנהיג), שלכך תקנו שהשמחה ׳במעונו׳ ולא ׳במכונו׳ ולא ׳בזבולו׳, משום דאמרינן בחגיגה (פ׳ אין דורשין, דף יב:) ז׳ רקיעין הם. וילון, רקיע, שחקים, זבול, מעון, מכון, ערבות. ומפרש שם [ג], מעון, שבו כתות של מלאכי השרת אומרות שירה לפני המקום. והשירה היא השמחה לפני המקום כמו שנא׳ (שופטים ט, יג) החדלתי את תירושי המשמח אלקים ואנשים, לפיכך אומרים שהשמחהז במעונו (אבודרהם). והכל בו (סי׳ כה) כתב שהשמחה השלמה במעונו של השי״ת ולא לפנינו. לפי שהיכולת בידו, לחדש לו תמיד פנים חדשות, שהרי הרקיע שבו מלאכי השרת אומרים שירה נקרא מעון ובכל יום ויום נבראים המלאכים. אבל השמחה השפלה והחסרה אצלנו היא,

---

[א] עי׳ מש״כ בענף יוסף לעיל בברכת המזון עמ׳ סה.

[ב] יש גורסין ׳לא מאתנו היא׳.

[ג] היינו הבעל העטור.

שאין אנו יכולים להביא פנים חדשות לרצונינו (מטה משה, ח"ג הכנסת כלה אות יא) [א]:

כבר כתבתי למעלה שאחר ברהמ"ז מברכים 'בורא פרי הגפן' אחר ו' ברכות:

והטעם בזה [ב] דכיון דהרבה פוסקים סוברים דלא נתקן השבע ברכות על הכוס, וא"כ אם יברך השבע ברכות אחר ברכת בפה"ג יהיה הפסק בין ברכה לטעימה. משא"כ בחופה שהמברך אינו טועם רק נותנין לאחר לטעום, והטועמים אין מפסיקין יותר, טוב לברך בורא פרי הגפן קודם, כיון דלהרבה פוסקים נתקן על הכוס וראוי לברך בפה"ג תחלה:

קצת דברי מוסר לפני החתן והכלה

כתב הקדוש של"ה (שער האותיות אות הקו"ף, קדושה), שקרובי החתן והכלה ידברו על לב החתן שיבעול תיכף באותו לילה בעילת מצוה. גם ידברו על לב הכלה שאל תסרב בדבר זה כמו שנוהגים, ואל ישגיחו בלעג הבריות אוי להם להמלעיגים

[א] וכ"כ הרב ארחות חיים שהשמחה השלמה במעונו של השי"ת. והגאון מהרש"ל בים של שלמה (פ"ק דכתובות סוס"י יט) כתב בפירוש שהשמחה במעונו כלומר שהשמחה אינה משלנו אלא ממעונו, ע"ש. וכ"כ רבנו אפרים בן רבי יעקב מבונא פירוש שהשמחה במעונו דכתיב עוז וחדוה במקומו. ומברכין ליה על כך שהרי משמחה שלפניו שימה יצירו בגן עדן, ומאז ואילך משמח כל חתן וכלה בשביל כך, ע"ש.

[ב] מבאר למה תחת החופה מברכים בפה"ג תחלה ובברהמ"ז מברכים בפה"ג לבסוף.

שגורמים בזה שיבוא החתן לידי הוצאת זרע לבטלה שהוא עון גדול, וגורם אריכות הקץ ולא יזכה לראות פני השכינה, אם אינו שב בתשובה בחייו. ולא יזכה לעמוד בתחיית המתים ומונעין ממנו סודות התורה מלהבין, ומביאו לידי עניות ע"כ לא ישגיחו על המלעיגים ויקיימו מצות ה':

דין בעילת מצוה וברכתה

העתקה מספר דרך החיים

[א] הבועל בעילת מצוה פורש מיד אפילו היא קטנה שלא הגיע זמנה לראות ולא ראתה ואפי' בדקה עצמה אחר הבעילה ולא מצאה דם טמאה. דחיישינן שמה ראתה טפת דם כחרדל וחיפהו שכבת זרע. ולכן צריכין להכין מטה מיוחדת להחתן שישכב עליה אחר שפורש ממנה מפני תיכף כשפורש ממנה אסור ליגע בה, וכ"ש לשכב עמה במטה אחת. וצריך לנהוג עמה כשאר נדה לענין הרחקה, אלא בזה חלוקה משאר נדה, דבנדה אסור לו לשכב ע"ג מטתה אף שאינה במטה, אבל בזו מותר לו לישן על מטתה כשאינה במטה. וגם מתחלת למנות שבעה נקיים ביום חמישי לשימושה, ובנדה גמורה אף שפסקה מלראות אינה מתחלת למנות ז' נקיים עד יום ששי לשימושה (אהע"ז סי' ס"ג):

[ב]. אחר שמצא דם בתולים *) ירחץ ידיו הטיב ויקח כוס בידו ויברך בורה פרי הגפן, ואח"כ יברך ברכת אשר צג וכו' בלא שם ומלכות.[א] ויתן לשתות הכוס גם אל הכלה (של"ה דף ק"א):

ברוך אשר צג אגוז בגן עדן שושנת העמקים בל ימשול זר במעין חתום על כן אילת אהבים ויעלת חן שמרה בטהרה וחק לא הפרה. ברוך הבוחר בזרעו של אברהם שנאמר ויבחר בזרעם אחריהם:

אגוז. ע"ש אל גנת אגוז ירדתי שאמר הקב"ה שנקרא חתן על כנסת ישראל שנקראת כלה. ועל הרבה דברים נמשלה כלה לאגוז. צג מלשון ויצג את המקלות, כלומר נטע: **בל ימשול זר במעין חתום.** ע"ש גן נעול מעין חתום: **שמרה בטהרה.** כלומר שמרה בתוליה ע"ד בתולה ואיש לא ידעה: **וחק לא הפרה.** חק זרע אברהם הקדושים לא הפרה. וכתב אבודרהם ברכה זו תקנוהו הגאונים:

*) והדרישה הקשה למה לא יברך לפני זה דהוה עובר לעשייתה. ותירץ הט"ז בסי' ס"ג הטעם דשמא לא יוכל לבעול. וכן מצינו בסוכה שאין מברכין על השינה דשמא לא יוכל לישן כמ"ש הרא"ש בסוכה:

[א] ע"כ הוא מדרך החיים.

דיני ברכת המזון בבית חתן בשבעת ימי המשתה

העתקה מספר דרך החיים (סעי' א - י וסעי' טו)

[**א.** בברכת המזון שבבית חתן כל שבעת ימי המשתה אומרים דוי הסר וכו' וברכת המזון על כוס אחד. ואחר ברכת המזון אומרים על כוס שני ברכת חתנים היינו ששה ברכות, ואחר שמברכין ברכות אלו מברכין ברכת היין על הכוס שאומרים עליו ברכת המזון (אבהע"ז סי ס"ב)] [א]

ב. אומרים ברכות אלו אחר ברכת המזון ביום ראשון של הנשואין, ובסעודה ראשונה שאכלו אחר החופה, בין בבחור שנשא בתולה בין באלמון שנשא אלמנה, או באלמון שנשא בתולה, בכולן מברכין ברכות אלו ביום ראשון ובסעודה ראשונה. וצריך עשרה והחתן מן המנין (שם):

ג. מסעודה ראשונה ואילך יש חילוק בבחור שנשא בתולה, או אפילו בבחור שנשא אלמנה או אלמון שנשא בתולה, אם לא אכלו הסעודה ראשונה ביום נשואין ואוכלין הסעודה ראשונה ביום שאחר הנשואין הוי כפנים חדשות ומברכין שבע ברכות, אבל כשאוכלין סעודה שניה באותו יום או כשאוכלין כל שבעת ימי המשתה, אי איכא פנים חדשות בכל סעודה וסעודה כשאוכלין מברכין שבע ברכות, ואם לאו כשאין פנים חדשות

[א] כל מה שכ' בפרק זה הוא העתקה מספר דרך החיים. והתחיל מסעי' ב' עד סוף סעי' י' ואז הביא גם מש"כ בסעי' ט"ו. ואני הוספתי והעתקתי גם את סעי' הראשון של פרק זה.

אין מברכין כל הז׳ ברכות רק מברכין ברכת אשר ברא ששון וכו׳ לבד, (וכשאין אומרים רק אשר ברא, א״א דוי הסר ואומריס נודה לשמך וכו׳). וצריך שני כוסות, דהיינו על כוס אחד אומרים ׳נודה לשמך׳ וברכת המזון, ואחר כך לוקחים כוס שני ואומרים עליו ברכת אשר ברא וכו׳ ואחר כך אומר בורא פרי הגפן על כוס של ברכת המזון. ואף שבברכת אשר ברא אין צריך פנים חדשות מכל מקום צריכין לסעוד שם אנשים שאינם מבני ביתו. אבל אם אינו סועד רק עם בני ביתו לבד גם ברכת אשר ברא אין אומרים. ואין צריך עשרה, רק בג׳ אומרים ברכת אשר ברא וכו׳ (ב״ש):

ד. ובאלמון שנשא אלמנה, אחר שאכלו הסעודה הראשונה ביום א׳ של הנשואין, ואוכלין סעודה שניה באותו יום או שלא אכלו כלל ביום א׳ ואוכלין הסעודה הראשונה בלילה שאחר יום הנשואין, אין מברכין שבע ברכות אפילו איכא פנים חדשות לא מהני, (ועיין בסי׳ זה סעי׳ ט׳ מ״ש שם מה נקרא יוס א׳ של הנשואין באלמנה). אבל ׳נודה לשמך׳ ו׳שהשמחה במעונו׳ ו׳אשר ברא׳ אומרים אף באלמון שנשא אלמנה כל שלשה ימים הראשונים, אפילו ליכא פנים חדשות ואין שם עשרה, רק שיש שם שלשה ויש בהם אנשים שאינן מבני ביתו רק שאוכלין שם מחמת שמחת מריעות (ב״ש שס ס״ק י״ז):

ה. פנים חדשות מיקרי אפילו אם בא לשם איש אחד שבעלי החופה שמחים בביאתו ורואין להרבות בשבילו אף שאין אוכל עמהם אלא שבא מחמת שמחת מריעות (שם):

ו. שבת ויום טוב ראשון ושני הוי כפנים חדשות בסעודת הלילה ובסעודת שחרית. ובסעודה שלישית, אם יש פנים חדשות או שאומר הדרשה והוי כפנים חדשות, מברכין, ואם לאו אין מברכין שבע ברכות, ודינו כמו שאר סעודת נשואין שאין שם פנים חדשות. ובאלמון שנשא אלמנה בערב שבת אין מברכין ז' ברכות (ע"ל סעי' ט') אפילו בליל שבת, משום דלא מהני פנים חדשות באלמון שנשא אלמנה אפילו בסעודה הראשונה אם לא נעשית ביום שנעשו הנשואין (שם):

ז. 'שהשמחה במעונו' דינו כמו ברכת 'אשר ברא' וא"א אותו רק שיהיה עכ"פ זימון של שלשה, ויהיו בהם אנשים שאינן מן בני ביתו רק שאוכלין שם מחמת שמחת מריעות (שם):

ח. שבעת ימי המשתה וכן ג' של אלמנה, מתחילין תיכף אחר ז' ברכות שברכו בשעת החופה שמותרין להתייחד, ואף שלא נתייחדו עדיין בחדר א'. ואם היה חהופה בכפר ותיכף מן החופה נסעו לביתם ולא נתייחדו עדיין בחדר א' כל הדרך, אעפ"כ מתחילין ז' ימי המשתה מעת שברכו הברכת בשעת החופה (דלא כט"ז):

ט. אם אדם מזמין את החתן ואת הכלה לאכול שם, אם מייחדין להם שם חדר בפני עצמו שיכולין להיות ביחד לבד ולשמוח שם, הוי שם כמו חופה דידהו ומברכין שם ז' ברכות אף אם דעתן לחזור אחר כך לחופתן אשר יש להם בביתם, ואם לאו אין מברכין אפילו 'אשר ברא וכו" ו'שהשמחה במעונו וכו'': (דין מחזיר גרושתו תמצא לעיל אצל דיני וסדר ברכת המזון לנשואין.)

י. באבן העזר סי׳ ס״ב בב״ש שם [סעי׳ ו] ס״ק ה׳ מסיק דבאלמון שנשא אלמנה אין מברכין שבע ברכות רק כשהסעודה הוא ביום של החופה דוקא, אבל כשהחופה היה ביום והסעודה בלילה אין מברכין שבע ברכות. אמנם לפענ״ד נראה דוקא כשהיה ביום יחוד הראוי לביאה, דאז הוי ביום יום החופה, אבל אם לא היה יחוד רק בלילה לא מיקרי חופה דהא באלמנה לא הוי חופה רק כשיש יחוד הראוי לביאה, וא״כ הוי כאלו לא היה החופה רק בלילה והוי כאלו הלילה יום החופה והוי הלילה יומא קמא. ולכן אלמון שנשא אלמנה ביום ולא טבלה עד הלילה ונתייחדו בחדר אחד אחר הטבילה והיה יחוד הראוי לביאה, מברכין שבע ברכות בסעודה שאוכל אחר היחוד (דרך החיים, אות טו):

עד כמה ימים אין נופלים על אפים אצל חתן

כתב המחבר באו"ח סי' קל"א סעיף ד' נהגו שלא ליפול על פניהם [וכו'] ולא בבית החתן ולא בביהכ"נ [וכו'] כשיש שם חתן. וכתב הט"ז (ס"ק י') דאפילו יוצא אח"כ לביתו אין צריך לומר תחנונים כגון והוא רחום כיון שהיה בבה"כ בשעת התפלה [וחלה עליו השמחה]. וכתב רמ"א ודוקא כשהחתן באותו בית הכנסת. וכתב המ"א וז"ל כתב מהרא"י (תרומת הדשן ח"ב סי' פ') ובריינו"ס נוהגים החתנים לצאת מבית הכנסת ביום ה' קודם רצה כדי שיוכלו הקהל לומר תחנה. וכתב רמ"א שם ולא מיקרי חתן אלא ביום שנכנס לחופה. וכתב שכנה"ג כוונתו למעט קודם כניסה לחופה, אבל כל שנכנס לחופה כל שבעה אין נופלים על פניהם. אם בא לבית הכנסת וכ"ש אם מתפלל בביתו, לא שנא בחור שנשא בתולה לא שנא בחור שנשא אלמנה לא שנא אלמון שנשא בתולה, אין נופלין על פניהם כל ז' מיום חופתו במקום שהם מתפללים. אבל אלמון שנשא אלמנה דוקא תוך ג' לנישואין, אבל לאחר ג' נופלין. וכ"כ הפר"ח והט"ז. והעלה (הט"ז בסוף סק"י) דכל ז' ימי המשתה לא יבא החתן לבית הכנסת מטעם זה שלא ימנעו לומר תחנון. וביום החופה אע"פ שאינו נכנס לחופה עד הערב אין נופלין על פניהם בשחר (תה"ד ח"ב סי' פ'), ופר"ח חולק עליו וכתב מסתברא לי כל שלא נכנס לחופה נופלין על פניהם. ועיין [א] בברכי יוסף (אות ה') שמנהג בארץ הצבי כשהנשואין סמוכין לתפלת השחר או לתפלת

[א] מכאן עד הסוף הוא העתקה משערי תשובה.

המנחה, בתפלה שהנשואין אחריו, אין נופלין על פניהם. וכתב שהוא נוכן:

ולענין אם חשבינן הנך שבעת ימי המשתה מעת לעת, עי' באה"ע סי' ס"ב (באר היטב סק"ה) דבתר סעודה הראשונה אזלינן. ועי' בכנסת יחזקאל סי' (ס"ה) [ס'] שאין מקום לומר דאזלינן בתר מעל"ע:

ואם נשא ביום ד' אחר חצות וסעודה הראשונה היתה בלילה אור ליום ה', גם שבעת ימי המשתה נשלמו אור ליום ה'. אבל אם היה הסעודה הראשונה ביום ד' אחר החופה וברכו שבע ברכות, אין לברך שבע ברכות אף בלילה השייך ליום ד', ומכ"ש ביום ד' קודם חצות, ע"ש. ולפ"ז נראה דגם לענין נפילת אפים הדין כן. אך במחזיק ברכה בקונט' אחרון כתב דלפי מ"ש בגינת ורדים [או"ח] כלל א' סי' כ"ח לענין שבע ברכות דז' ימים שלמים בעינן, לפ"ז גם במנחה אם מתפללים עם החתן ביום ח' קודם זמן שעשה החופה וז' ברכות, לא יאמרו נפ"א. ושוב הזכיר (בקונטרס אחרון שם) ממ"ש בשם כנ"י, וכתב דלענין נפ"א שפיר נהגו, ולענין שבע ברכות צריך להתיישב, ע"ש. ונראה שטעמו כמ"ש בברכ"י (אות י"ג) משם מהר"י מלכו דאם יש ספק אם נופלין על אפים לא יפלו מספק דנפ"א רשות, ע"ש. וכן מבואר מהט"ז (ס"ק י"א) ושאר אחרונים (כל זה נעתק משערי תשובה, סי' קל"א ס"ק י"ד):

באיזה זמן אסור לעשות נישואין

אין נושאין נשים במועד (ר"ל בחוה"מ) לא בתולות ולא אלמנות ואפילו בלא סעודה אסור שנא' (דברים טז, יד) ושמחת בחגך ולא באשתך, דאין מערבין שמחה בשמחה. אבל מותר לארס דהיינו אפילו לקדש ובלבד שלא יעשה סעודה בבית ארוסתו, אבל שלא בבית ארוסתו מותר לעשות ריקודין ומחולות עם מריעיו, וכן אפילו בבית ארוסתו שלא בשעת אירוסין מותר [א]. וכתיבת תנאים שלנו, א"ר מתיר לעשות סעודה דלא כט"ז [ב], ומותר להחזיר גרושתו מהנשואין דאין שמחה כל כך. ומדינא מותר לישא ערב הרגל אפילו סמוך לחשיכה ובלבד שלא יעשה הסעודה בלילה ראשונה, דעיקר השמחה הוא חד יומא. ומתחיל ביום וגומר בלילה. אבל למחר מותר לעשות סעודה. אך במדינתנו אין נוהגין כלל לישא ערב הרגל, אם לא בשעת הדחק (א"ר). חיי אדם כלל קי"ז סעי' א':

אסור לעשות נשואין מר"ח אב עד התענית מדינא, ואם לא קיים פריה ורביה מדינא מותר לעשות נשואין כיון שהוא מצוה, אלא דנוהגין דאעפ"כ אין נושאין דלא מסמני מילתא. אבל מותר לעשות שידוכים כמו שנהגו בכתיבת תנאים ולאכול מיני מרקחת, דזה לא הוי סעודה כלל. אבל לעשות סעודה אסור (סי' תקנ"א מג"א סק"י). ואפילו בט' באב עצמו מותר לעשות שידוך שלא יקדמנו אחר (חיי אדם כלל קל"ג סעי' יא). ואנו נוהגים שאין נושאים נשים מי"ז בתמוז שבו התחיל מקצת החורבן שבטל התמיד ובטלו הנסכים (חיי אדם שם סעי' ח):

[א] עי' משנ"ב תקמ"ו סק"ד.

[ב] עי' משנ"ב שם סק"ב ושעה"צ סק"ה.

מותר לישא אשה בפורים ולעשות סעודה ואין בזה משום מערבין שמחה בשמחה. והמג"א (סי' תרצ"ו סוף ס"ק י"ח) כתב דיעשה חופה ביום י"ג (חיי אדם כלל קנ"ה סעי' לט): [א]

נוהגים שלא לשא אשה בין פסח לעזרת על ל"ג לעומר, מפני שבאותו זמן מתו תלמידי רבי עקיבא, (מחבר או"ח סי' תצ"ג סעי' א'). וכ' הב"ח ונ"ל דאין חילוק בין נישואין של מצוה כגון שאין לו בנים או יש לו כי כן נהגו שלא לחלק, עכ"ל. אבל מהר"ם לונזאנ"י בספר שתי ידות כ' דבזמן שיש סיבה כגון שלא קיים פו"ר או שאין לו מי שישמשו וכיוצא לא חיישינן למנהגא, וכן הסכים הפר"ח. והריק"ש בספר ערך לחם כתב דלחזור גרושתו מותר, (באר היטב). ובמחזיק ברכה כ' שפשט המנהג שלא לישא כלל אפילו לא קיים פ"ו אין נושאין עד ל"ג. וע"ש בשם זרע אמת שאפילו במקום שאין נזהרים רובם בתספורת מ"מ אין להתיר לישא, ע"ש. [ועיין לקמן סק"ג בשם השבות יעקב]. ועיין בפרי האדמה ח"ג דף מח שנעשה מעשה בירושלים להחמיר שלא לישא אשה בר"ח שבימי העומר אפילו אלמן עם אלמנה, ע"ש. (שערי תשובה, שם):

[וכתב רמ"א], מיהו מל"ג בעומר ואילך הכל שרי. וכ' המג"א, היינו לאותן הנוהגים לספר מל"ג ואילך, אבל לדידן שנוהגים איסור תספורת אסור ג"כ לישא, (ב"ח ולבוש ומנהגים וכן משמע

[א] ע"פ דברי המג"א (וכ"כ בפר"ח) אין לעשות נישואין בפורים אבל הט"ז חולק וסובר דמותר. ועי' בפמ"ג משב"ז ד' בענין אי נישואין מותר לפי המג"א בשושן פורים למי שחגג פורים בי"ד וכן להיפך לבני מוקפין לעשות נישואין בי"ד כיון שאצלם חוגגין פורים בט"ו, ע"ש.

בב"י וד"מ). מיהו עד ר"ח אייר מותרין לישא. וכשחל ר"ח בשבת מותרין הכל לישא באותו שבת, (ב"ח ומנהגים, עכ"ל). וכתב בתשובת חינוך בית יהודה שמי שאין לו אשה ובנים שמותר לישא אשה אחר ל"ג בעומר. ובתשובת שבות יעקב ח"ב סי' לה חולק עליו וכתב דחמירא סכנתא שפעם א' היקל חכם אחד להתיר בענין הנשואין ולא עלתה זיווגם יפה, ע"ש. מיהו עד ר"ח אייר מותרין לישא כשם שמותרין לספר, כמ"ש ס"ג מג"א. וכתב במנהגים וב"ח והסכמת אחרונים דאם חל ר"ח אייר בשבת מותרין הכל לישא באותו שבת אף למנהגנו שאוסרין הכל קודם ר"ח, וכ"כ החק יעקב, ע"ש. וא"ז כתב שזקנו הגאון הנהיג בפראג לאסור בנשואין, וכן שלא להסתפר בר"ח רק בל"ג בעומר וערב עצרת דוקא, ע"ש. ועיין ט"ז ס"ק ב. וכתב הח"י דכל מקום ומקום יתפוס כפי מנהגו ובספק אין להחמיר [באבילות ישינה דקילא והוא רק מצד המנהג, עכ"ל]. וכתב הכנה"ג מ"ש בשו"ע 'אין עונשין אותו' היינו דוקא בנשואין שעושה מצוה, [אבל אם נסתפר בימי העומר נוהגין לקנוס ולענוש, ע"ש]. (שערי תשובה, שם):

אבל לארס ולקדש שפיר דמי בכל ימי הספירה (מחבר). משום שמא יקדמנו אחר. וכתב המג"א (סק"א) ומותר לעשות ג"כ סעודת אירוסין. ועכשיו שאין מקדשין אלא בשעת נישואין מ"מ מותר לעשות שידוכין ולעשות סעודה, דהא אפילו סעודת רשות נוהגין היתר, רק לעשות שמחות יתירות בריקודין ומחולות נהגו איסור (חק יעקב סק"ד) (באר היטב אות ב). וכתב המג"א (סק"ד) שבמדינה זו נהגו לישא ולהסתפר בשלשה ימי הגבלה, לכן נ"ל דלא ישאו ויסתפרו בר"ח אייר. ובראשון של ימי הגבלה

אמרינן מקצת היום ככולו, וכן משמע במהרי"ל, עכ"ל (באה"ט אות ח):

כתב רמ"א באה"ע סי' קנ"ט סעי' ה' וז"ל, ויש אומרים דעכשיו בזמן הזה דאיכא חרם ר"ג שלא לישא שתי נשים, אם נפלה לאחד שומרת יבם אסור לישא אחרת עד שיחלוץ ליבמתו (ר"י מינ"ץ) ודוקא שלא היתה משודכת לו כבר, אבל אם היתה משודכת לו כבר מותר לכונסה (הגהות מרדכי דכתובות, סי' רצ"א), ע"כ:

דיני חיובים של החתן לקרותו לס"ת

נעתק מס' שערי אפרים שער ב'

אלו חחיובים שהסגן מחויב לצוות לקרותם קודם לאחרים. חתן ביום חופתו, חתן בשבת שקודם החתונה שמזמרים אותו. נער שנעשה בר מצוה באותו שבת. בעל אשה יולדת בשבת שהולכת לבהכ"נ. חתן בשבת שאחר החתונה. יאר צייט שהוא יום שמת בו אביו או אמו. אבי הילד זכר בשבת שלפני המילה. ויש מקומות שנוהגין שגם המוהל והסנדק הם חיובים, ופה אין נוהגין כן, רק מכבדין בהגבהת הס"ת:

חתן ביום חתונתו, היינו בחול כשיעשה החופה ביום זה. הוא קודם לכל החיובים אפילו לנער שנעשה בר מצוד ביום זה, ומכ"ש שקודם ליא"צ. נער שנעשה בר מצוד בשבת הוא קודם לכל החיובים כיון שהוא יום חינוכו, מלבד חתן שמזמרין אותו שהוא שוה לו, ויטילו גורל:

חתן בשבת שקודם החתונה שמזמרין אותו הוא חיוב אפילו אם לא תהי' החתונה באותו שבוע, כגון שהולך לעשות חופתו בעיר אחרת רחוק מכאן, הוא חיוב וקודם לבעל אשה יולדת, ואין צריך לומר לחיובים שאחריו. ואם היה סובר שתהיה החתונה באותה שבוע והיה חיוב ואח"כ נדחה החתונה במדינתינו אין נוהגין לזמרו עוד הפעם, ולכן שוב אינו חיוב בשבת שתקבע החתונה בשבוע שאחריו [א] :

[א] אבל אם אין חיובים יש לקרותו קודם לאחרים.

וכן אלמן שאין מזמרין אותו אינו חיוב בשבת שלפני החתונה לדחות חיובים אחרים אבל אם אין חיובים יש לקרותו קודם לאחרים:

ואבי החתן בשבת שמזמרין אותו ג"כ נוהגים לקרותו, ומ"מ אינו דוחה שום חיוב. ואף אלמן בשבת שקודם חתונתו קודם לו:

איש של יודלת בת או בן הוא חיוב בשבת שאשתו הולכת לבית הכנסת, ואע"פ שיולדת בן כבר עלה בשבת שקודם המילה, מ"מ הוא קודם לחתן בשבת שאחר החתונה:

מי שהיה חתונתו מיום ד' ואילך, הוא חיוב בשבת שאחריו ודוחה חיוב יא"צ. ואבי הבן לפני המילה. ודוקא שהוא בחור או שנשא בתולה, ואם לאו אינו חיוב. ומ"מ יש לקרותו כשאין חיוב אחר. וכן אם היה החתונה בשבוע זו קודם יום ד' אע"פ שאין דוחה חיוב:

חיוב אחד, יש לקרותו קודם לאחרים. ומי שנשא בתולה קודם לנושא אלמנה, ואלמנה לחלוצה וגרושה. אם יש שני חיובים שוים, יש לילך אחר ידיעתם בתורה. ואם שניהם ת"ח, ת"ח בעל הוראה קודם לת"ח מפולפל ואינו בעל הוראה: [א]

[א] פסקא זו היתה נכתב בתחלת קונטרס זו, ולכאורה נראה ששם לא היה מקומה. דשם כותב בענין אמירת אב הרחמים כשיש חתן בביה"כ ופסקא זו מיירי בענין קדימה לעליה לתורה. וע"כ העברתי פסקא זו משם לכאן, שבפ' זה מדברים בענין חיוב עלי' לחתן והיה נ"ל שכאן הוה יותר מקומה.

לעילוי נשמת

אבי מורי

ר' יצחק ב"ר אהרן ז"ל

פלאהר

ו' מנחם-אב ה'תשמ"ו

ת.נ.צ.ב.ה.

◆ ◆ ◆

לעילוי נשמת

מורי חמי

רב יצחק מרדכי ז"ל

בן האדמו"ר מוהר"ר דוד משה זצ"ל

שפירא

ערב סוכות ה'תשס"ו

ת.נ.צ.ב.ה.

54695509R00104

Made in the USA
Middletown, DE
25 May 2024